Gebäude modernisieren
Energie sparen

Heizkosten senken
Wohnwert steigern
Umwelt schonen

VERBRAUCHER ZENTRALE

Impressum

Herausgeber:

Verbraucher-Zentrale Nordrhein-Westfalen e. V.
Mintropstraße 27, 40215 Düsseldorf
Telefon: 02 11/38 09-0, Fax 02 11/38 09-1 72
E-Mail: publikationen@vz-nrw.de

Verbraucherzentrale Baden-Württemberg e. V.
Paulinenstraße 47, 70178 Stuttgart
Telefon: 07 11/66 91-10, Telefax: 07 11/66 91-50
E-Mail: info@verbraucherzentrale.de

Verbraucher-Zentrale Hamburg e. V.
Kirchenallee 22, 20099 Hamburg
Telefon: 0 40/2 48 32-0, Telefax: 0 40/2 48 32-2 90
E-Mail: info@vzhh.de

Verbraucher-Zentrale Hessen e. V.
Große Friedberger Straße 13–17, 60313 Frankfurt am Main
Telefon: 0 69/97 20 10-0, Telefax: 0 69/97 20 10-50
E-Mail: vzh@verbraucher.de

Verbraucher-Zentrale Niedersachsen e. V.
Herrenstraße 14, 30159 Hannover
Telefon: 05 11/9 11 96-0, Telefax: 05 11/9 11 96-10
E-Mail: info@vzniedersachsen.de

Verbraucherzentrale Bundesverband e. V. (vzbv)
Markgrafenstraße 66, 10969 Berlin
Telefon: 0 30/2 58 00-0, Telefax: 0 30/2 58 00-5 18
E-Mail: info@vzbv.de

Autoren	Dipl.-Ing. Günther Weizenhöfer, Dipl.-Ing. Peter Burk, Institut Bauen und Wohnen, Freiburg, www.institut-bauen-und-wohnen.de
Lektorat	Frank Wolsiffer
Fachliche Mitwirkung	Albrecht Morguet, Beate Uhr
Gestaltung, Typographie	© DES!GN Eva Kräling (AGD), Köln
Bildmotive	Getty Images S. 1, 10, 16, 18, 28, 64, 98, 132, 234, 256, 274 und Umschlag
Bildmotive Innenseiten	Institut Bauen und Wohnen, Freiburg
Druck	WAZ-Druck, Duisburg

1. Auflage, 1.–10. Tausend
ISBN 3-933705-83-5, Printed in Germany

Kapitel 7

Dem Energie sparen und der Nutzung regenerativer Energien wird in Zukunft immer mehr Bedeutung zukommen. Ein Schwerpunkt wird insbesondere in der energetischen Modernisierung des Gebäudebestands liegen, denn hier besteht das mit Abstand größte Einsparpotential. Im Februar 2002 ist darüber hinaus die Energieeinsparverordnung (EnEV) in Kraft getreten, die unter bestimmten Umständen (☞ Kapitel 3) auch private Hauseigentümer zu Nachrüstungen an ihrem Wohneigentum verpflichtet.

Das vorliegende Buch ist ein Praxisleitfaden für private Auftraggeber. Der Ratgeber führt Schritt für Schritt in die Thematik der energetischen Gebäudemodernisierung ein und zeigt praxisnahe Wege der Umsetzung auf – sowohl gemäß den gesetzlichen Bestimmungen wie auch für darüber hinausgehende Energiesparmaßnahmen im Gebäudebestand.

Dabei ist das Buch konsequent auf den Praxisablauf ausgerichtet:

In **Kapitel 1** erfahren Sie zunächst Grundlegendes zu möglichen Energieeinsparpotenzialen im Gebäudebestand.

Kapitel 2 geht auf das Nutzerverhalten ein, denn ohne angepasstes und Energie sparendes Verhalten der Bewohner ist auch die umfangreichste energetische Modernisierung nur bedingt sinnvoll.

Kapitel 3 erläutert Ihnen dann die beiden wichtigsten gesetzlichen Rahmenbedingungen, die Bundesimmissionsschutzverordnung und die Energieeinsparverordnung. Beide fordern von Ihnen teilweise zwingende Nachbesserungen an Ihrer Heizungsanlage.

Kapitel 4, 5 und 6 befassen sich dann mit der Untersuchung, der Diagnose und den möglicherweise notwendigen Eingriffen an Ihrem Gebäude.

Kapitel 7 stellt Ihnen im Anschluss daran alle Bauteile und Bauelemente vor, die im Rahmen einer energetischen Modernisierung zum Einsatz kommen können. Unter anderem erhalten Sie hier einen Überblick über alle Dämmstoffe und den strukturellen Aufbau einer Heizungsanlage.

Kapitel 8 zeigt Ihnen, wie Sie geeignete Fachleute für eine energetische Modernisierung finden, also zunächst einen Energieberater, dann Architekt oder Planer, Fachingenieure und Handwerker.

Kapitel 9 erläutert, was für die Baustellenabwicklung wichtig ist, also z.B. die Kontrolle der Arbeiten vor Ort.

Im abschließenden **Kapitel 10** erfahren Sie die wichtigsten Dinge zu den Themen Bauabnahme, Schlussrechnungsprüfung und Ausstellung eines Energiebedarfsausweises für Ihr Haus.

Dieser Aufbau des Buches soll Ihnen einen möglichst optimalen Praxisbezug für die Durchführung einer energetischen Modernisierung geben.

Wir wünschen Ihnen für Ihre Überlegungen und Maßnahmen zur Hausmodernisierung viel Erfolg und hoffen, dass unser Buch Ihnen dabei ein guter Ratgeber ist.

Kapitel 1 ☞

Warum eigentlich Energie sparen?

Spätestens seit der Ölkrise 1973/74 mit den Sonntagsfahrverboten und dem unvergessenen Bild der leeren Autobahnen wurde selbst Energiespar-Skeptikern ins Bewusstsein geführt, dass Energieressourcen aus fossilen Energieträgern endlich sind.

Aber nicht nur im Verkehrsbereich, auch im Baubereich fing man an, aufgrund der Ölkrise umzudenken: Das Energie sparen in Gebäuden wurde erstmals zu einem wesentlichen Planungsbestandteil, was bis dahin nicht der Fall war.

Doch der größte Teil der heutigen Wohngebäude in Deutschland war zu diesem Zeitpunkt längst errichtet. Sie datieren bis heute im Schwerpunkt aus den 1920er und 1930er Jahren, soweit diese Gebäude den Zweiten Weltkrieg unversehrt überstanden hatten, sowie aus den 1950er, als in Deutschland der flächendeckende Wiederaufbau bzw. auch Neuaufbau der kriegszerstörten Gebäudesubstanz vollzogen wurde und aus den 1960er und auch den frühen 1970er Jahren.

Einsparpotenziale vor allem im Gebäudebestand

Dies bedeutet, dass das größte Potenzial der Energieeinsparung im Gebäudebestand liegt und nicht im Neubau, wo paradoxerweise aber vielfach der Schwerpunkt des Interesses liegt. So ist das »Passivhaus« in aller Munde, doch diese Bauform ist nur selten auf Bestandsbauten zu übertragen. Denn diese Bauweise ist so komplex, dass sie bei einem Großteil der bestehenden Gebäude gar nicht nachrüstbar ist. Ein noch so Energie sparendes »Passivhaus« ist dadurch eben immer auch ein zusätzliches Haus, mit zusätzlichem Ressourcenverbrauch, mit zusätzlichem Baulandbedarf und zusätzlicher Straßenerschließung.

Leider ist die energetische Modernisierung bei Fachplanern, wie z.B. Architekten, eine ungeliebte Aufgabe, weil hier häufig kein »entwurfliches Wissen«, kein »eigenes Gestalten« mehr eingebracht werden kann. Dennoch ist und bleibt die energetische Modernisierung des Gebäudebestands die zentrale bauliche Herausforderung der näheren Zukunft.

1.1 Realität und Vision

Ein Drittel des jährlichen Energieverbrauchs verursachen private Haushalte

Private Haushalte, Autoverkehr und Industrie teilen sich den jährlichen Energieverbrauch in der Bundesrepublik Deutschland etwa zu je einem Drittel. Während Automobile und auch industrielle Anlagen aber starkem Verschleiß ausgesetzt sind und regelmäßig erneuert werden, ist dies bei Häusern anders: Zwar werden auch hier Heizungsanlagen gewechselt, aber ein Verschleiß der Außenwände und des Dachs und eine damit notwendig werdende, umfassende energetische Modernisierung eines Gebäudekörpers sind doch eher selten.

Würde man eine energetische Modernisierung von Bestandsgebäuden in Deutschland konsequent durchführen, könnten erhebliche Mengen an Energie eingespart und so die Energiekosten und die Umweltbelastungen drastisch reduziert werden.

Altbauten benötigen ein Vielfaches an Energie

1

Jedes Jahr werden in Deutschland ca. 180 Millionen Tonnen Kohlendioxid (CO_2) durch den Heiz- und Warmwasserbedarf in Wohngebäuden, also durch private Haushalte, in die Atmosphäre gestoßen. Der Heizwärme- und Wassererwärmungsbedarf für eine Wohnung in Deutschland liegt bei durchschnittlich ca. 250 Kilowattstunden (kWh) pro Quadratmeter und Jahr, bei Altbauten bei bis zu 500 kWh pro Quadratmeter und Jahr.

Zur Bereitstellung von 10 kWh Heizwärme ist ein Verbrauch von ca. einem Liter Öl notwendig, mit einer aus der Verbrennung resultierenden Emission von ca. 3 kg CO_2.

Beim Einsatz von Gas statt Öl wird für eine Heizwärmeproduktion von 10 kWh ein Kubikmeter Gas benötigt, dessen Verbrennung eine Emission von ca. 2,5 Kg CO_2 verursacht.

Beispiel

Erstellt man hieraus eine Beispielrechnung, ergibt sich für eine 80 m² Wohnung in einem **durchschnittlichen Bestandsgebäude** folgendes Szenario:

80 m² x 250 kWh pro Jahr = 20.000 kWh pro Jahr und Wohnung

Zur Bereitstellung eines Wärmebedarfs von 20.000 kWh müssen durchschnittlich 2.000 Liter Öl verbrannt werden, mit einer daraus resultierenden Emission von 6.000 Kg CO_2. Dies entspricht 6 Tonnen CO_2 für eine durchschnittliche Wohnung in Deutschland zur Abdeckung des Heiz- und Warmwasserbedarfs.

Ist in dem Gebäude keine Öl-, sondern eine Gasheizung eingebaut, ergibt sich aus dem benötigten Wärmebedarf ein zu verbrennendes Gasvolumen von 2.000 Kubikmetern, dessen Verbrennung eine Emission von 5.000 Kg CO_2 verursacht, also 5 Tonnen CO_2.

Für eine 80 m² Wohnung in einem **Altbau** ergibt sich entsprechend folgendes Szenario:

80 m² x 500 kWh pro Jahr = 40.000 kWh pro Jahr und Wohnung

Der Schadstoffausstoß einer Altbauwohnung ist doppelt so hoch wie der Durchschnitt

Zur Bereitstellung eines Wärmebedarfs von 40.000 kWh müssen durchschnittlich 4.000 Liter Öl verbrannt werden, mit einer daraus resultierenden Emission von 12.000 Kg CO_2, dies entspricht 12 Tonnen CO_2 für eine Altbauwohnung in Deutschland zur Abdeckung des Heiz- und Warmwasserbedarfs.

Ist in dem betreffenden Gebäude keine Öl-, sondern eine Gasheizung eingebaut, ergibt sich aus dem benötigten Wärmebedarf ein zu verbrennendes Gasvolumen von 4.000 Kubikmetern, dessen Verbrennung eine Emission von 10.000 Kg CO_2 verursacht.

Dies ist glatt das Doppelte des Bedarfs einer durchschnittlichen Bestandswohnung.

Zieht man nun in Betracht, dass es zwischenzeitlich in Einzelfällen bereits gelungen ist, durch energetische Modernisierungseingriffe bei durchschnittlichen Bestandsgebäuden bis hinunter auf einen Verbrauch von 3 Liter Öl pro Quadratmeter Wohnfläche und Jahr zu kommen, erahnt man, welches riesige Energieeinsparpotenzial im Gebäudebestand liegt.

Drei Liter Öl pro m^2 Wohnfläche sind theoretisch möglich

Beispiel

Angewandt auf das obige Beispiel bedeutet dies, dass die 80 m^2 Wohnung des durchschnittlichen Gebäudebestandes, wenn sie optimal energetisch modernisiert wurde, nur noch einen jährlichen Heizölbedarf von 80 m^2 x 3 Liter Öl hätte, also 240 Liter Öl statt 2.000 Liter vor der energetischen Modernisierung. Geht man davon aus, dass der Liter Heizöl 40 Cent kostet, bedeutet dies eine Ersparnis von 704 Euro. Mussten für die 2.000 Liter Öl noch 800 Euro bezahlt werden, sind es für die 240 Liter nur noch 96 Euro.

Die Verbrennung dieser 240 Liter Öl würde außerdem eine enorme Umweltentlastung bedeuten. Es entstünde eine Emission von 720 Kg CO_2, also 0,7 Tonnen CO_2 anstatt 6 Tonnen, wenn 2.000 Liter Öl verbrannt würden.

Eine Reduktion des Öl- bzw. Gasbedarfs und des CO_2 Ausstoßes im Gebäudebestand um das zehnfache ist also keine technische Vision, sondern umsetzbare Möglichkeit, wenn auch die energetische Modernisierung des gesamten Gebäudebestands der Bundesrepublik Deutschland noch eine Vision ist.

Neben der Reduzierung des Ressourcenverbrauchs an Öl und Gas und dem Ausstoß von CO_2 kann durch eine energetische Gebäudemodernisierung auch der Ausstoß weiterer schädlicher Abgase wie Schwefeldioxid (SO_2) oder Stickstoffoxide (NOX) drastisch gesenkt werden.

1.2 Energetisch Modernisieren – was heißt das und wie funktioniert das?

Energetisch Modernisieren heißt, ein Gebäude umfassend, also in allen betroffenen Bereichen nach Energie einsparenden Aspekten zu modernisieren. Die zwei wesentlichen Bereiche sind hierbei die Heizungs- und Warmwasserbereitungsanlage sowie die Gebäudehülle mit allen Unterbereichen wie Keller, Außenwände, Dach, Fenster und Außentüren. Erst wenn alle diese Bereiche in einem miteinander abgestimmten Konzept modernisiert werden, kann man von einer energetischen Modernisierung sprechen.

Hausuntersuchung durch Fachleute im Vorfeld

Einer fundierten energetischen Modernisierung geht eine genaue Hausuntersuchung durch Fachleute wie Energieberater, Architekten und Fachingenieure voraus. Diese stellen darauf aufbauend Möglichkeiten einer umfassenden Modernisierung zusammen und berechnen im voraus die zukünftigen Eckdaten des Gebäudes, wie z.B. zukünftige Wärmedämmwerte und Verbrauchswerte. Anschließend erstellen sie die Planungsunterlagen und die Ausschreibungen und wählen geeignete Handwerker zur Ausführung aus. Auch die Überwachung des Bauablaufs wird in der Regel von diesen Fachleuten übernommen, um typische Fehlerquellen oder Mängel bei solchen Modernisierungen auszuschließen.

Ist das Gebäude fertig modernisiert, übernehmen die Fachleute Abnahmen sowie Gewährleistungssicherungen. Bereits vor Modernisierung wird ein Energiebedarfsausweis durch diese Fachleute erstellt. Beim Wiederverkauf des Hauses kann er ein sehr wichtiges Dokument sein, weil er Aufschluss über die Wertsteigerung des modernisierten Gebäudes gibt.

Kapitel 2 ☞

Ganz wichtig: Das Bewohnerverhalten

Bevor Sie jedoch an eine groß angelegte energetische Modernisierung der Gebäudesubstanz gehen, stehen einige Fragestellungen im Raum, die unbequem sein mögen, aber wichtige Hinweise auf Ihren persönlichen Energieverbrauch geben: Fragen zum Verbrauchsverhalten der Gebäudenutzer. Schon durch richtiges Verhalten der Bewohner bei den nachfolgenden Punkten kann aktiv Energie eingespart werden. Der Schwerpunkt liegt hierbei mit großem Abstand auf der Einsparung von Heizenergie. Spätestens nach einer energetischen Modernisierung ist richtiges Nutzerverhalten zwingend erforderlich, um die gewünschten Energieeinsparziele auch zu erreichen.

Ein Stück weit ist dies vergleichbar mit dem Fahrverhalten beim Autofahren. Selbst wenn Sie ein Fahrzeug mit geringen Verbrauchswerten fahren, wird der tatsächliche Verbrauch letztlich wesentlich von Ihrem Fahrverhalten beeinflusst.

Das Verhalten der Bewohner hat erheblichen Einfluss auf den Energieverbrauch

2.1 Richtiges Lüften während der Heizperiode

Die Heizperiode in Deutschland dauert etwa von September eines Jahres bis zum April des Folgejahres, das sind ca. acht Monate oder zwei Drittel des Jahres. Innerhalb und außerhalb dieser Heizperiode hat das Lüftungsverhalten von Hausbewohnern eine ganz unterschiedliche Bedeutung im Hinblick auf energetische Verluste: So ist es für den Energiehaushalt eines

Gebäudes unerheblich, ob man in einer Sommernacht ein Fenster auf Kippstellung stehen lässt oder nicht. Das ändert sich mit Einsetzen der Heizperiode aber sehr schnell. Steht in dieser Zeit ein Fenster die ganze Nacht auf Kippstellung und ist die Heizung trotzdem aufgedreht, führt dies zu erheblichen energetischen Verlusten und in der Folge zu einem hohen Energieverbrauch. Daher ist es sehr wichtig, kontrolliert zu lüften. Beim Lüften einer Wohnung oder eines Hauses sollte für kurze Zeit eine intensive Querlüftung erfolgen – bei komplett geöffnetem Fensterflügel und abgedrehtem Heizkörper. Fünf bis zehn Minuten sind hier vollkommen ausreichend. Danach sollten Sie die Fenster wieder verschließen. Nicht unbedingt erforderlich ist Lüften, wenn eine Lüftungsanlage vorhanden ist.

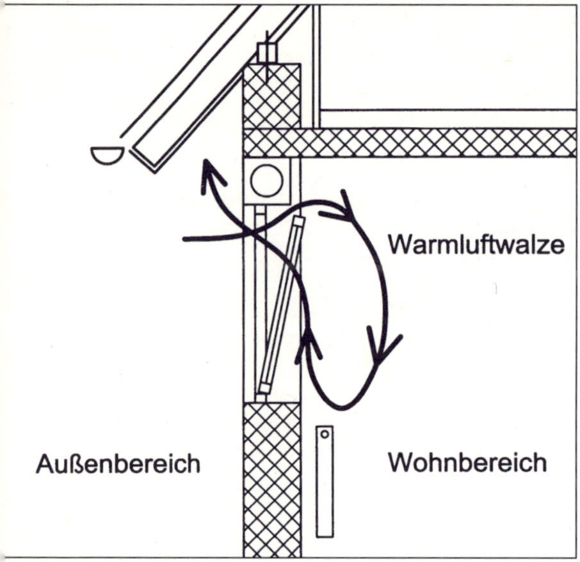

Unzureichender Frischluftaustausch bei schräggestelltem Fenster

Sehr ungünstig ist z.B. eine stundenlange Kippstellung eines Fensters. Hierbei geht sehr viel Wärme unkontrolliert verloren, ohne dass wirklich ein Luftaustausch stattfindet. Die Grafik veranschaulicht das. Bei schräg gestelltem Fenster strömt die kalte Außenluft seitlich am Fenster vorbei in den Raum, erwärmt sich am Heizkörper, strömt nach oben und verlässt den Raum im oberen Bereich des schräggestellten Fensters. Es bildet sich eine Luftwalze von frischer Außenluft vor dem Fenster, ohne dass Raumluft ausreichend ausgetauscht wird.

2.2 Der Heizbedarf

Norm-Innentemperaturen für beheizte Räume

Wie erwähnt, gelten in Deutschland ca. zwei Drittel des Jahres als Heizperiode. Nur in einem Drittel des Jahres kann in herkömmlichen Gebäuden auf die Heizung verzichtet werden. Die DIN 4701, »Wärmebedarf von Gebäuden«, legt u.a. fest, welches Temperaturniveau in Wohngebäuden erreicht werden sollte. Folgende Raumtemperaturen, die so genannten »Norm-Innentemperaturen für beheizte Räume«, werden demnach gefordert:

Wohn- und Schlafräume	20 C°
Küchen	20 C°
Bäder	24 C°
WCs	20 C°
Geheizte Nebenräume (z.B. Vorräume, Flure)	15 C°
Treppenräume	10 C°

Während diese Temperaturen im Sommer durch die Außenwitterung erreicht werden können, ist dies im Herbst, Winter und Frühjahr in Deutschland nicht der Fall. Aus dem Rechenbeispiel in Kapitel 1 wurde ersichtlich, dass eine 80 m² Wohnung in einem Durchschnittsgebäude in Deutschland ca. 2.000 Liter Öl oder auch 2.000 m³ Gas pro Jahr benötigt, um beheizt zu werden. Bereits richtiges Lüften, wie unter Punkt 2.1 angesprochen, aber auch das richtige Heizen mit unterschiedlichen Temperaturen in unterschiedlichen Räumen zu unterschiedlichen Tages- und Nachtzeiten kann erheblich zur Minderung des Verbrauchs beitragen.

So wie Sie auch den Motor eines Fahrzeugs nicht Tag und Nacht laufen lassen würden, kann auch eine Heizung heruntergefahren werden, und so wie Sie auch den Motor eines Fahrzeugs nicht überall mit hohen Drehzahlen laufen lassen, muss auch eine Heizung nicht immer voll aufgedreht sein. Versuchen Sie Ihre Heizung nicht als statisches System zur Wärmeabgabe im Winter zu sehen, sondern als dynamisches System zur Schaffung von Temperaturen, die der jeweiligen Situation angemessen sind.

2.3 Der Warmwasserbedarf

Jeder Bundesbürger verbraucht im Durchschnitt ca. 140 Liter Trinkwasser pro Tag. Etwa je ein Drittel hiervon entfallen auf Duschen und Baden, dann auf die Toilettenspülung und schließlich auf Kochen, Spülen, Putzen etc.

Einsparpotenziale beim Wasserverbrauch

Ein Drittel dieser 140 Liter müssen also erwärmt werden, um für die Körperpflege zur Verfügung zu stehen. Das sind fast 50 Liter pro Person und Haushalt pro Tag. Ein Vier-Personen-Haushalt verbraucht damit ca. 200 Liter Warmwasser am Tag und entsprechend 73.000 Liter Warmwasser im Jahr. Da das Warmwasser – im Gegensatz zur Heizung – das ganze Jahr hindurch benötigt wird, muss es auch das ganze Jahr hindurch zur Verfügung stehen. Durch einen ökonomischen Umgang kann der Warmwasserbedarf generell gedrosselt werden. Die effizienteste und daher auch meistgenannte Möglichkeit hierbei ist der gelegentliche oder auch häufigere Verzicht auf das Baden – Alternative hierzu ist das Duschen, da beim Duschen sehr viel weniger Wasser insgesamt benötigt wird.

2.4 Der Strombedarf

Nur ein geringerer Teil des Verbrauchs an häuslicher Energie entfällt auf den Strombedarf: Etwa 8 % des Energiebedarfs in privaten Haushalten geht auf den Betrieb elektrischer Geräte zurück, also z.B. für den Betrieb von Waschmaschine, Trockner, Geschirrspüler, ca. 3 % gehen auf das Kochen zurück und ca. 2 % auf die Beleuchtung.

Einsparpotenziale beim Stromverbrauch

Es gibt andererseits aber auch Modellrechnungen, nach denen allein für den Betrieb aller Stand-By-Schaltungen der elektrischen Geräte in Deutschlands Privathaushalten die gleiche Kraftwerksleistung benötigt wird wie für die gesamte Stromversorgung der Stadt Berlin für ein Jahr. Daher ist auch der ressourcensparende Umgang mit Strom sehr wichtig. So kann es beispielsweise sinnvoll sein, grundsätzlich alle Elektrogeräte an Steckerleisten zu koppeln, die eine geregelte Abschaltung der Stromzufuhr ermöglichen. Achten Sie beim Kauf von Neugeräten darauf, dass sich diese ausschalten lassen, ohne bei Wieder-Inbetriebnahme z.B. jedes Mal neu programmiert werden zu müssen.

Ferner sollte auch beim Gerätebetrieb effizient mit Strom umgegangen werden. Orientieren Sie sich auch hierbei z.B. daran, dass Sie auch bei einem Fahrzeug nicht die ganze Nacht das Fahrzeuglicht anlassen würden, dass Sie Fernlicht nur dann einschalten, wenn Sie es benötigen etc. Dies kann helfen, sehr bewusst mit Strom umzugehen.

2.5 Bestandsaufnahme: Wie viel Energie verbraucht Ihr Haus?

Die Einhaltung aller oben benannten Punkte kann auch in einem nicht modernisierten Altbau helfen, eine ganze Menge an Energie einzusparen. Denn der bewusste Umgang mit Energie fängt nicht erst mit der Modernisierung an, sondern beginnt bereits mit dem richtigen Verhalten der Bewohner.

Richtiges Bewohnerverhalten ergänzt die Modernisierung

Gerade aber auch nach einer energetischen Modernisierung ist richtiges Bewohnerverhalten sehr wichtig, um wirklich Energie zu sparen. Fassadendämmung oder Fensterisolierung bewirken beispielsweise keine Energieeinsparung, wenn anschließend Fenster stundenlang auf Kippstellung stehen und gleichzeitig die Heizkörper aufgedreht sind. Selbst die Energieeinsparverordnung (EnEV), die der Gesetzgeber erlassen hat und die im folgenden Kapitel vorgestellt wird, würde ohne Energie sparendes Verbaucherverhalten relativ wirkungslos bleiben. Darauf geht die EnEV jedoch nicht ein und hat darauf auch keinen Einfluss, obwohl dies eine wesentliche Bedingung für Energie sparendes Wohnen ist.

Um Ihre persönliche Verbrauchssituation besser einschätzen zu können, empfiehlt es sich, mittels der abgelesenen Verbrauchsstände, z.B. an Ihrem Gaszähler, den Monatsverbrauch, ggf. auch den Jahresverbrauch zu dokumentieren.

Überprüfung des Monatsverbrauchs

Tragen Sie hierzu ganz einfach den Zählerstand (z.B. für Gas in m^3) jeweils am Monatsanfang in die nachfolgende Tabelle ein. Dadurch erhalten Sie einen Überblick über Ihren Verbrauch von Heizenergie und Energie für die Warmwasserbereitung. Da im Sommer die Heizung ausgeschaltet ist, zeigen Ihnen die Verbrauchszählerstände im Sommer den Energiebedarf nur für die Warmwasserbereitung an, soweit die Warmwasserbereitung über die gleichen Verbrauchszähler wie die Heizung läuft. Dies kann z.B. bei einer Gasheizung der Fall sein. Nicht der Fall ist dies aber beispielsweise bei einer strombetriebenen Heizung, da diese über den Stromzähler läuft. Weil der Warmwasserbedarf über das Jahr verteilt relativ gleichmäßig ist, lässt sich für Wintermonate der ungefähre Heizwärmebedarf ausrechnen, indem man den Warmwasserbedarf eines Sommermonats vom Gesamtenergiebedarf eines Wintermonats subtrahiert.

Wenn Sie wissen wollen, wie viel Energie Sie durch Ihr Nutzerverhalten sparen können, gibt es z.B. die Möglichkeit, den Verbrauch eines »normalen« Monats mit dem Verbrauch eines »Energiesparmonats« zu vergleichen. D. h. in einem »normalen« Monat legen Sie einfach Ihr übliches Nutzerverhalten an den Tag und in einem »Energiesparmonat« gehen Sie einfach einmal sehr bewusst und ökonomisch mit dem Heizen, Baden,

Monat	**Zählerstand Monatsanfang**	**Zählerstand Monatsende**	**Verbrauchseinheiten**
Januar			
Februar			
März			
April			
Mai			
Juni			
Juli			
August			
September			
Oktober			
November			
Dezember			
		Gesamtverbrauch:	

Kochen etc. um. Beide Vergleichsmonate müssen aber unbedingt in derselben Jahreszeit einer Heizperiode liegen, z.B. der Januar und Februar eines Jahres.

Kontrolle des Gas-, Strom- und Wasserverbrauchs

Vergleich anhand der Gas- oder Ölrechnungen

Alternativ hierzu können Sie ihre Gas- oder Ölrechnungen der vergangenen Jahre heraussuchen. Sie können dann diesen Gas- bzw. Ölverbrauch ins Verhältnis setzen zu der beheizten Quadratmeteranzahl Ihres Gebäudes. Sie haben dann den Quadratmeterverbrauch an Öl und Gas, den Sie vergleichen können mit den Durchschnittsverbräuchen aus Kapitel 1.1. Sie können dadurch besser einschätzen, ob Sie gegenwärtig einen hohen Energieverbrauch, einen durchschnittlichen oder einen niedrigen Energieverbrauch haben.

Beispiel

Beispielrechnung Öl

Ihre Wohnung oder Ihr Haus hat eine Grundfläche von 100 m². Aber nur 80 m² hiervon sind beheizt und werden zu Wohnzwecken genutzt. Ihre letzte Öltankfüllung betrug 2.000 Liter. Diese Tankfüllung hielt etwa eine Heizperiode. Das heißt, Sie hatten einen Verbrauch von 2.000 Litern geteilt durch 80 m². Dies ergibt 25 Liter pro Quadratmeter und Heizperiode. Gemäß Kapitel 1.1 ist dies ein hoher Energieeinsatz eines aber durchschnittlich großen Bestandgebäudes.

Setzen Sie nun Heizölkosten von ca. 40 Cent pro Liter an, haben Sie in der zurückliegenden Heizperiode Heizkosten von 10 Euro pro Quadratmeter gehabt.

Beispielrechnung Gas

Ihre Wohnung oder Ihr Haus hat eine Grundfläche von 100 m². Aber nur 80 m² hiervon sind beheizt und werden zu Wohnzwecken genutzt. Ihre letzte Gaszählerabrechnung ergab einen Verbrauch von 2.000 Kubikmeter Gas. Diese Abrechnung umfasste eine komplette Heizperiode. Das heißt, Sie hatten einen Verbrauch von 2.000 Kubikmetern Gas geteilt durch 80 m². Dies ergibt 25 Kubikmeter Gas pro Quadratmeter und Heizperiode. Gemäß Kapitel 1.1 ist dies ein hoher Energieeinsatz eines aber durchschnittlich großen Bestandgebäudes.

Setzen Sie nun einen Gaspreis von ca. 60 Cent pro Kubikmeter (inkl. monatl. Grundpreis) an, haben Sie in der zurückliegenden Heizperiode Heizkosten von 15 Euro pro Quadratmeter gehabt.

Beispiel

Kapitel 3 ☞

Was der Gesetzgeber verlangt

Die erste Bundesimmissionsschutzverordnung (1. BImSchV) und die Energieeinsparverordnung (EnEV)

3

Der Gesetzgeber fordert von Ihnen die Einhaltung verschiedener Verordnungen im Zusammenhang mit Ihrer Heizung. Wesentlich sind hier das Bundesimmissionsschutzgesetz (BImSchG) und die Energieeinsparverordnung (EnEV). Das BImSchG stammt aus dem Jahr 1974 und wurde 1975 durch die erste Durchführungsverordnung zum Bundesimmissionsschutzgesetz ergänzt, die so genannte 1. Bundesimmissionsschutzverordnung (1. BImSchV), die in den Folgejahren immer wieder novelliert wurde.

Die EnEV gilt seit dem 1. Februar 2002

Die EnEV ist neueren Datums. Im Wortlaut heißt sie »Verordnung über energiesparenden Wärmeschutz und energiesparende Anlagentechnik bei Gebäuden (Energieeinsparverordnung – EnEV)«. Sie wurde am 21. November 2001 im Bundesgesetzblatt verkündet und trat mit Datum vom 1. Februar 2002 in Kraft. Während die BImschV von jedem Hausbesitzer die Einhaltung bestimmter Abgasverlustgrenzwerte bis zu einem bestimmten Datum einfordert, gibt es bei der EnEV nur wenige Anforderungen an Ein- und Zweifamilienhäuser, die von den Besitzern selber bewohnt werden. Wenn Sie allerdings beispielsweise den Wärmeschutz an Ihrem Gebäude verbessern möchten oder andere, in der Verordnung festgelegte Erneuerungsmaßnahmen planen, kann es sein, dass Sie bestimmte Vorgaben und Grenzwerte erfüllen müssen, die durch die EnEV vorgegeben werden. Das kann dann dazu führen, dass Sie eine bestimmte Mindestdicke an Dämmung auf die Fassade aufbringen müssen, obwohl Sie ursprünglich eine geringere Dämmschichtdicke geplant haben. Dieses Kapitel gibt eine Einführung in die 1. BImSchV, die EnEV und die wichtigsten Bestimmungen.

3.1 Was ist die 1. BImSchV und was schreibt sie vor?

Die »Erste Verordnung zur Durchführung des Bundesimmissionsschutzgesetztes« enthält 23 Paragraphen, von denen vor allem § 11 für Sie wichtig ist. Er regelt u.a. welche Rußzahl im Abgas von Kleinfeuerungsanlagen vorhanden sein darf, dass das Nichtvorhandensein von Ölderivaten im Abgas sichergestellt sein muss und welche Abgasverlustgrenzwerte eingehalten werden müssen. Ferner enthält die 1. BImSchV in ihrem § 23 Fristenregelungen bis wann welche Abgasverlustgrenzwerte einzuhalten sind.

Kontrollmessungen sind Pflicht

Gemäß 1. BImSchV, § 22, Satz 6 sind Sie zu Kontrollmessungen der Abgasverlustgrenzwerte Ihrer Heizungsanlage verpflichtet. Lassen Sie sie nicht durchführen, begehen Sie eine Ordnungswidrigkeit.

Vorgenommen werden diese Kontrollmessungen regelmäßig (jährlich) durch den örtlichen Schornsteinfeger. Dieser ist gemäß 1. BImSchV verpflichtet, hierüber ein Protokoll anzufertigen. Der Hausbesitzer wiederum ist verpflichtet, solche Protokolle mindestens fünf Jahre lang aufzubewahren (1. BImSchV, § 22, Satz 12).

Wichtig für Sie als Besitzer eines Hauses ist vor allem der § 11 der 1. BImSchV sowie der § 23.

Der § 11 regelt im Einzelnen die Grenzwerte für die Abgasverluste der verschiedenen Anlagen nach Nennwärmeleistung (in Kilowatt) geordnet. Der § 23 regelt, welche Zeiträume zur Einhaltung dieser Abgasverlustgrenzwerte welchen Heizungsanlagen zugestanden werden. Sie müssen diese Regelungen nicht im Einzelnen kennen, Sie sollten aber wissen, dass es je nach Überschreitung der zulässigen Grenzwerte unterschiedliche Zeitfristen gibt, bis wann die Grenzwerte der 1. BImSchV zwingend einzuhalten sind.

Übersicht der Abgasverlustgrenzwerte

Das schreibt die 1. BImSchV vor:

§ 11 der 1. BImSchV bestimmt folgende Abgasverlustgrenzwerte für Öl- und Gasfeuerungsanlagen:

Für Anlagen mit einer Nennwärmeleistung von über 4 bis 25 Kilowatt gilt:
Die bei der Einstufungsmessung ermittelten Abgasverlustgrenzwerte dürfen 11 % nicht übersteigen.

Für Anlagen mit einer Nennwärmeleistung von über 25 bis 50 Kilowatt gilt:
Die bei der Einstufungsmessung ermittelten Abgasverlustgrenzwerte dürfen 10 % nicht übersteigen.

Für Anlagen mit einer Nennwärmeleistung von über 50 Kilowatt gilt:
Die bei der Einstufungsmessung ermittelten Abgasverlustgrenzwerte dürfen 9 % nicht übersteigen.

§ 23 der 1. BImSchV bestimmt folgende Fristen, bis zu denen die Anlagen die Abgasverlustgrenzwerte gemäß § 11 einhalten müssen:

Eine Frist bis zum 1. November 1999 gilt für:
Anlagen mit einer Nennwärmeleistung von über 100 Kilowatt, die die Abgasverlustgrenzwerte gemäß dem Ergebnis der Einstufungsmessung um 3 % oder mehr übersteigen.

Eine Frist bis zum 1. November 2001 gilt für:
Anlagen mit einer Nennwärmeleistung bis zu 100 Kilowatt, die die Abgasverlustgrenzwerte gemäß dem Ergebnis der Einstufungsmessung um 3 % oder mehr übersteigen.

Eine Frist bis zum 1. November 2002 gilt für:
Anlagen mit einer Nennwärmeleistung von bis zu 100 oder auch über 100 Kilowatt, die die Abgasverlustgrenzwerte gemäß dem Ergebnis der Einstufungsmessung um 2 % übersteigen.

Eine Frist bis zum 1. November 2004 gilt für:
Anlagen mit einer Nennwärmeleistung von bis zu 100 oder auch über 100 Kilowatt, die die Abgasverlustgrenzwerte gemäß dem Ergebnis der Einstufungsmessung um 1 % übersteigen.

Keine Regelung ohne Ausnahme:

Hinsichtlich § 11 gelten für Feuerungsstätten in den neuen Bundesländern andere Abgasverlustgrenzwerte:

Für Gebäude in den neuen Ländern, die bis zum 31.12.1982 errichtet wurden:

Nennwärmeleistung (kW)	Abgasverlustgrenzwert
über 4 bis 25	15 %
über 25 bis 50	14 %
über 50	13 %

Für Gebäude in den neuen Ländern, die ab dem 1.1.1983 errichtet wurden:

Nennwärmeleistung (kW)	Abgasverlustgrenzwert
über 4 bis 25	14 %
über 25 bis 50	13 %
über 50	12 %

Für Gebäude in den neuen Ländern, die ab dem 1.10.1988 errichtet wurden oder bis zum 31.12.1997 wesentlich geändert wurden:

Nennwärmeleistung (kW)	Abgasverlustgrenzwert
über 4 bis 25	12 %
über 25 bis 50	11 %
über 50	10 %

Hinsichtlich des § 23 gelten für die neuen Bundesländer andere Fristenregelungen:
Alle Öl- und Gasfeuerungsstätten in den neuen Bundesländern, die eine Nennwärmeleistung ab 4 Kilowatt besitzen, müssen erst bis zum 1. November 2004 nachgerüstet werden.

Glossar

Was heißt das alles und wie wird gemessen?

Was ist die Nennwärmeleistung?

Die Nennwärmeleistung ist gemäß § 2 der 1. BImSchV »die höchste von der Feuerungsanlage im Dauerbetrieb nutzbar abgegebene Wärmemenge je Zeiteinheit«.

Was ist die Einstufungsmessung?

Die Einstufung der Heizungsanlagen von Bestandsgebäuden erfolgte gemäß § 23 der 1. BImSchV nach der Kontrollmessung des betreffenden Gebäudes aus dem Jahr 1997 (für alle Feuerungsanlagen, die vor dem 1. November 1996 errichtet worden sind). Für alle zwischen dem 1. November 1997 und dem 31. Dezember 1998 errichteten Gebäude erfolgte sie mittels der durchgeführten, erstmaligen Messung. Neuere Gebäude unterliegen ohnehin direkt den aktuellen Anforderungen der 1. BImSchV.

Was ist der Abgasverlustgrenzwert?

Gemäß § 2 der 1. BImSchV ist der Abgasverlust »die Differenz zwischen dem Wärmeinhalt des Abgases und der Verbrennungsluft, bezogen auf den Heizwert des Brennstoffs.«
Die Bestimmung des Abgasverlustes erfolgt gemäß § 23, Satz 3.4:
Gemessen werden der Sauerstoffgehalt des Abgases sowie die Differenz zwischen Abgas- und Verbrennungslufttemperatur. Die Verbrennungslufttemperatur ist hierbei die Temperatur der für den Verbrennungsvorgang angesaugten Luft.

Diese drei Messgrößen werden dann über eine Formel in Beziehung gesetzt, woraus sich der Abgasverlust in % errechnet.

Bei einer mit Heizöl betriebenen Feuerungsstätte lautet die Formel beispielsweise folgendermaßen: Der Abgasverlust in % = Abgastemperatur in °C minus der Verbrennungsluft in °C multipliziert mit (Klammer auf) 0,68 (Konstante) dividiert durch den Volumengehalt an Sauerstoff im trockenen Abgas in % plus 0,007 (Konstante) (Klammer zu).

Sie brauchen sich solche komplizierten Formeln aber nicht zu merken. Wichtig ist, dass Sie sich durch Ihren örtlichen Schornsteinfeger eine schriftliche Bestätigung der vollumfänglichen Einhaltung aller Forderungen aus der letzten Fassung der 1. BImSchV durch die betreffende Feuerungsstätte geben lassen.

Verwahren Sie die Messprotokolle

Leider ist die BImSchV, ähnlich wie die EnEV, ein sehr komplexes Regelwerk und für den Laien nicht transparent nachvollziehbar. Daher ist es wichtig, dass Sie sich durch solche Schritte vor möglichem Schaden absichern, der entstehen kann, weil ein zu komplexes Regelwerk durch den Verbraucher objektiv nicht mehr eingehalten werden kann.

Lassen Sie sich auch alle Messprotokolle vom Schornsteinfeger aushändigen.

3.2 Was ist die EnEV und welche Ziele hat sie?

Die neue EnEV ersetzt die bisherige Wärmeschutzverordnung und die Heizungsanlagenverordnung. Beide Verordnungen wurden in einer Verordnung zusammengeführt und aufeinander abgestimmt. Die Heizungsanlage eines Gebäudes und der Wärmeschutz desselben Gebäudes werden nun nicht mehr getrennt voneinander betrachtet, sondern gemeinsam.

Wesentliches Kriterium der EnEV ist der auf die Gebäudenutzfläche bezogene Jahresprimärenergiebedarf.

Auch die Art der eingesetzten Energie wird berücksichtigt

Was heißt das? Das heißt, die EnEV setzt schon vor dem eigentlichen Energieverbrauch im betreffenden Gebäude an und fragt nach, welche Energieart zum Beheizen des Gebäudes eingesetzt wird. So ist beispielsweise die Nutzung von Strom zur Beheizung eines Gebäudes sehr viel energieaufwendiger als die Nutzung von Erdgas. Elektrischer Strom muss mit einem wesentlich höheren Energiebedarf zunächst einmal von Kraftwerken produziert werden (hoher Primärenergieeinsatz – d.h. das Kraftwerk muss z.B. erst einmal Kohle verfeuern, um Strom überhaupt zu erzeugen), bevor er privaten Haushalten zur Verfügung gestellt werden kann. Erdgas hingegen kann den Kunden über Rohrsysteme ohne weiteren Primärenergieeinsatz direkt ins Haus geliefert werden. Diesen Sachverhalt berücksichtigt die EnEV.

Es kommt der EnEV also nicht nur auf die Wärmedämmung der Gebäudehülle und die Optimierung der Heizungs- und Warmwasseranlage an, sondern auch auf die Art der eingesetzten Energie. Dieser Ansatz ist neu.

Die EnEV untergliedert sich in sechs Abschnitte und 20 Einzelparagraphen:

Abschnitt 1: Allgemeine Vorschriften

- § 1 Geltungsbereich
- § 2 Begriffsbestimmungen

Abschnitt 2: Zu errichtende Gebäude

- § 3 Gebäude mit normalen Innentemperaturen
- § 4 Gebäude mit niedrigen Innentemperaturen
- § 5 Dichtheit, Mindestluftwechsel
- § 6 Mindestwärmeschutz, Wärmebrücken
- § 7 Gebäude mit geringem Volumen

Abschnitt 3: Bestehende Gebäude und Anlagen

- § 8 Änderung von Gebäuden
- § 9 Nachrüstung bei Anlagen und Gebäuden
- § 10 Aufrechterhaltung der energetischen Qualität

Abschnitt 4: Heizungstechnische Anlagen und Warmwasserversorgung

- § 11 Heizungstechnische Anlagen, Warmwasseranlagen
- § 12 Verteilungseinrichtungen und Warmwasseranlagen

Abschnitt 5: Gemeinsame Vorschriften, Ordnungswidrigkeiten

- § 13 Ausweise über Energie- und Wärmebedarf, Energieverbrauchskennwerte
- § 14 Getrennte Berechnungen für Teile eines Gebäudes
- § 15 Regeln der Technik
- § 16 Ausnahmen
- § 17 Befreiungen
- § 18 Ordnungswidrigkeiten

Abschnitt 6: Schlussbestimmungen

- § 19 Übergangsvorschriften
- § 20 Inkrafttreten, Außerkrafttreten

Prüfen Sie zunächst, ob Sie die EnEV einhalten müssen

Bevor Sie sich jedoch eingehender mit der EnEV auseinander setzen, ist es sinnvoll, überhaupt erst einmal grundlegend zu prüfen, ob Sie mit dem von Ihnen geplanten Modernisierungsvorhaben überhaupt unter die gesetzlichen Bestimmungen der EnEV fallen. Von den sechs oben genannten Abschnitten sind für die Modernisierung eines Gebäudes nämlich nur Abschnitt 3 und 4 relevant sowie hinsichtlich behördlicher Abwicklungsfragen die gemeinsamen Vorschriften (Abschnitt 5) und Schlussbestimmungen (Abschnitt 6). Im vorliegenden Buch wird ausschließlich auf die EnEV-Bestimmungen für bestehende Gebäude eingegangen, nicht für noch zu errichtende Gebäude. Die nachfolgende Checkliste hilft Ihnen bei der Überprüfung Ihres Modernisierungsvorhabens.

3.3 Wann ist die Erfüllung der EnEV für Sie gesetzlich bindend?

Der folgende EnEV-Check hilft Ihnen sehr einfach, festzustellen, ob Sie von der EnEV betroffen sind. Beantworten Sie die Fragen einfach mit »Ja« oder »Nein« und Sie werden automatisch zu einem Ergebnis geführt:

3

EnEV-Check

Besteht für Sie eine Verpflichtung zur Nachrüstung an Ihrem Gebäude gemäß EnEV – Ja oder Nein? Wenn Sie auch nur bei irgendeiner der nachfolgenden Fragen ein »Ja« ankreuzen müssen, bestehen für Sie gesetzliche Verpflichtungen zur Nachrüstung gemäß EnEV an Ihrem Bestandsgebäude.

1) Ist eine energetische Modernisierung Ihres Hauses geplant und ist diese Modernisierung für mehr als 20 % einer Bauteilart gleicher Orientierung geplant? Sollen also z.B. über 20 % der Fensterfläche von Fassaden mit der Ausrichtung Südwest bis Südost oder Nordwest bis Nordost oder über 20 % der Fassadenfläche mit Ausrichtung nach Südwest bis Südost oder nach Nordwest bis Nordost modernisiert werden?

Ja ❑ **Nein** ❑

2) Planen Sie eine Gebäudeerweiterung, also z.B. einen Anbau oder eine Aufstockung, die ihr bestehendes Haus um zusammenhängend mehr als 30 m^3 (Kubikmeter gemessen an den Außenmaßen) erweitern würde?

Ja ❑ **Nein** ❑

EnEV-Check

3) Planen Sie irgendwelche Maßnahmen, die die Dämmqualität Ihres Hauses verschlechtern könnten, also z.B. die Freilegung von Fachwerk an der Hausfassade oder die Demontage einer Holzverschalung vor der Fassade?

Ja ❑ **Nein** ❑

4) Ist in Ihrem Gebäude eine Zentralheizung installiert, ohne ebenfalls zentral installierte, selbsttätig wirkende Einrichtungen zur Steuerung und Ein- und Ausschaltung der Wärmezufuhr in Abhängigkeit von der Außentemperatur oder einer anderen Führungsgröße und der Zeit?

Ja ❑ **Nein** ❑

5) Ist in Ihrem Gebäude eine Zentralheizung installiert und sind deren Heizkörper ohne selbsttätig wirkende Regler (Thermostatregler) zur raumweisen Regulierung der Raumtemperatur ausgestattet?

Ja ❑ **Nein** ❑

6) Haben Sie Ihr Haus am oder nach dem 1. Februar 2002 erworben (Eigentumsübergang)?

Ja ❑ **Nein** ❑

7) Handelt es sich bei dem Gebäude um kein Einfamilienhaus, sondern um ein Gebäude mit zwei Wohnungen, von denen Sie keine selbst bewohnen oder generell um ein Gebäude mit drei oder mehr Wohnungen?

Ja ❑ **Nein** ❑

Folgende Fragen müssen nur beantwortet werden, wenn Sie bei den Fragen 6) und / oder 7) ein »Ja« angegeben hatten.

8) Hat Ihr Heizkessel eine Nennwärmeleistung zwischen 4 und 400 Kilowatt und ist er kein Niedertemperatur- oder Brennwertkessel und wird er mit flüssigen oder gasförmigen Brennstoffen betrieben und wurde er vor dem 1. Oktober 1978 eingebaut? (Es kommt hierbei nur auf das Einbaudatum des Heizkessels an, selbst wenn dieser später so ertüchtigt wurde, dass er die zulässigen Abgasverlustgrenzwerte einhält und auch selbst wenn der Brenner sogar noch nach dem 1. Oktober 1978, selbst aber noch nach dem 1. November 1996 erneuert worden ist).

Ja ❑ **Nein** ❑

9) Sind in Ihrem Gebäude ungedämmte Warmwasserverteilungsanlagen und Armaturen eingebaut?

Ja ❑ **Nein** ❑

10) Sind in Ihrem Gebäude oberste, aber nicht begehbare Geschossdecken beheizbarer Räume ungedämmt?

Ja ❑ **Nein** ❑

Bei Gebäuden, die unter Denkmalschutz stehen, können bestimmte Ausnahmen beantragt werden. In Fällen besonderer finanzieller Härte können bestimmte Befreiungen beantragt werden. Dies muss aber jeweils im Einzelfall mit den zuständigen Behörden geklärt und von diesen auch genehmigt werden.

Wenn Sie nach Durchgang des EnEV-Checks feststellen, dass die Bestimmungen der EnEV für die Modernisierung für Sie nicht gesetzlich bindend sind, können Sie entweder direkt zu Kapitel 4 weiterblättern oder aber, bei Interesse, natürlich auch hier in Kapitel 3 weiterlesen.

Was die EnEV fordert

Falls Sie feststellen, dass die EnEV für Sie gesetzlich bindend ist, sollten Sie nun herausfiltern, in welchem Bereich dies der Fall ist. Sehr häufig wird es darum gehen,

- oberste Geschossdecken zu dämmen,
- Heizungsrohre sowie das Warmwasserverteilungssystem und die Armaturen zu dämmen,
- den Heizkessel zu erneuern,
- selbsttätig wirkende Heizungsanlagenregler oder Heizkörperregler nachzurüsten.

Bei der Dämmung der Gebäudehülle hingegen entstehen für Sie nur dann Pflichten zur energetischen Modernisierung entsprechend der EnEV, wenn Sie die Gebäudehülle (z.B. Außenwände, Dach, Fenster) ohnehin und in einem bestimmten Umfang modernisieren wollen (§ 8 EnEV, ☞ Seite 44). Erst wenn Sie an diesen Bauteilen Eingriffe vornehmen, müssen Sie diese gemäß den gesetzlichen Bestimmungen vornehmen, vorher nicht. Sie dürfen allerdings die energetische Qualität der Gebäudehülle auch nicht verschlechtern.

Nachrüstpflichten und bedingte Anforderungen

Daher lässt sich die EnEV in Bestimmungen unterteilen, die unmittelbar von Ihnen gefordert werden (Nachrüstpflichten) und Bestimmungen, die nur mittelbar von Ihnen gefordert werden (bedingte Anforderungen).

Genau das tut die EnEV auch. In »Abschnitt 3 Bestehende Gebäude und Anlagen« werden unter »§ 8 Änderung von Gebäuden« die mittelbaren gesetzlichen Verpflichtungen im Falle einer ohnehin geplanten Gebäudeveränderung aufgeführt. In »§ 9 Nachrüstung bei Anlagen und Gebäuden« werden die unmittelbar verpflichtenden Bestimmungen aufgeführt. »§ 10 Aufrechterhaltung der energetischen Qualität« kann ebenso wie § 9 als unmittelbar verpflichtender Paragraph gewertet werden. Nachfolgend wird der für bestehende Gebäude wesentliche Abschnitt 3 der EnEV im Einzelnen erläutert.

3.4 Die Anforderungen der EnEV im Detail

Besondere Sachverhalte bei Bestandsgebäuden

In Abschnitt 3 der EnEV wird mit drei Paragraphen auf die besonderen Sachverhalte von Bestandsgebäuden eingegangen. § 8 betrifft die Gebäudehülle, § 9 betrifft die technischen Anlagen und obersten Geschossdecken und § 10 die Aufrechterhaltung der energetischen Qualität des Gebäudes insgesamt.

Erläuterungen zu § 8 der EnEV »Änderung von Gebäuden«

Im Wesentlichen werden in § 8 der EnEV Vorschriften darüber erlassen, was hinsichtlich der energetischen Qualität der Gebäudehülle bei einer Modernisierung (also im Falle der Veränderung der Gebäudehülle oder des Gebäudevolumens) berücksichtigt werden muss und in welchem Fall eine Berücksichtigung überhaupt erforderlich ist.

Erläuterung zu § 8 *Absatz 1* der EnEV

Der Umfang der Maßnahme ist entscheidend

Hier ist festgelegt, dass bei Änderungen von weniger als 20 % entweder der Außenwände oder außenliegender Fenster oder Fenstertüren oder aber von Dachflächenfenstern, die sich in gleicher Orientierung befinden (nach EnEV-Definition entweder von Südost bis Südwest oder von Nordwest bis Nordost), keine durch die EnEV vorgeschriebenen Wärmedurchgangskoeffizienten eingehalten werden müssen. Für alle anderen Bauteile gilt, dass hier ebenfalls keine durch die EnEV vorgeschriebenen Wärmedurchgangskoeffizienten eingehalten werden müssen, wenn nicht mehr als 20 % des jeweiligen Bauteils erneuert oder ausgewechselt werden. Ansonsten ist der Wärmedurchgangskoeffizient zwingend einzuhalten.

Glossar

Was ist der Wärmedurchgangskoeffizient?
Um die Wärme in einem Körper zu halten, muss sein beheiztes Volumen gegen die unbeheizte Umgebung möglichst optimal gedämmt werden. Dies gilt für eine Thermoskanne genauso wie für ein Gebäude.

Der Wärmedurchgangskoeffizient, der so genannte U-Wert, heißt vollständig Umkehr-Wert. Er gibt den Wärmedurchgang durch ein Bauteil an, den so genannten Wärmedurchgangskoeffizienten, d.h. wie viel Wärme unter bestimmten Bedingungen durch ein Bauteil gelangt. Er ist der Umkehr-Wert (früher k-Wert von Kehrwert) des Wärmedurchlasswiderstandes. Der Wärmedurchlasswiderstand wiederum beschreibt, wie viel Widerstand ein Bauteil dem Wärmedurchgang entgegensetzt.

Wie setzt sich der U-Wert zusammen?
Der U-Wert wird berechnet, indem man die Zahl 1 dividiert durch die Summe der Wärmeleitfähigkeit der einzelnen Schichten des Bauteils sowie der beiden Wärmeübergangskoeffizienten »α« zu beiden Seiten des Bauteils αi (Innen) und αa (Außen).

Die Wärmeleitfähigkeit von Bauteilen wird mit dem Begriff klein lambda »λ« angegeben. Sie besagt, welche Wärmemenge »Q« (Einheit Ws) pro Sekunde (s) und pro Quadratmeter (m^2) durch eine ein Meter dicke Schicht (m) eines Stoffes hindurchgeht, wenn der Wärmeunterschied zwischen beiden Temperaturflächen, also Innenfläche und Außenfläche, 1 Kelvin (K) beträgt.

Die beiden **Wärmeübergangskoeffizienten** αi (Innen) und αa (Außen) beschreiben den Wärmeübergang vom beheizten Innenraum in das Außenbauteil und vom Außenbauteil in den kühlen Außenraum. Sie sind festgelegte Konstante.

Im Anhang des Buches finden Sie eine ausführliche Beispielberechnung des U-Wertes. Sie brauchen sich diese komplizierten Berechnungsmethoden aber nicht zu merken. Es reicht, wenn Sie sich für den U-Wert Richtwerte einprägen. Ein guter U-Wert z.B. für eine Außenwand liegt bei 0,28 bis 0,25, ein sehr guter bei 0,2 bis 0,1.

U-Wert nach EnEV Anhang 3, Tabelle 1

Werden Modernisierungsmaßnahmen an einem Gebäude durchgeführt, die vom Umfang her größer sind als die von der EnEV in § 8 festgelegten Maßnahmen (☞ Seite 44), müssen gemäß EnEV Anhang 3, Tabelle 1 folgende U-Werte der Bauteile mindestens eingehalten werden:

Bauteil	max. zulässiger Wärmedurchgangskoeffizient U_{max} in W / (m² x K)
Außenwände	0,35
Außen liegende Fenster, Fenstertüren und Dachflächenfenster	1,7
Verglasungen	1,5
Vorhangfassaden	1,9
Außen liegende Fenster mit Sonderverglasung, Fenstertüren mit Sonderverglasung, Dachflächenfenster mit Sonderverglasung	2,0
Sonderverglasungen	1,6
Vorhangfassaden mit Sonderverglasungen	2,3
Decken, Dächer und Dachschrägen	0,3
Dächer	0,25
Decken und Wände gegen unbeheizte Räume	0,4
Decken und Wände gegen unbeheiztes Erdreich	0,5

Die EnEV schreibt also sehr exakte U-Werte vor, die z.B. für das Bauteil Außenwand eingehalten werden müssen. In der Praxis sind die verschiedenen Dämmstoffe so genannten Wärmeleitfähigkeitsgruppen (WLGs) zugeordnet. Diese Stoffangaben werden herangezogen, um den U-Wert zu bestimmen. Z.B. bedeutet WLG 035 dass der zugehörige Baustoff eine Wärmeleitfähigkeit von 0,035 W / m² x K hat. Verändern Sie nun Ihr Gebäude im Bereich der Außenwand stark, so muss diese Außenwand nach Abschluss der Veränderung die von der EnEV vorgegebenen U-Werte einhalten.

Dämmung einer Bestandswand

Bei der Berechnung dieser neuen U-Werte wird sowohl die Bestandswand mit einbezogen, wie auch die auf diese gesetzte Dämmung. Wählen Sie nun z.B. eine Dämmung, die alleine schon für sich den geforderten U-Wert einhält, können Sie recht sicher sein, dass Sie die Bestimmungen der EnEV in diesem Punkt einhalten werden.

Erläuterung zu § 8 *Absatz 2* der EnEV

Hier ist festgeschrieben , dass die obige Bestimmung auch als erfüllt gilt, wenn

- das geänderte Gebäude entweder die im Anhang der EnEV festgelegten Höchstwerte des auf die Gebäudenutzfläche bezogenen Jahresprimärenergiebedarfes nicht überschreitet oder aber
- die Höchstwerte der spezifischen auf die wärmeübertragende Umfassungsfläche bezogenen Transmissionswärmeverluste um nicht mehr als 40 % überschritten werden.

Was heißt das alles? Nachfolgend werden die Begriffe zunächst einmal erläutert, bevor sie dann zusammenhängend erklärt werden.

Glossar

Jahresprimärenergiebedarf

Unter dem Jahresprimärenergiebedarf versteht man den Bedarf an primärer Energie (also z.B. Kohle eines Kraftwerkes zur Erzeugung von Heizenergie oder aber Öl einer Ölheizung zur Erzeugung von Heizenergie etc.), den ein Gebäude zu seiner Beheizung im Laufe eines Jahres verbraucht. Kurzformel: Q_p

Vergleich Jahresprimärenergiebedarf eines Gebäudes mit Stromheizung und einem Gebäude mit Gasheizung

Beispiel 1:
Jahresprimärenergiebedarf Q_p bei Stromheizung

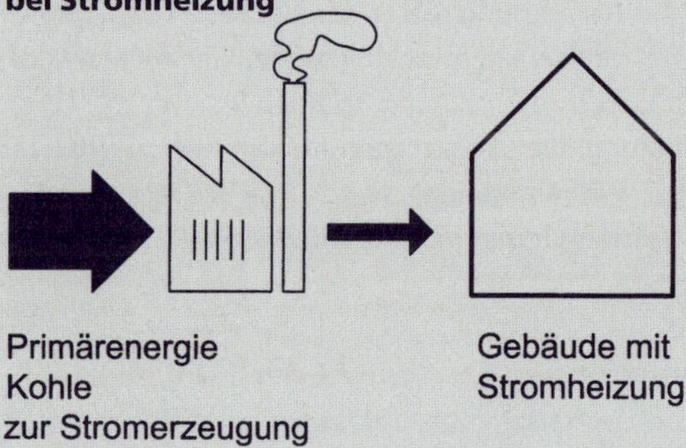

Beispiel 2:
Jahresprimärenergiebedarf Q_p bei Gasheizung

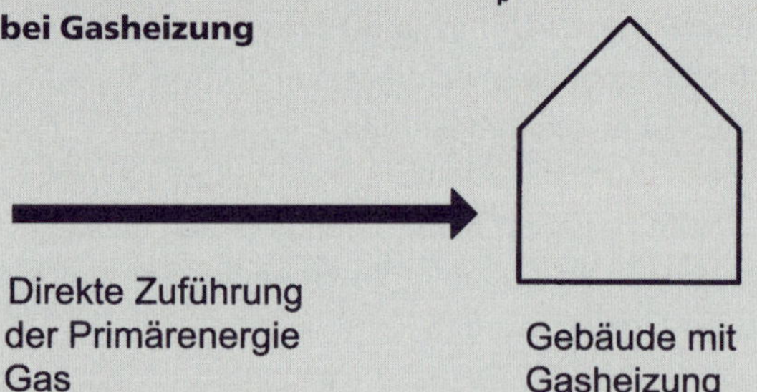

Transmissionswärmeverlust
Unter dem Transmissionswärmeverlust versteht man nichts anderes, als den Verlust an Wärme, die durch die Außenwände vom Gebäudeinneren zum Gebäudeäußeren (daher Verlust) dringt (transmittiert).
Kurzformel: H_T

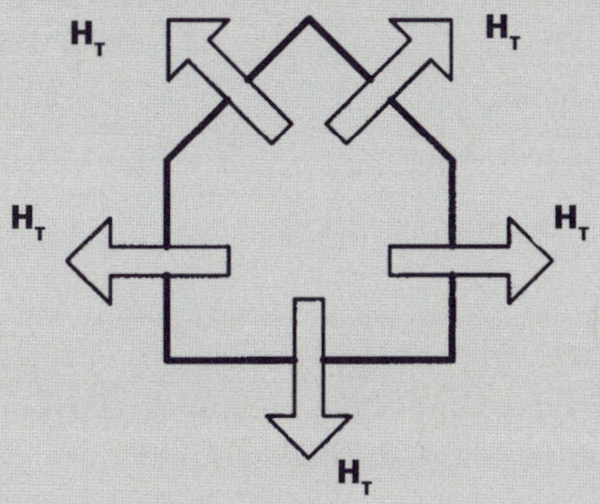

Transmissionswärmeverlust der Außenbauteile

Wärmeübertragende Umfassungsflächen
Die Wärmeübertragende Umfassungsfläche ist die gesamte Gebäudeoberfläche, die die beheizten Innenbereiche von den unbeheizten Außenbereichen trennt, also z.B. Außenwände, Außenfenster, Dachflächen etc.
Kurzformel: A

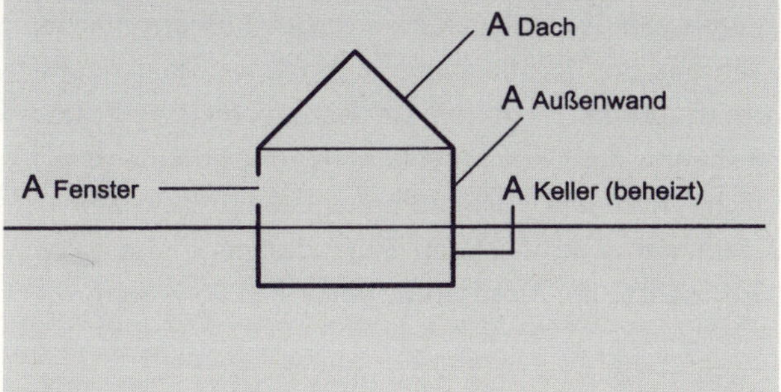

Wärmeübertragende Umfassungsflächen der beheizten Innenbereiche

Beheiztes Gebäudevolumen

Beheiztes Gebäudevolumen
Hierbei handelt es sich um das Gebäudevolumen, das beheizt wird. Hierunter fällt z.B. nicht ein unbeheizter Kellerraum. Kurzformel: V_e

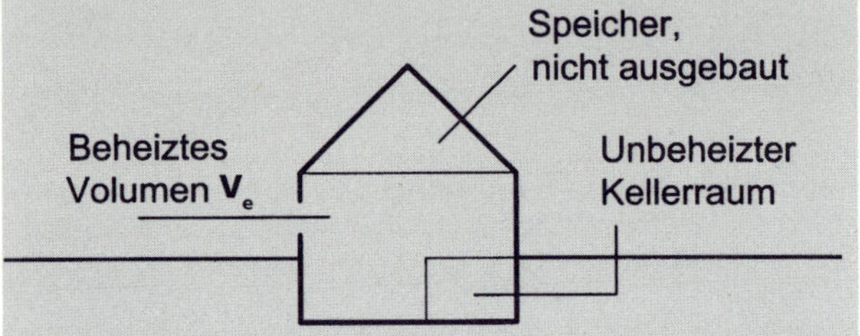

Erläuterung der Begriffe im Zusammenhang mit der EnEV

Die EnEV setzt im Anhang 1 Tabelle 1 den zulässigen Höchstwert des Jahres-Primärenergiebedarfs und des Transmissionswärmeverlusts fest – und zwar jeweils für bestimmte Gebäudetypen, untergliedert nach Ihrem Verhältnis von Gebäudeoberfläche (A) zu Gebäudevolumen (V). Denn dieses Verhältnis entscheidet wesentlich mit darüber, wie viel Energieverbrauch bzw. wie viel Wärmeverluste anfallen. Je größer die Gebäudeoberfläche, desto mehr Energie kann theoretisch verloren gehen, denn umso größer ist die potentielle Transmissionsfläche. So hat eine Halbkugel – also z.B. ein Gebäudekörper in Iglu-Form – das optimale Verhältnis von Gebäudevolumen zu Gebäudeoberfläche, während dies z.B. bei einem Bungalow ungünstiger ist. Um die unterschiedlichen Gebäudetypen (ungünstiges Verhältnis des Gebäudevolumens zur Gebäudeoberfläche) nunmehr »fair« zu behandeln, gesteht der Gesetzgeber ungünstigen Gebäudetypen höhere Grenzwerte zu. Diese Grenzwerte sind Formelgrenz-

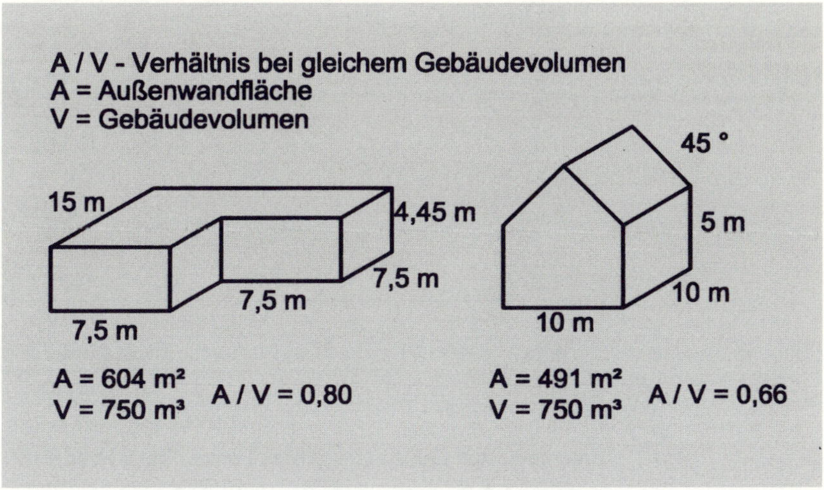

werte, d.h. die EnEV gibt nur eine jeweilige Formel an, die zur Berechnung des jeweils maximal zulässigen Jahres-Primärenergiebedarfs herangezogen werden muss:

Jahres-Primärenergiebedarf gemäß Tabelle 1, Anhang 1 der EnEV

Für Verhältnis A/V_e	gilt max. Jahres-Primärenergiebedarf Q_p in kWh/(m² x a)
≥ 0,2	66,00 + 2600 / (100 + AN)
0,3	73,53 + 2600 / (100 + AN)
0,4	81,06 + 2600 / (100 + AN)
0,5	88,58 + 2600 / (100 + AN)
0,6	96,11 + 2600 / (100 + AN)
0,7	103,64 + 2600 / (100 + AN)
0,8	111,17 + 2600 / (100 + AN)
0,9	118,70 + 2600 / (100 + AN)
1	126,23 + 2600 / (100 + AN)
≥ 1,05	130,00 + 2600 / (100 + AN)

Für den Fall, dass Ihr Wohngebäude eine überwiegende Warmwasserbereitung aus elektrischem Strom hat, schreibt die EnEV keinen Formelwert vor, sondern nachfolgend festgelegte Werte:

Jahres-Primärenergiebedarf gemäß Tabelle 1, Anhang 1 der EnEV

Für Verhältnis A/V_e gilt max. Jahres-Primärenergiebedarf	Q_p in kWh/(m² x a)
≥ 0,2	88
0,3	95,53
0,4	103,06
0,5	110,58
0,6	118,11
0,7	125,64
0,8	133,17
0,9	140,70
1	148,23
≥ 1,05	152,00

Während die EnEV beim Jahres-Primärenergiebedarf teilweise nur Formelvorgaben mit Konstanten für die jeweilige Ermittlung des Grenzwerts unter Berücksichtigung der jeweiligen, individuellen Gebäudefläche angibt, gibt sie beim Transmissionswärmeverlust generell direkt den Grenzwert an.

Transmissionswärmeverlust gemäß Tabelle 1 Anhang 1 der EnEV:

Für Verhältnis A/V_e gilt max. spezifischer Transmissionswärmeverlust	H_T in W/(m² x K)
≥ 0,2	1,05
0,3	0,80
0,4	0,68
0,5	0,60
0,6	0,55
0,7	0,51
0,8	0,49
0,9	0,47
1	0,45
≥ 1,05	0,44

Erläuterung zu § 8 *Absatz 3* der EnEV

In Absatz 3 des Paragraphen 8 der EnEV wird dargelegt, dass bei einer Erweiterung bestehender Gebäude um zusammenhängend mindestens 30 Kubikmeter (m³) diejenigen EnEV-Vorschriften für die Erweiterung gelten, die auch für neu zu errichtende Gebäude gelten.

Erläuterungen zu § 9 der EnEV »Nachrüstung bei Anlagen und Gebäuden«

Fristen für die Außerbetriebnahme von Heizkesseln

3

Erläuterung zu § 9 *Absatz 1* der EnEV

Eigentümer müssen Heizkessel, die mit flüssigem oder gasförmigen Brennstoffen beschickt werden und die vor dem 1. Oktober 1978 eingebaut wurden, bis zum 31. Dezember 2006 außer Betrieb nehmen.

Heizkessel, die so ertüchtigt wurden, dass sie die zulässigen Abgasverlustgrenzwerte (☞ Kapitel 3.1 BImSchV) einhalten oder deren Brenner nach dem 1. November 1996 erneuert worden sind, müssen bis zum 31. Oktober 2008 außer Betrieb genommen werden.

Beide Vorschriften gelten nicht für Anlagen, bei denen die vorhandenen Heizkessel Niedertemperatur-Heizkessel oder Brennwertkessel sind. Ebenfalls gelten sie nicht für Anlagen, deren Nennwärmeleistung weniger als 4 Kilowatt oder mehr als 400 Kilowatt beträgt. Ferner gibt es verschiedene Ausnahmen für reine Warmwasserbereiter.

Der Gesetzgeber geht in der EnEV leider nicht gesondert auf drei wichtige Heizungsarten bzw. Energiemedien des Wohnungsbestandes ein:

1. Raumweise Einzelöfen
2. Stromheizungen
3. Festbrennstoffe

Durch ihre Nichterwähnung in der EnEV fallen sie nicht unter deren Bestimmungen. Sie bleiben unberücksichtigt. Sind diese Systeme bzw. Energiemedien also in Bestandsgebäuden vorhanden, besteht keine gesetzliche Verpflichtung zur Nachrüstung oder zum Austausch. Während Stromheizungen häufig nur eine Notlösung sind, weil sie aufgrund des enormen Strombedarfs zur Raumerwärmung zu sehr hohen Kosten führen, sind raumweise Einzelöfen im Gebäudebestand, vor allem in Altbauten, nach wie vor häufig anzutreffen. Sehr häufig in Form von Gaseinzelöfen. Diese Gaseinzelöfen müssen von Gesetzes wegen nicht nachgerüstet oder ausgetauscht werden.

Heizungssysteme mit Festbrennstoffen fallen nicht unter die Bestimmungen der EnEV

Heizungssysteme, die mit Festbrennstoffen betrieben werden, sind zwar eher selten, aber ebenfalls nach wie vor im Gebäudebestand anzutreffen. Dies können z.B. Zentralheizungssysteme sein, die mit Kohle oder Kohlebriketts betrieben werden oder aber auch entsprechende Einzelöfen, die raumweise installiert sind. Genauso betrifft dies z.B. aber auch Kachelöfen oder Kamine, die z.B. mit Holz (ebenfalls ein so genannter Festbrennstoff) befeuert werden. Diese müssen nicht umgerüstet werden, sondern können weiter betrieben werden. Auch Holzpellett- bzw. Holzschnitzelanlagen, die auch Festbrennstoffanlagen sind, fallen nicht unter die Bestimmungen der EnEV.

Erläuterung zu § 9 *Absatz 2* der EnEV

Ungedämmte, zugängliche Wärmeverteilungs- und Warmwasserleitungen und Armaturen, die sich in nicht beheizten Räumen befinden, müssen bis zum 31. Dezember 2006 zur Begrenzung der Wärmeabgabe gedämmt werden.

Folgende Dämmvorschriften gelten im Einzelnen:
(gemäß Tabelle 1, Anhang 5 der EnEV)

Art der Leitung	**Mindestdicke der Dämmschicht** bezogen auf eine Wärmeleitfähigkeit von 0,035 W / (m² x K)
Innendurchmesser bis 22 mm	*20 mm*
Innendurchmesser über 22 mm bis 35 mm	*30 mm*
Innendurchmesser über 35 mm bis 100 mm	*Dämmstärke gleich Innendurchmesser*
Innendurchmesser über 100 mm	*100 mm*
Leitungen und Armaturen mit Innendurchmessern bis100 mm, und zwar in Wand- und Deckendurchbrüchen, im Kreuzungsbereich von Leitungen, an Leitungsverbindungsstellen etc.	*halb so starke Dämmungen wie für die jeweils übrigen Rohrabschnitte (z.B. für Innendurchmesser über 22 mm bis 35 mm = 15 mm Dämmstärke)*
Leitungen von Zentralheizungen bis 100 mm, die nach In-Kraft-Treten der EnEV in Bauteilen zwischen beheizten Räumen verschiedener Nutzer liegen	*halb so starke Dämmungen wie für die jeweils übrigen Rohrabschnitte (z.B. für Innendurchmesser über 22 mm bis 35 mm = 15 mm Dämmstärke)*
Leitungen von Zentralheizungen bis 100 mm, die nach In-Kraft-Treten der EnEV in Bauteilen zwischen beheizten Räumen verschiedener Nutzer liegen, und zwar im Fußbodenaufbau	*6 mm*

Sehr gut ist, dass der Gesetzgeber für diesen Teil der Verordnung eine einfache Lösung gefunden hat, die sehr praxistauglich, unkompliziert und jederzeit überprüfbar ist.

Erläuterung zu § 9 *Absatz 3* der EnEV
Nicht begehbare, aber zugängliche oberste Geschossdecken beheizter Räume müssen bis zum 31. Dezember 2006 so gedämmt werden, dass deren Wärmedurchgangskoeffizient der Geschossdecke 0,30 Watt / (m^2 x K) nicht überschreitet.

Der Gesetzgeber spricht nur von nicht begehbaren obersten Geschossdecken. Exakt gemeint sind hiermit die Böden von – nach den Landesbauordnungen – nicht ausbaubaren Speichern.

Nachrüstung bei Eigentümerwechsel

Erläuterung zu § 9 *Absatz 4* der EnEV
Der Paragraph erwähnt nochmals, dass die obigen Bestimmungen nicht für Wohngebäude gelten, die nicht mehr als zwei Wohnungen haben, von denen der Eigentümer eine selbst bewohnt. Ansonsten muss nur im Falle eines Eigentümerwechsels die Nachrüstung gemäß § 9 Absatz 1 bis 3 erfolgen. Die Frist hierfür beträgt zwei Jahre ab dem Erwerb des Gebäudes durch den neuen Besitzer. Sie läuft außerdem nicht vor dem 31. Dezember 2006 bzw. 31. Dezember 2008 ab.

Erwerben Sie nun heute ein reines Einfamilienhaus und ziehen selbst in dieses ein, fallen Sie unter die Bestimmungen der EnEV. Sie sind dann nachrüstpflichtig gemäß § 9 Absatz 1 bis 3.

Erläuterungen zu § 10 der EnEV »Aufrechterhaltung der energetischen Qualität«

Paragraph 10 der EnEV setzt sich mit der Aufrechterhaltung der energetischen Qualität eines Gebäudes auseinander.

Erläuterung zu § 10 *Absatz 1* der EnEV
Außenbauteile dürfen nicht in der Weise verändert werden, dass die energetische Qualität des Gebäudes verschlechtert wird.

Erläuterung zu § 10 *Absatz 2* der EnEV
Energie sparende Einrichtungen in Anlagen müssen betriebsbereit gehalten und bestimmungsgemäß genutzt werden.

Erläuterung zu § 10 *Absatz 3* der EnEV
Heizungs- und Warmwasseranlagen sind sachgerecht zu bedienen, zu warten und instand zu halten.

Die energetische Qualität des Gebäudes muss erhalten bleiben

Dieser Paragraph zielt also auf die Verhinderung von energetischen Verschlechterungen an Gebäuden. Er verpflichtet Hausbesitzer dazu, die gegenwärtige energetische Qualität in jedem Falle aufrecht zu erhalten. Ein typisches Beispiel könnte hier z.B. die Entfernung einer alten Wärmedämmung oder Putzfassade an einer Fachwerkfassade sein, um diese freizulegen. In einem solchen Falle müsste das Haus dann entweder unter Denkmalschutz stehen, um von der EnEV befreit zu sein, oder aber es müssten alternative Maßnahmen, wie z.B. eine Innendämmung des Hauses, vorgenommen werden.

Erläuterungen zu § 12 der EnEV »Verteilungseinrichtungen und Warmwasseranlagen«

Zwar befindet sich Paragraph 12 nicht mehr im Abschnitt 3 der EnEV »Bestehende Gebäude und Anlagen«, sondern in Abschnitt 4 der EnEV »Heizungstechnische Anlagen, Warmwasseranlagen«, dennoch finden sich auch hier Vorschriften für Bestandsgebäude, die unbedingt beachtet werden müssen.

Erläuterung zu § 12 *Absatz 1* der EnEV
In Absatz 1 Paragraph 12 wird festgehalten, dass vorhandene Zentralheizungen in Bestandsgebäuden, die nicht mit einer zentralen, selbsttätig wirkenden Einrichtung zur Steuerung und Abschaltung der Wärmezufuhr ausgestattet sind, die in Abhängigkeit von der Außentemperatur oder einer anderen Führungsgröße sowie der Zeit reagiert, nachzurüsten sind.

Erläuterung zu § 12 *Absatz 2* der EnEV
Unter Absatz 2 Paragraph 12 ist vorgeschrieben, dass auch selbsttätig wirkende Einrichtungen zur raumweisen Regelung der Raumtemperatur vorhanden sein müssen. Dies gilt jedoch nicht für Einzelheizgeräte, also z.B. für Gaseinzelöfen.

Umgehende Nachrüstung gefordert

Beide Vorschriften waren bereits in der Heizungsanlagen-Verordnung fixiert, die durch die EnEV ersetzt wurde. Da diese Regelung im Gebäudebestand aber nach wie vor nicht flächendeckend umgesetzt ist, obwohl sie es gemäß der Heizungsanlagen-Verordnung längst hätte sein müssen, wurde sie als Verpflichtung für Immobilienbesitzer auch in die EnEV übernommen, um keine rechtliche Regelungslücke aufkommen zu lassen. Wichtig hieran ist, dass der Gesetzgeber für diese ggf. notwendige Umrüstung kein Zeitfenster mehr zugesteht, sondern sie umgehend verlangt.

3.5 Die EnEV in der Praxis der Bestandsmodernisierung

Es ist zum einen zwar notwendig, sich bei Modernisierungsmaßnahmen an der EnEV zu orientieren, ganz einfach um den gesetzlichen Anforderungen nachzukommen. Andererseits kann die EnEV mit der Umsetzung bestimmter Maßnahmen in jedem Fall eingehalten werden und zugleich können darüber hinaus weitere Energieeinsparpotenziale erschlossen werden. Und eben diese Maßnahmen sind es, auf die das vorliegende Buch den Schwerpunkt seines Inhalts legt.

Mindestanforderungen nach der EnEV

Fazit

Streng nach EnEV müssten Sie, falls Sie Ihr Haus nicht erweitern oder umbauen wollen, zusammengefasst nur folgende Punkte beachten:

Grundsätzlich:
Jedes Haus mit Zentralheizungsanlage muss ganz unabhängig von Größe oder Heizkesselaufstelldatum umgehend, also sofort mit zentral installierten, selbsttätig wirkenden Brennersteuerungen ausgestattet sein, ebenso mit selbsttätig wirkenden Thermostaten an den Heizkörpern selbst.

Unter bestimmten Voraussetzungen:
Ein Haus, das mehr als zwei Wohneinheiten hat, von denen der Besitzer des Hauses mindestens eine bewohnt oder aber ein Haus, das nur eine Wohneinheit hat und nicht vom Besitzer bewohnt wird oder aber ein Haus, das nach dem 1.2.2002 erworben wurde ...

Fazit

... und das mit einer Zentralheizung ausgestattet ist, deren Heizkessel vor dem 1.10.1978 eingebaut wurde (auch wenn die Abgasverlustgrenzwerte der 1. BImSchV eingehalten werden und auch wenn zwischenzeitlich ein neuer Brenner installiert wurde) ...

... und dessen Wärmeverteileranlagen (Heizwasser- und Warmwasserleitungen) ungedämmt sind ...

... und das ungedämmte oberste, nicht begehbare Geschossdecken hat, ...

... muss bis zum 31.12.2006 bzw. bis zum 31.8.2008 bzw. bis zwei Jahre nach Eigentumsübergang mit einem neuen Heizkessel ausgestattet werden. Außerdem müssen die Wärmeverteilungsanlagen und die oberste Geschossdecke bis zu den genannten Terminen gedämmt werden.

Bei weitem nicht alle Häuser fallen also unter diese besonderen Voraussetzungen der EnEV. In vielen Häusern müssten nur minimale Nachrüstungen vorgenommen werden. Es ist jedoch sehr fraglich, ob dies sinnvoll ist, wenn Sie sich mit dem Gedanken einer Modernisierung zur Energieeinsparung befassen. Denn nur eine umfassende Modernisierung aller energetischern Schwachstellen eines Hauses führt zu einem optimalen Ergebnis.

Damit Sie diese energetischen Schwachstellen besser einschätzen können, wird im nachfolgenden **Kapitel 4** ein praxistauglicher Weg einer Hausuntersuchung mit Checklisten aufgezeigt (1. Schritt), der im **Kapitel 5** in eine entsprechende Hausdiagnose mündet (2. Schritt). Mit dieser Hausdiagnose ist es möglich, einen konkreten Modernisierungsplan auszuarbeiten und umzusetzen. Wie die einzelnen Modernisierungseingriffe erfolgen sollten, ist in **Kapitel 6** dargelegt (3. Schritt). Insoweit hier umfangreiche Maßnahmen notwendig werden, ist die Einschaltung von Fachleuten, wie Architekten und Fachingenieuren, empfehlenswert.

Drei Schritte zur Modernisierung

Um eine Garantie für die Einhaltung der EnEV zu haben, reicht es dann beispielsweise schon, wenn Sie im Architektenvertrag die energetische Modernisierung eines Bestandsgebäudes vereinbaren, deren Minimalziel die Einhaltung der EnEV ist. Damit haftet der Architekt Ihnen gegenüber für dieses Planungsziel. Würden Sie demgegenüber die energetische Modernisierung eines Bestandsgebäudes exakt nach den Anforderungen der EnEV vereinbaren, würden Sie dem Architekten ein wesentlich geringeres Planungsziel vorgeben. Sie würden die EnEV nicht mehr als Mindestgrenze vereinbaren, sondern als fixierten Zielpunkt. Dies wäre nicht sinnvoll.

Die Untersuchung, die Diagnose und der Eingriff der einzelnen Punkte wird auf folgenden Seiten dargelegt:

Wegweiser zur Orientierung

Gebäudeelement	Untersuchung Kapitel 4	Diagnose Kapitel 5	Eingriff Kapitel 6
1. Bodenplatte	S. 72	S. 101	S. 136
2. Kellertreppe	S. 73	S. 102	S. 138
3. Kellerinnenwände	S. 74	S. 103	S. 140
4. Kellertür	S. 75	S. 104	S. 141
5. Kelleraußenwände	S. 76	S. 106	S. 143
6. Kellerdecke	S. 77	S. 107	S. 145
7. Hausfassade	S. 78	S. 108	S. 146
8. Vordächer, Terrassen, Balkonplatte	S. 80	S. 111	S. 152
9. Rollladenkästen	S. 81	S. 112	S. 155
10. Verglasung	S. 82	S. 113	S. 156
11. Oberste Geschossdecke	S. 83	S. 115	S. 158
12. Dachstuhl / Flachdach	S. 84	S. 116	S. 160
13. Oberste Wandabschlüsse	S. 85	S. 117	S. 161
14. Heizkessel	S. 90	S. 120	S. 162
15. Brenner / Öfen	S. 91	S. 122	S. 164
16. Heizleitungen	S. 92	S. 123	S. 166
17. Heizkörper	S. 93	S. 124	S. 169
18. Thermostate	S. 94	S. 126	S. 170
19. Warmwasserbereitung	S. 95	S. 127	S. 172
20. Warmwasserleitungen	S. 96	S. 129	S. 173
21. Sanitärarmaturen	S. 97	S. 130	S. 175

Übersicht der Untersuchungspunkte

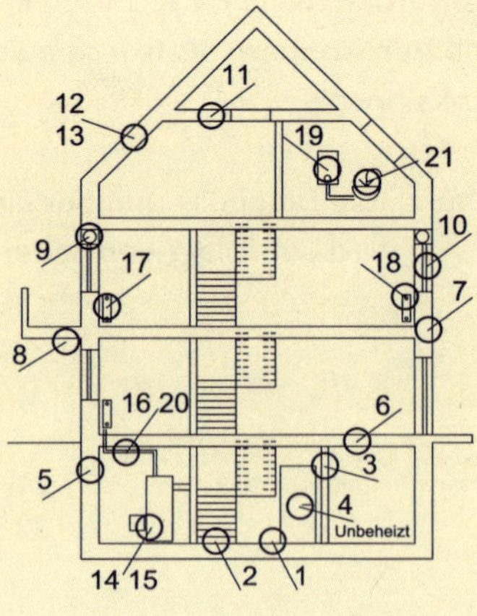

3.6 Wer kontrolliert eigentlich die Einhaltung der EnEV?

Nachdem die EnEV im Februar 2002 in Kraft getreten ist und die »Allgemeine Verwaltungsvorschrift« (AVV) hierzu im März 2002, die die Form des Energiebedarfsausweises regelt (☞ Kapitel 10.3), erlassen nach und nach auch alle Bundesländer die Durchführungsverordnungen (DVO) zur EnEV. In diesen Durchführungsverordnungen werden die konkreten behördlichen Zuständigkeiten und auch die Nachweis- und Kontrollmechanismen geregelt.

In vielen Bundesländern müssen Sachverständige dem Bauherren z.B. schriftlich bestätigen, dass alle nachgerüsteten Bauteile den Bestimmungen der EnEV entsprechen. Diesen schriftlichen Nachweis muss der Bauherr auf Verlangen den zuständigen Baurechtsbehörden vorlegen.

Die Bezirksschornsteinfeger überprüfen z.B. in den meisten Bundesländern, ob von der EnEV betroffene Heizkessel fristgerecht außer Betrieb genommen werden. Ist dies nicht der Fall, kann durch die Bezirksschornsteinfeger teilweise eine entsprechende Nachfrist gesetzt werden. Wird auch diese nicht eingehalten, ist der Bezirksschornsteinfeger in der Regel verpflichtet, die Behörden zu unterrichten.

Besorgen Sie sich die gültige Durchführungsverordnung zur EnEV

Da die Regelungen über Zuständigkeiten, Nachweisumfang und auch Kontrollen in den einzelnen Bundesländern sehr unterschiedlich sind, sollten Sie sich die gültige DVO zur EnEV Ihres Bundeslandes durch Ihren Energieberater (☞ Kapitel 8.1) aushändigen lassen. Die Nichteinhaltung der EnEV wird gemäß Verordnungstext der EnEV als Ordnungswidrigkeit gewertet.

Kapitel 4 ☞

Die Gebäudeuntersuchung

Erster Schritt: Wo verliert Ihr Haus Energie?

Bevor eine energetische Modernisierung sinnvoll durchgeführt werden kann, muss das Haus zunächst »untersucht« werden. Aufgrund dieser Untersuchungen (hier im Kapitel 4 dargestellt) kann dann eine Diagnose (☞ Kapitel 5) gestellt werden. Mit Hilfe dieser Diagnose können schließlich gezielte energetische Modernisierungseingriffe (☞ Kapitel 6) geplant und durchgeführt werden. Bei der Hausuntersuchung ist es sinnvoll, strukturiert vorzugehen und die beiden wesentlichen Bereiche Gebäudehülle und Haustechnik in allen wichtigen Aspekten zu untersuchen. Entsprechend ist das nachfolgende Kapitel aufgebaut.

Ablauf einer Modernisierung

Ablaufschema einer Objektmodernisierung

1. Untersuchung
2. Diagnose
3. Festlegung der Modernisierungseingriffe
4. Durchführung der Maßnahmen
5. Kontrolle der durchgeführten Maßnahmen
6. Prüfung der Wirksamkeit

Außerdem ist es sinnvoll, die technische Ausstattung des Haushalts genauer unter die Lupe zu nehmen. Auch dies ist nachfolgend berücksichtigt.

Was nach der EnEV als Mindestmaßnahme gefordert wird, nämlich ggf. die Erneuerung der Heizungsanlage ohne gleichzeitige Erhöhung der Dämmqualität des Hauses, ist sowohl unter Umweltgesichtspunkten als auch im Hinblick auf ein energetisches Gesamtkonzept eher als zweifelhaft anzusehen, denn die Dimensionierung der Heizungsanlage hängt wesentlich von der Dämmqualität der Gebäudehülle ab.

4.1 Energetische Schwächen von Bestandsgebäuden

Hauptschwachstellen von Bestandsgebäuden

Die energetischen Schwächen von Bestandsgebäuden liegen vor allem in den drei Bereichen:

- Gebäudekörper,
- Heizungssystem,
- Warmwassersystem.

Bevor Sie jedoch im Einzelnen an die Untersuchung dieser Bestandteile eines Gebäudes gehen, ist es sehr sinnvoll, sich zunächst einmal einen generellen Überblick über Schwachstellen am Gebäude zu verschaffen. Da diese sehr häufig in engem Zusammenhang mit dem Baujahr des Gebäudes stehen, finden Sie nachfolgend eine entsprechende Übersicht.

4.1.1 Das Baujahr des Hauses und zeittypische Schwächen

Der energetische Gesichtspunkt des Planens und Bauens ist erst mit der Ölkrise zu Beginn der 1970er Jahre wirklich in den Mittelpunkt bei der Errichtung neuer Gebäude gerückt. Waren früher nur die Aspekte Repräsentation, Ästhetik, Wiederaufbau sowie Nutzerkonzepte oder Baukosten relevant, rückten zu Beginn der 1970er Jahre auch ganz andere Fragen in den Mittelpunkt des Interesses. Da man sich aber erst ab etwa diesem Zeitpunkt intensiv mit Fragen der Minimierung des Energieverbrauchs befasste, dauerte es weitere Jahre, bis Versuchs- und Forschungsergebnisse in die Baupraxis einflossen.

Soweit in der Vergangenheit nicht bereits Modernisierungen am Gebäude in Form von Wärmedämmmaßnahmen durchgeführt wurden, finden Sie folgende energetische Schwachpunkte sehr häufig.

Gebäude Baujahr bis 1920

Baujahre bis 1920 weisen energetische Schwachstellen in folgenden Bereichen auf:

- entweder gar keine Bodenplatte oder ungedämmte Bodenplatte
- ungedämmte Hausfassade
- ungedämmte Kellerdecke
- ungedämmte oberste Geschossdecke
- ungedämmter Dachstuhl
- zahlreiche Wärmebrücken (z.B. durchlaufende Betongeschossdecke zum Balkon)
- Einfachverglasung, keine Isolierverglasung
- ungedämmte Rollladenkästen
- veraltete Heizungsöfen oder Brenneranlagen
- ungedämmte Heizwasserleitungen
- veraltete Heizkörper (verkalkt, schlechte Wärmeabstrahlung, vielfach Überstriche)
- veraltete Warmwasserbereiter (häufig raumweise als Gasdurchlauferhitzer oder elektrischer Warmwasserspeicher)
- ungedämmte Warmwasserleitungen

4

Gebäude Baujahr 1920er bis 1950er Jahre

Gebäude aus den 1920er bis 1950er Jahren weisen energetische Schwachstellen in folgenden Bereichen auf:

- entweder gar keine Bodenplatte oder ungedämmte Bodenplatte
- ungedämmte Hausfassade
- ungedämmte Kellerdecke
- ungedämmte oberste Geschossdecke
- ungedämmter Dachstuhl
- zahlreiche Wärmebrücken (z.B. durchlaufende Betongeschossdecke zum Balkon)
- Einfachverglasung, keine Isolierverglasung
- ungedämmte Rollladenkästen
- veraltete Heizungsöfen oder Brenneranlagen
- ungedämmte Heizwasserleitungen
- veraltete Heizkörper (verkalkt, schlechte Wärmeabstrahlung, vielfach Überstriche)
- veraltete Warmwasserbereiter (häufig raumweise als Gasdurchlauferhitzer oder elektrischer Warmwasserspeicher)
- ungedämmte Warmwasserleitungen

Gebäude aus den 1960er und 1970er Jahren weisen energetische Schwachstellen in folgenden Bereichen auf:

- ungedämmte Bodenplatte
- ungedämmte Hausfassade
- ungedämmte Kellerdecke
- ungedämmte oberste Geschossdecke
- ungedämmter Dachstuhl
- zahlreiche Wärmebrücken (z.B. durchlaufende Betongeschossdecke zum Balkon)
- Einfachverglasung, keine Isolierverglasung
- ungedämmte Rollladenkästen
- Veraltete Heizungsöfen oder Brenneranlagen
- ungedämmte Heizwasserleitungen
- veraltete Heizkörper (verkalkt, schlechte Wärmeabstrahlung, vielfach Überstriche)
- veraltete Warmwasserbereiter (häufig raumweise als Gasdurchlauferhitzer oder elektrischer Warmwasserspeicher)
- ungedämmte Warmwasserleitungen

Gebäude Baujahr ab 1980

Gebäude ab 1980 weisen energetische Schwachstellen in folgenden Bereichen auf:

- ungedämmte Bodenplatte
- ungedämmte oder nach heutigen Maßstäben unzureichend gedämmte Hausfassade
- ungedämmte Kellerdecke
- ungedämmte oberste Geschossdecke
- ungedämmter oder nach heutigen Maßstäben unzureichend gedämmter Dachstuhl
- mitunter Wärmebrücken (z.B. durchlaufende Betongeschossdecke zum Balkon)
- Verbundverglasung, keine Isolierverglasung
- mitunter ungedämmte Rollladenkästen
- veraltete Heizungsöfen oder Brenneranlagen
- mitunter ungedämmte Heizwasserleitungen
- mitunter ungedämmte Warmwasserleitungen

Orientiert an diesen typischen energetischen Schwächen der verschiedenen Baujahre wird nun das gesamte Haus auf Schwachstellen hin untersucht. Begonnen wird mit dem Gebäudekörper und der Gebäudehülle, vom Keller bis zum Dachboden erfolgt ein systematischer Hausdurchgang.

Prüfung der bestehenden Dämmung auf Mängel

Auch wenn Sie in den letzten Jahren den Wärmeschutz an Ihrem Haus verbessert oder die Heizungsanlage modernisiert haben, sollte die Qualität dieser Maßnahmen auf jeden Fall an den heutigen Maßstäben gemessen werden. Zudem sollte eine bestehende Wärmedämmung auf Ausführungsmängel hin geprüft werden. Es kann durchaus sinnvoll sein, im Rahmen einer umfassenden energetischen Modernisierung die alte Dämmung zu ersetzen.

4.2 Die Untersuchung des Gebäudekörpers und der Gebäudehülle

Suche nach Wärmebrücken und Undichtigkeiten der Gebäudehülle

Wesentliches Ziel der Untersuchung des Gebäudekörpers und der Gebäudehülle ist es, zum einen so genannte Wärmebrücken (☞ Seite 110) festzustellen und zum anderen Schwachstellen bei der Dichtigkeit des Gebäudes ausfindig zu machen. Wenn Ihnen Ausführungspläne oder zumindest Baugesuchspläne des Gebäudes zur Verfügung stehen, können Sie hieraus in der Regel bereits erste Hinweise auf mögliche Schwachstellen erhalten.

Nachfolgend finden sie Prüftexte zu den einzelnen Untersuchungspunkten eines Gebäudes. Die Abbildungen sollten Sie mit der Situation in Ihrem Gebäude vergleichen. Kreuzen Sie abschließend »Ja« oder »Nein« bei dem jeweiligen Fragepunkt an.

4.2.1 Die Untersuchung des Kellers

*Untersuchungspunkt **1***

Entweder gar keine Bodenplatte oder ungedämmte Bodenplatte?

Manchmal befinden sich beheizte Wohnräume im Kellerbereich, weil nachträglich auf diese Weise die Wohnfläche vergrößert wurde. Dass Kellerböden von Altbauten unterhalb der Bodenplatte gedämmt wurden, kann man in der Regel ausschließen. Es kann jedoch sein, dass ein schwimmender Estrich verlegt wurde, der zumindest eine gewisse Dämmwirkung hat. Ob dies der Fall ist, können Sie prüfen, wenn Sie den Höhenunterschied zwischen dem Kellerboden und dem Oberbelag in den beheizten Bereichen messen. In diesem Beispiel sind es nur vier Zentimeter Unterschied, sodass keine Dämmung vorhanden ist.

Untersuchung vor Ort: Ist die Bodenplatte des Kellerbodens beheizter Kellerräume von unten oder von oben ungedämmt?

Ja ❑ Nein ❑

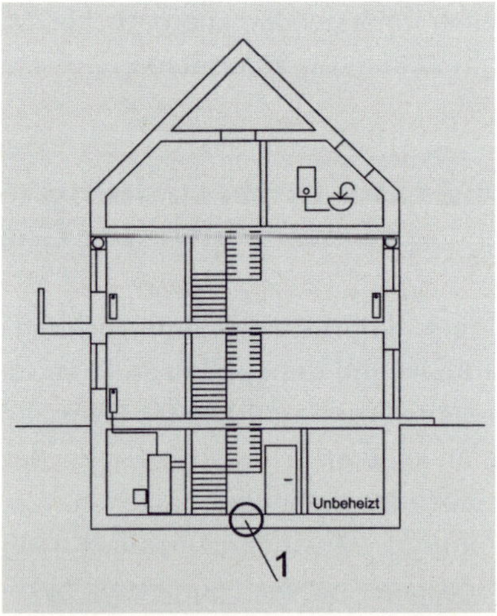

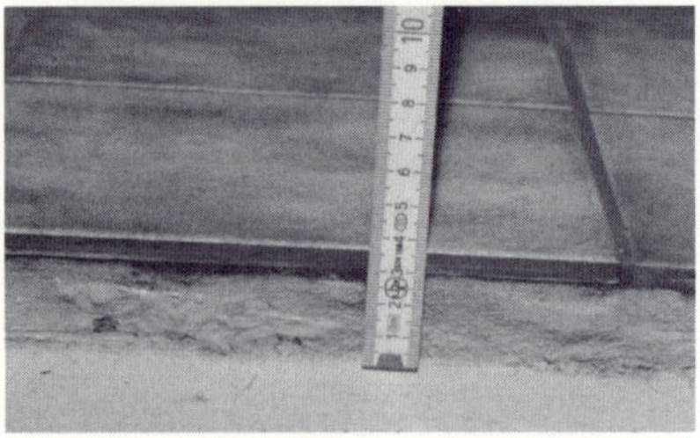

Beispiel: Estrich ohne Dämmung

Untersuchungspunkt **2**

Ungedämmte Kellertreppe?

Eine ungedämmte Kellertreppe ist bis vor wenigen Jahren die Standardausführung gewesen. Sofern der Kellerboden gedämmt ist, zum Beispiel aufgrund eines schwimmenden Estrichs, bedeutet eine auf dem Rohboden stehende Kellertreppe im beheizten Kellerbereich eine kleine Wärmebrücke.

Untersuchung vor Ort: Steht die Kellertreppe ohne Dämmung auf der Bodenplatte des Kellers?

Ja ❑	Nein ❑

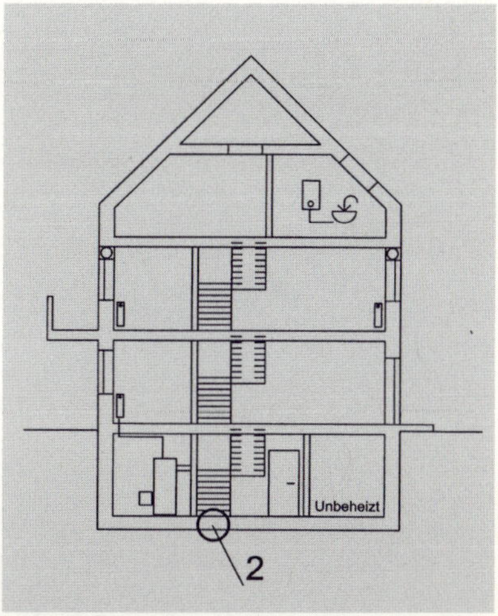

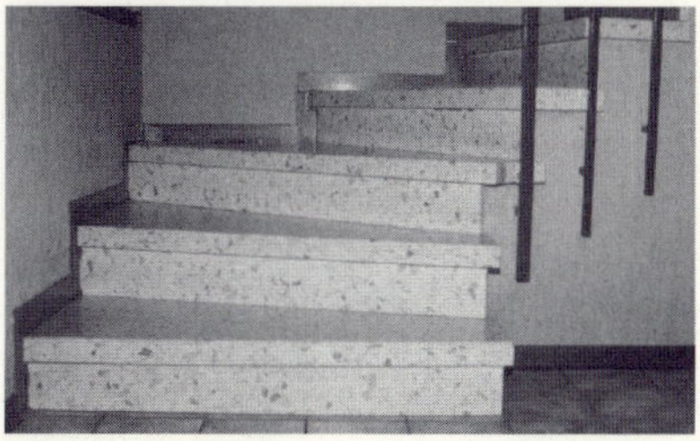

Beispiel: Kellertreppe ohne Dämmung am Treppenfuß

*Untersuchungspunkt **3***

Ungedämmte Kellerinnenwände?

Bei gemauerten Kellerinnenwänden mit einer Stärke bis ca. 15 cm kann man eine Dämmung ausschließen. Bei dickeren, verputzten Wänden ist ein Klopftest auf beiden Seiten zu empfehlen. Im vorliegenden Fall ist die Wand massiv, ungedämmt und beidseitig verputzt.

Untersuchung vor Ort: Sind unbeheizte Kellerbereiche von beheizten Kellerbereichen nur durch einfache Wände getrennt, nicht aber durch gedämmte Wände?

Ja ❑ Nein ❑

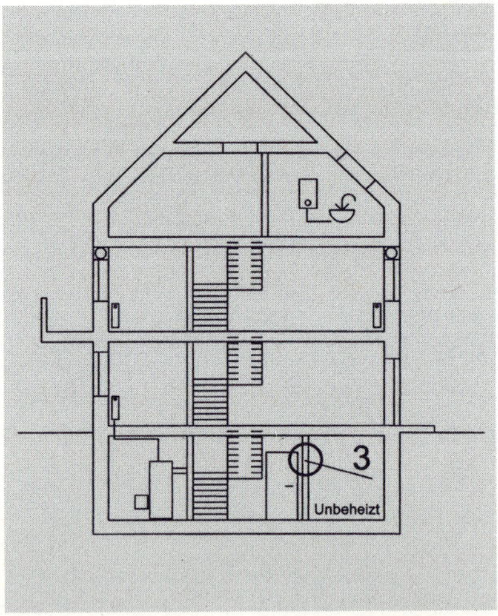

Beispiel: ungedämmte Kellerinnenwand

Untersuchungspunkt **4**

Ungedämmte Kellertür?

Eine einfache Holztür, ungünstiger noch eine einfache Metalltür, die einen beheizten Kellerbereich von einem unbeheizten Kellerbereich trennt, stellt eine Wärmebrücke dar. Einfache Kellertüren haben zudem in der Regel keine Gummilippen zwischen Türrahmen und Türblatt, sodass durch Luftaustausch zusätzlich Wärme verloren geht.

Untersuchung vor Ort: Sind die Türen zwischen beheizten und unbeheizten Kellerräumen ungedämmt und ohne Dichtungen zwischen Türblatt und Türrahmen?

Ja ❑ Nein ❑

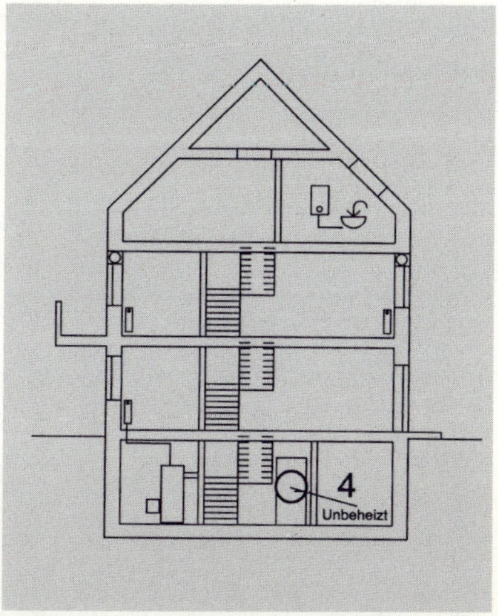

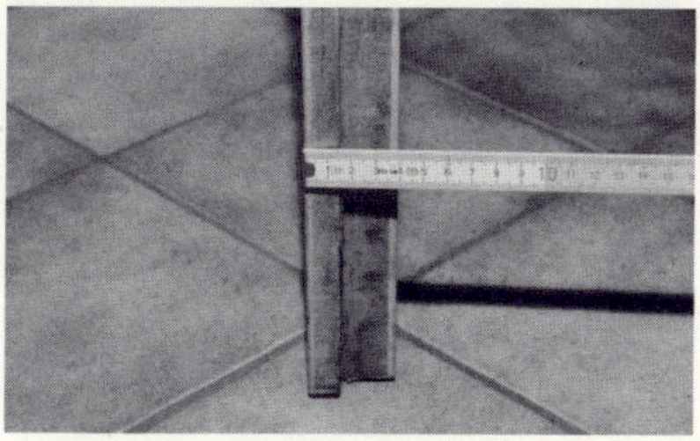

Beispiel: ungedämmte Kellertür

Untersuchungspunkt **5**

Ungedämmte Kelleraußenwände?

Ungedämmte Kelleraußenwände stellen bei beheizten Räumen eine große Wärmebrücke dar. Anhand der Baupläne erhalten Sie einen ersten Eindruck, ob eventuell Dämmung vorhanden sein könnte, z.B. bei zweischaligem Mauerwerk mit vorgesetzter Klinkerfassade. Im untenstehenden Beispiel ist die Außenwand verputzt und aus Beton, im unteren Bereich sieht man noch den rohen Beton. Auch auf der Innenseite ist nachträglich keine Dämmung aufgebracht worden.

Untersuchung vor Ort: Sind die Kelleraußenwände weder von innen noch von außen gedämmt?

Ja ❑ Nein ❑

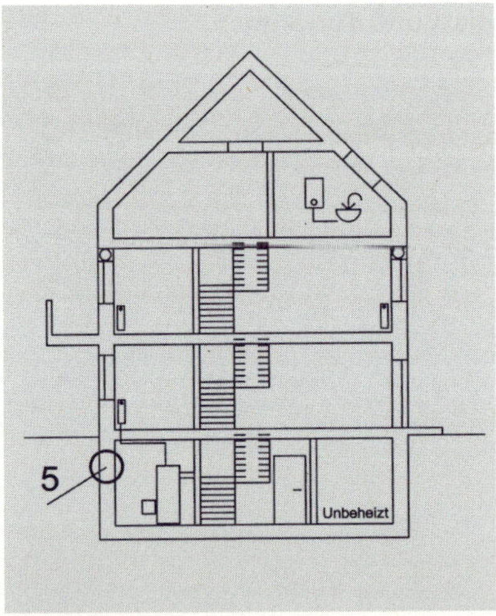

Beispiel: ungedämmte Kelleraußenwände

*Untersuchungspunkt **6***

Ungedämmte Kellerdecke?

Wenn die Kellerdecke von unbeheizten Bereichen nicht gedämmt ist, besteht an dieser Stelle für den darüber liegenden beheizten Raum eine Wärmebrücke. Ein eventuell über der Kellerdecke befindlicher schwimmender Estrich kann eine solche Wärmebrücke etwas abmildern.

Untersuchung vor Ort: Ist die Kellerdecke ungedämmt?

Ja ❑	Nein ❑

4

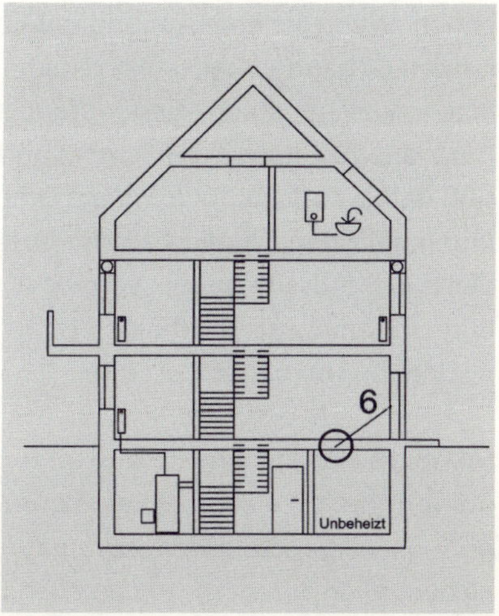

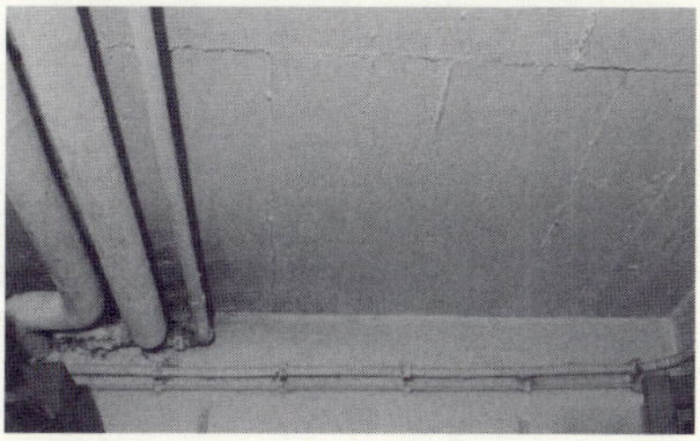

Beispiel: ungedämmte Kellerdecke

4.2.2 Die Untersuchung der Außenfassaden

Untersuchungspunkt ***7***

Ungedämmte Hausfassade?

Wenn das Außenmauerwerk nur ca. 28 cm dick ist (24 cm Mauerwerk, innen und außen verputzt), existiert keine zusätzliche Dämmschicht. Eine solche Hauswand bietet das größte Energieeinsparpotenzial durch Montage einer Wärmedämmung.

Gut lässt sich die Wanddicke z.B. in Fensteröffnungen messen. Auch die Baupläne sind in der Regel mit Maßen versehen, aus denen die Wanddicken hervorgehen. Wenn Sie eine Außendämmung an dem betreffenden Gebäude festgestellt haben, fragt sich auch hier, in welcher Stärke diese aufgebracht ist, wie die Detailanschlüsse (z.B. an Fenster und Dach) gearbeitet sind und in welchem Allgemeinzustand sich die Dämmung befindet. Möglicherweise ist die Dämmung an der Hausnordseite bereits vermoost, dazu nur relativ dünn und mehr schlecht als recht an die Fensternischen angearbeitet.

Soweit es sich um eine Innendämmung handelt, ist zu überprüfen, ob diese auch eine gute Wirksamkeit hat oder ob sie beispielsweise nur unzureichend und auch nicht in allen Zimmern und an allen Fassaden angebracht ist. In solch einem Fall lohnt sich das Öffnen der Dämmung an einem Randpunkt, um einen Einblick zu gewinnen.

Nicht immer muss eine Dämmung eine Außendämmung oder eine Innendämmung sein. Eine Dämmung kann auch in Form einer so genannten Kerndämmung, also einer Dämmung innerhalb einer Wand, ausgeführt sein. Ob solch eine Kerndämmung vorhanden ist, lässt sich nur schwer überprüfen. Eine vorhandene Kerndämmung ist häufig nicht einmal über die Wandstärke zu ermitteln. Selbst wenn ein Gebäude eine vorgesetzte Klinkerfassade hat, ist daraus nicht zwingend zu schließen, dass zwischen Mauerwerk und Klinkerfassade auch noch eine Dämmschicht sitzt. Versuchen Sie in einem solchen Fall Einblick in die Baupläne zu erhalten, und zwar in die Werkplanung im Maßstab 1:50, um wenigstens einen Anhaltspunkt zu haben, ob das Gebäude bei der Errichtung gedämmt wurde. Die Dämmschicht wäre auf diesen Plänen dann eingezeichnet. Ferner gibt es die Möglichkeit, durch den Einsatz einer endoskopischen Untersuchung, also einer Untersuchung mittels einer in das Mauerwerk einführbaren kleinen Kamera, Klarheit über das Vorhandensein einer Kerndämmung zu erlangen. Dies hat auch den Vorteil einer höheren Sicherheit, da Planung und Ausführung nicht immer übereinstimmen.

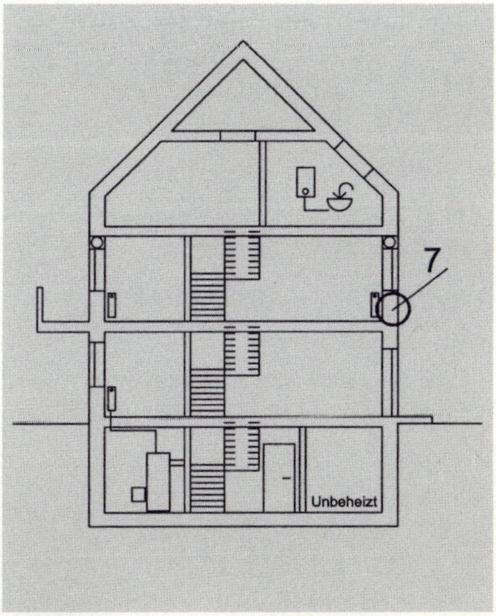

Untersuchung vor Ort: Ist die Hausfassade ungedämmt? (Auf das Mauerwerk ist beispielsweise nur ein einfacher Putz aufgetragen worden).

Ja ❑	Nein ❑

Beispiel ungedämmte Hausfassade

Untersuchungspunkt ***8***

Ungedämmte Vordächer, Terrassen- oder Balkonplatten?

Ungedämmte Vordächer, Terrassen- oder Balkonplatten sind nachteilig, da diese sich wie Kühlrippen verhalten, an denen die Wärme nach außen geleitet wird. Besonders ungünstig ist der hier dargestellte Fall, bei dem nicht nur die Balkonplatte, sondern auch Teile eines beheizten Raums als Kragplatte ausgebildet sind.

Untersuchung vor Ort: Laufen Terrassen oder Balkonplatten als so genannte Kragplatten vom Hausinneren ohne Dämmung in den Außenbereich?

Ja ❑ Nein ❑

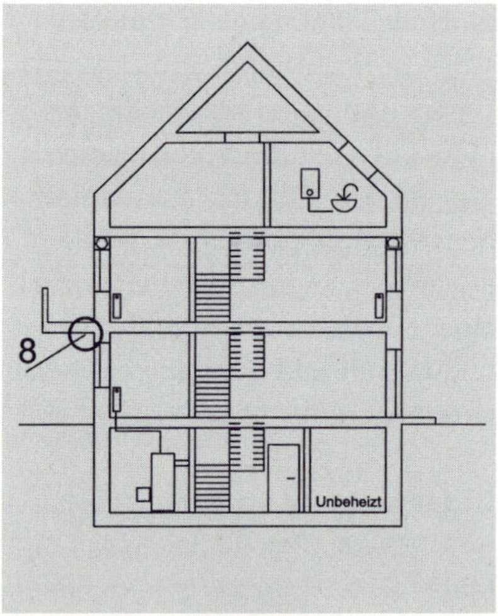

Beispiel: ungedämmte Balkonplatte

*Untersuchungspunkt **9***

Ungedämmte Rollladenkästen?

Die Rollladenkästen älterer Häuser haben in der Regel keine Wärmedämmung, sofern diese nicht in den letzten Jahren nachgerüstet wurden. Da meist nur eine dünne, nicht winddichte Holzplatte als Revisionsöffnung vorhanden ist, besteht hier eine erhebliche Wärmebrücke.

Untersuchung vor Ort: Sind die Rollladenkästen ungedämmt? Existiert weder außen noch innen eine Dämmschicht?

Ja ❑ Nein ❑

4

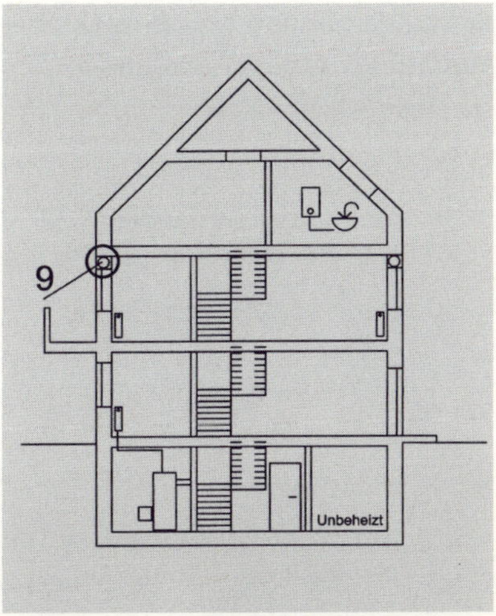

Beispiel: ungedämmter Rollladenkasten

Untersuchungspunkt ***10***

Einfachverglasung, keine Isolierverglasung?

Bedenkt man, dass eine ungedämmte, 28 cm starke, verputzte Außenwand eine große Wärmebrücke darstellt, führen Einfachverglasungen nach heutigen Gesichtspunkten zu einer Energievernichtung schlechthin. Etwas bessere Werte liefern Doppelverglasungen wie im dargestellten Fall. Nach Möglichkeit sollten jedoch auch Doppelverglasungen gegen hochwertige Isolierglasscheiben ausgetauscht werden.

Untersuchung vor Ort: Haben die Fenster und Fenstertüren eine Einfachverglasung bzw. eine Doppelvergasung? Fehlen Isolierglasscheiben?

Ja ❑ Nein ❑

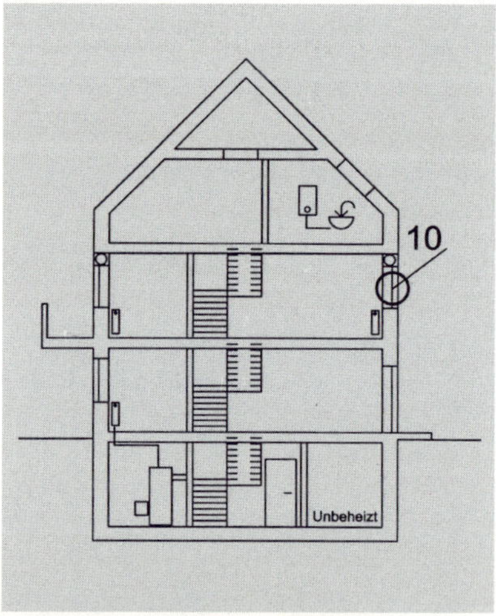

Beispiel: Doppelverglasung, nicht vorhandene Isolierverglasung

4.2.3 Die Untersuchung des Dachbodens und des Dachs

*Untersuchungspunkt **11***

Ungedämmte oberste Geschossdecke?

Innendämmungen auf der Unterseite von Decken oberster Aufenthaltsräume, z.B. Dämmung der Geschossdecke unter dem unbeheizten Dachspeicher, sind in der Regel selten. Dieser Punkt sollte jedoch durch einen Klopftest geprüft werden. Ferner können Dämmungen auf der obersten Geschossdecke liegen. Dies sollten Sie durch einen Blick in den darüber liegenden Dachraum prüfen. Außerdem können Dämmungen, z.B. bei Holzkonstruktionen, auch innerhalb der Decke im Balkenzwischenraum liegen.

Untersuchung vor Ort: Ist die oberste Geschossdecke zum unbeheizten Dachspitzboden bzw. Flachdach ungedämmt?

Ja ❑	Nein ❑

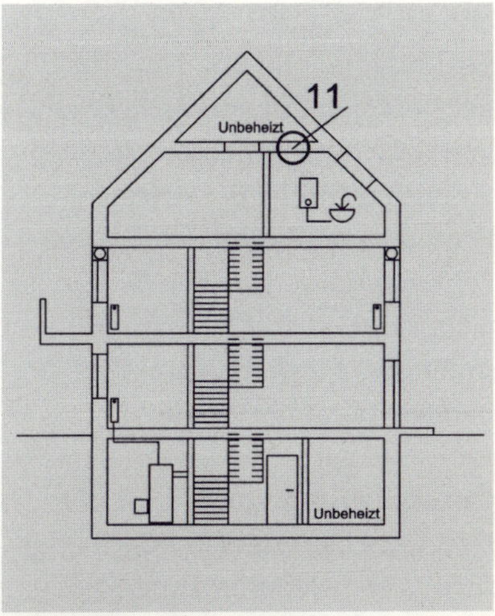

Beispiel: ungedämmte oberste Geschossdecke

Untersuchungspunkt ***12***

Ungedämmter Dachstuhl oder ungedämmtes Flachdach?

Häufig wird ein Dachstuhl nur zu Abstellzwecken genutzt. Hier ist eine Sichtprüfung, ob eine Dämmung vorhanden ist oder nicht, einfach, weil die Sparren meist sichtbar sind. Wurden jedoch die Sparren verkleidet, z.B. mit Holzpaneelen, sollte unbedingt Klarheit darüber bestehen, wie genau der Dachaufbau ausgeführt wurde, ggf. durch eine kleine Öffnung im Randbereich. Bei einem Flachdach kann anhand der Planzeichnungen geprüft werden, ob und wenn ja, auf welche Weise gedämmt wurde, also z.B. von oben, unten oder bei Holzkonstruktionen innerhalb der Decke im Balkenzwischenraum. Wenn Sie nicht sicher sind, können Sie auch die Höhe der Attikaaufkantung messen und mit den Bauzeichnungen vergleichen. Sofern die Dämmung oberhalb der Abdichtung unter dem Kies liegt, kann die Dicke bequem gemessen werden.

Untersuchung vor Ort: Ist der Dachstuhl bzw. das Flachdach ungedämmt? Ist weder zwischen den Sparren noch unter den Sparren oder unter bzw. über dem Beton-Flachdach eine Dämmung angebracht?

Ja ❑ Nein ❑

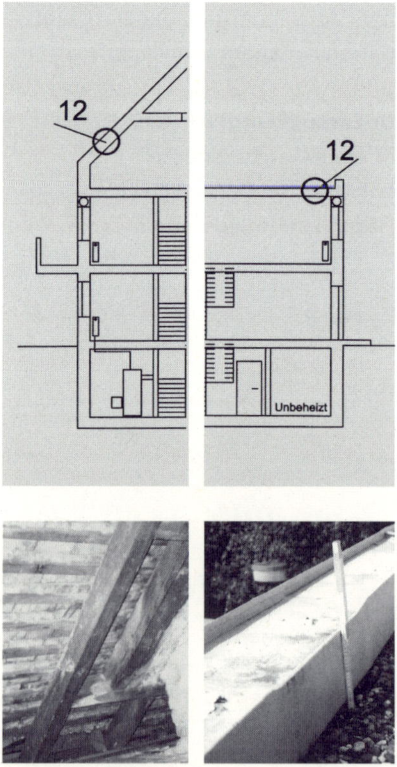

Beispiel: ungedämmter Dachstuhl / ungedämmtes Flachdach

Untersuchungspunkt **13**

Ungedämmte oberste Wandabschlüsse?

Auch oberste Wandabschlüsse sollten auf ihrer Oberkante gedämmt werden, damit diese am Kontaktpunkt zur Außenhaut des Dachs keine Wärmebrücke bilden.

Dies ist nur dann relevant, wenn der betreffende oberste Wandabschluss zu einer Wand gehört, die beheizte Gebäudebereiche umschließt. Die Untersuchung ungedämmter oberster Wandabschlüsse von Wänden, die innerhalb ungedämmter und ungeheizter Dachräume stehen, kann daher außer Acht bleiben, solange diese Räume nicht zukünftig gedämmt und beheizt werden sollen.

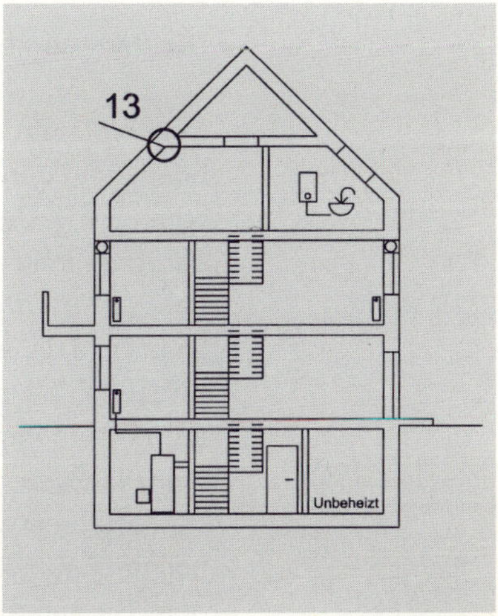

Aufgrund der Tatsache, dass gerade aber beheizte Räume häufig natürlich von innen verkleidet sind und man nicht auf die Oberkanten der Raumwände sehen kann, gleichzeitig aber ungeklärt ist, ob diese Wandoberkanten denn auch gedämmt sind, muss ggf. eine so genannte Thermografie bei der Untersuchung zum Einsatz kommen (☞ Kapitel 4.2.4).

Untersuchung vor Ort: Sind die obersten Wandabschlüsse des Hauses ungedämmt?

Ja ❑ Nein ❑

Beispiel: ungedämmte oberste Wandabschlüsse

Tipp

Falls Sie auf gedämmte Gebäudeelemente stoßen, sollten Sie versuchen festzustellen, wie stark die Dämmung ist und aus welchem Material sie besteht. Denn Dämmung ist nicht gleich Dämmung und eine schlechte Dämmung bringt im Zweifelsfall fast nichts. Es kann in einem solchen Fall besser sein, eine alte Dämmung zu demontieren und durch eine neue Dämmung zu ersetzen. Mehr zu den verschiedenen Dämmstoffen und ihren Eigenschaften erfahren Sie in Kapitel 7.

4.2.4 Weitere Untersuchungsmöglichkeiten der Gebäudehülle

Die Untersuchung mithilfe der Thermografie

Neben diesem einfachen Durchgang durch Ihr Gebäude und der Untersuchung der häufigsten thermischen Schwachpunkte der Gebäudehülle können Sie darüber hinaus natürlich auch mithilfe einer so genannten Thermografie (Wärmebild) einen optischen Einblick in die energetischen Schwachpunkte der Gebäudehülle erhalten. Thermografien sind Spezialaufnahmen Ihres Gebäudes und werden im Winter meist morgens gemacht, bevor die aufgehende Sonne die Fassade erwärmen kann. Wichtig ist, dass alle beheizten Räume ein bis zwei Tage vorher beheizt wurden. Thermografien zeigen diejenigen Oberflächen der Gebäudehülle in dunklen Blautönen an, die gut gedämmt sind und wechseln dann von Grün- über Gelb- zu Rottönen zu denjenigen Bereichen der Gebäudehülle, die sehr schlechte Dämmeigenschaften haben. Wir empfehlen Ihnen eine Thermografie aber nur im Zusammenhang mit einer kompletten Energieberatung zu Ihrem Gebäude. Als einzelne Aufnahme kann sie teuer sein und bringt oft nicht mehr als der Durchgang des Gebäudes nach den genannten Prüfpunkten.

Die Untersuchung mithilfe des Blower-Door-Tests

Neben den Dämmeigenschaften der Gebäudehülle ist vor allem auch ihre Dichtigkeit wichtig. Die Dichtigkeit der Gebäudehülle können Sie sehr gut mit einem so genannten Blower-Door-Test überprüfen. Hierbei wird über einen in einer provisorischen Haus(folien)tür eingebauten Lüfter ein künstlicher Über- bzw. Unterdruck im Haus erzeugt. Bei geschlossenen Fenstern und geschlossener Haustüre wird die Luftmenge gemessen, die innerhalb einer Stunde durch ungewollte Öffnungen nachströmt bzw. bei Überdruck im Haus durch Leckagen entweicht. Ein guter Wert ist bei Einfamilienhäusern das 1 bis 1,5-fache Luftvolumen des Innenraums pro Stunde. Schlechte Werte liegen beim 6 bis 12-fachen Luftvolumen, was in der Gesamtheit einem permanent offenen kleinen Fenster entspricht.

Die so genannte Dampfbremse oder Dampfsperre ist bei allen gedämmten Konstruktionen wie z.B. bei Dächern oder Innenwänden wesentliches Element für die Gewährleistung der Luftdichtigkeit. Es handelt sich hierbei um eine Folie oder reißfeste Papierlage. Sie muss unbeschädigt sein und luftdicht mit allen Anschlussbauteilen verbunden werden. Ihre eigentliche Aufgabe besteht darin, den in der Innenluft befindlichen Wasserdampf daran zu hindern, in Kontakt mit der Dämmung zu kommen und diese in der Folge zu durchfeuchten. Bei älteren Wärmedämmungen wurden Folien verwendet, durch die keinerlei Wasserdampf dringen konnte (Dampfsperren). Heute werden in der Regel Dampfbremsen verwendet, da das Gesamtsystem »Außenwand- bzw. Dachdämmung« so ausgelegt wird, dass ein Ablüften von Feuchtigkeit nach außen möglich ist.

Die häufigsten typischen Undichtigkeiten der Gebäudehülle:

- Die Stöße der Dampfbremse im Dachgeschoss
- Der Anschluss der Dampfbremse an Wandflächen
- Durchdringungen der Dampfbremse durch Leitungsrohre usw.
- Der Anschluss der Dampfbremse an Dachflächenfenster
- Unverputzte Kamine
- Die Revisionsklappe der Rollläden
- Unverputzte Wandflächen
- Steckdosen und Schalter in der Außenwand
- Der untere Anschluss der Haustüre
- Die Oberseite von Hochlochziegeln an Fensterbrüstungen
- Der Fensteranschluss an seitliche Laibungen

4.3 Die Untersuchung der Heizungsanlage

Komponenten einer Heizungsanlage

Neben der Gebäudehülle ist der zweite wichtige Untersuchungsbereich die Haustechnik und hier natürlich vor allem die Heiztechnik. Die klassische Heizungsanlage besteht aus dem Vorratsbehältnis für den Brennstoff (bei Ölheizungen ist dies der Tank) (1) oder aber der direkten Außenzufuhr des Brennstoffs (bei Gasheizungen ist dies der Gas-Hausanschluss), dann dem Brenner (2), in dem der Brennstoff verbrannt wird, dem Heizkessel (3), in dem das Heizwasser erhitzt wird, den Heizungspumpen (4), die das Heizwasser im Rohrsystem zur Zirkulation bringen, dem Rohrsystem (5) selbst, das das Heizwasser zu den Heizkörpern (6) führt, schließlich den Heizkörpern und abschließend den Sicherungseinrichtungen wie z.B. Überdruckventile und Ausdehnungsgefäß (7). Von energetischer Bedeutung sind hierbei vor allem der Heizkessel, der Brenner, die Rohrsysteme und die Heizkörper selbst. Mindestens diese vier Elemente der Heizung müssen im Vorfeld einer energetischen Modernisierung der Untersuchung unterzogen werden. Lesen Sie bitte auch hier wieder Punkt für Punkt aufmerksam durch und vergleichen Sie die Beschreibungen und Bilder mit dem Ist-Zustand in Ihrem Gebäude.

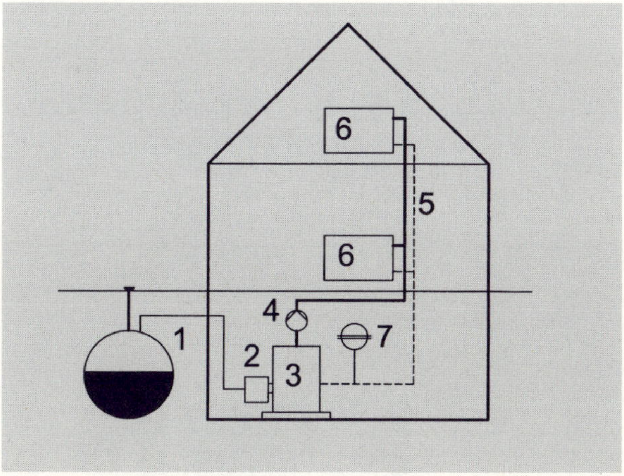

Bausteine einer Heizungsanlage

*Untersuchungspunkt **14***

Veraltete Heizkesselanlage?

Da die EnEV einen wesentlichen Schwerpunkt ihrer Forderungen auf die Erneuerung von Heizkesselanlagen setzt, sollte auch der Heizkessel das erste Untersuchungsobjekt der Heizungsanlage sein. Heizkessel haben Typenschilder, die Auskunft über den Hersteller, die Leistung und auch das Baujahr geben. Notieren Sie sich das Baujahr. Die EnEV setzt als Stichtag für veraltete Kesselanlagen den 1. Oktober 1978 an. Aber schon zwanzig Jahre sind ein stolzes Alter.

Untersuchung vor Ort: Ist die Heizkesselanlage älter als 20 Jahre?

Ja ❑ Nein ❑

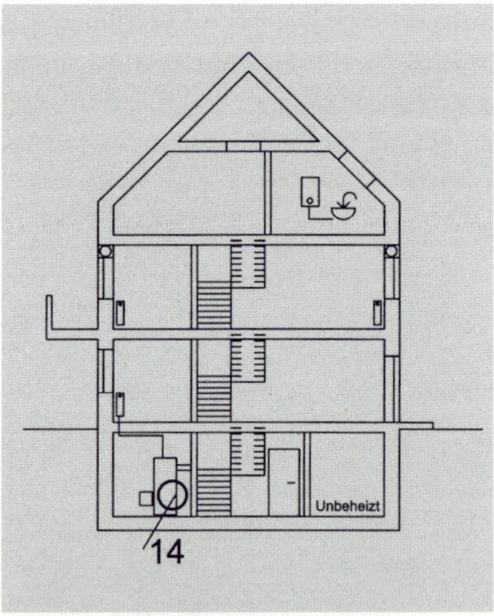

Beispiel: Veraltete Heizkesselanlage

Untersuchungspunkt ***15***

Veraltete Brenneranlagen und Einzelöfen?

Das Alter des Brenners finden Sie in der Regel auf dem Typenschild. Dies ist bei Gaseinzelöfen leider nicht immer der Fall. Ihr Alter kann aber durch einen Fachmann in der Regel gut eingeschätzt werden. Neue Heizungsanlagen können mit Gas oder Öl mehr Heizwärme erzeugen als veraltete Anlagen. Ist die Anlage älter als 20 Jahre, steckt ein großes Energiesparpotenzial in einer Erneuerung. Es muss außerdem untersucht werden, ob der Brenner – ganz unabhängig von seinem Alter – über eine selbsttätig wirkende Einrichtung zur Verringerung und Abschaltung der Leistung verfügt, z.B. in Abhängigkeit von der Außentemperatur (Außenfühler) oder einer anderen Führungsgröße.

Untersuchung vor Ort: Sind die Einzelöfen in den Räumen oder aber die zentrale Brenneranlage älter als 20 Jahre?

Ja ❑	Nein ❑

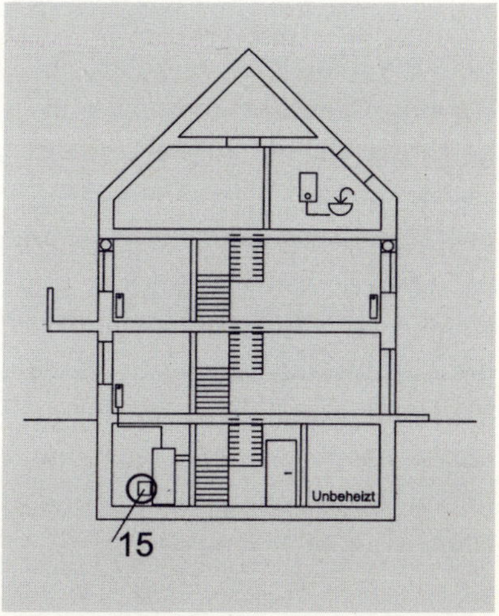

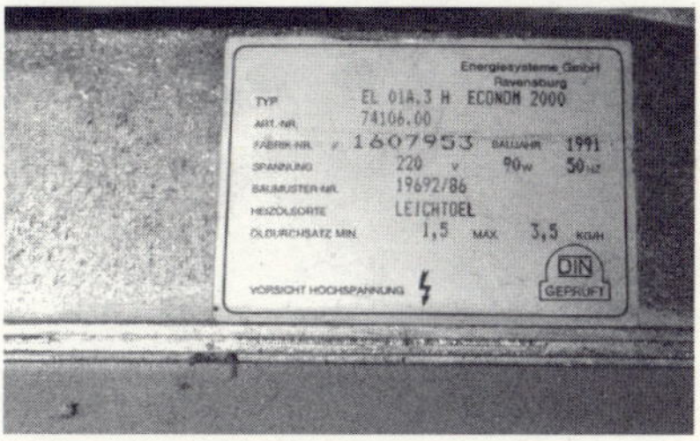

Beispiel: Veraltete Heizkesselanlage

Untersuchungspunkt ***16***

Ungedämmte Heizleitungen?

Die Heizleitungen verlaufen von der Heizkesselanlage zu den Heizkörpern. Häufig befindet sich die Heizkesselanlage im Keller, weswegen die Heizungsrohre zunächst durch den Keller und von dort in alle anderen Geschosse verlaufen. Gerade im Keller und damit im unbeheizten Bereich eines Gebäudes sind Heizungsrohre häufig ungedämmt oder ungenügend gedämmt. Daher sollten Sie die Dämmung der Heizungsrohre im Keller besonders überprüfen. Gleiches gilt für Heizthermen und die Rohrleitungen in unbeheizten Dachräumen.

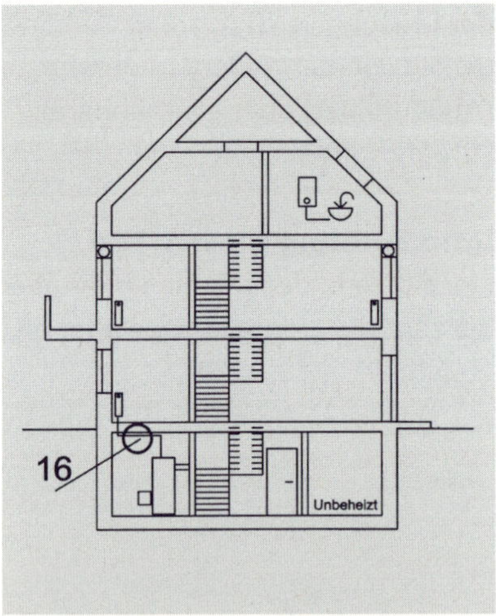

Bei alten Gebäuden verlaufen die Heizungsrohre auch in den Wohngeschossen häufig auf Putz, sodass sie dort gut zu untersuchen sind. Bei Nachkriegsgebäuden hingegen verlaufen sie häufig unter Putz und können daher nicht ohne Eingriff in die Bausubstanz untersucht werden. Man kann allerdings davon ausgehen, dass in aller Regel nur eine geringfügige Ummantelung ohne Dämmwirkung vorhanden ist.

Untersuchung vor Ort: Sind die Heizleitungen, die das Heizmedium (z.B. Wasser) zu den Abgabestellen (z.B. Heizkörper) führen, ungedämmt?

Ja ❑ Nein ❑

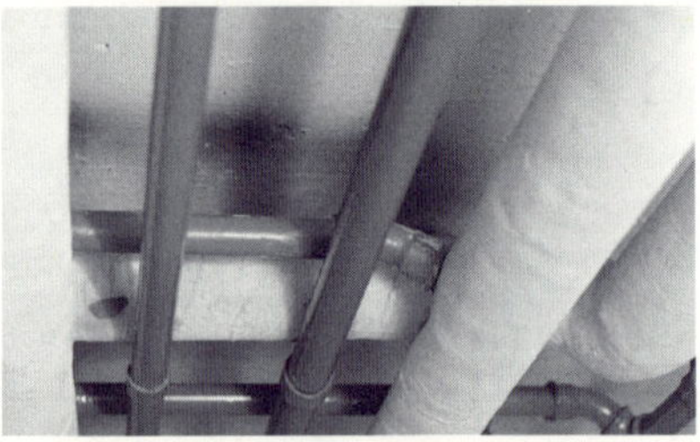

Beispiel: ungedämmte Heizleitung

Untersuchungspunkt ***17***

Veraltete Heizkörper?

Heizkörper sind in der Regel in den Räumen unterhalb der Fenster montiert. Über die Jahre hinweg haben sie möglicherweise mehrere Farbanstriche erhalten, Rost hat sich gebildet und im Inneren hat sich Kalk angesetzt. Rostbildung, mehrere Farbanstriche und auch kleine Wasserlecks lassen sich sehr gut von außen überprüfen. Ausblühungen an den Heizkörperflächen sind meist die Folge von kleinen Wasserlecks, die sich schnell zu einem großen Wasserschaden entwickeln können.

4

Untersuchung vor Ort: Sind die Heizkörper veraltet? Haben die Heizkörper bereits mehrere Farbanstriche, Rostbildung oder Ausblühungen?

Ja ❑ Nein ❑

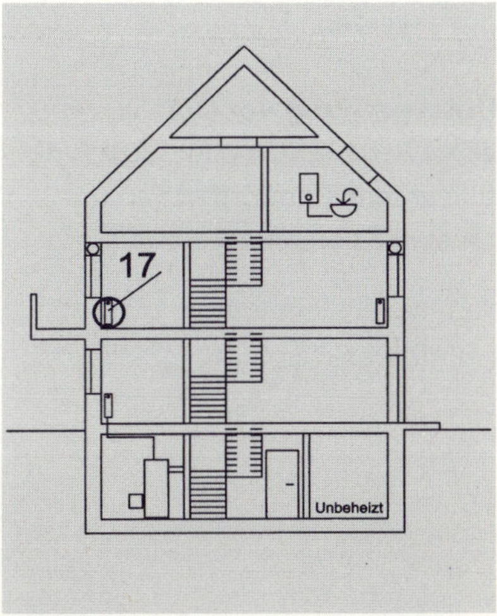

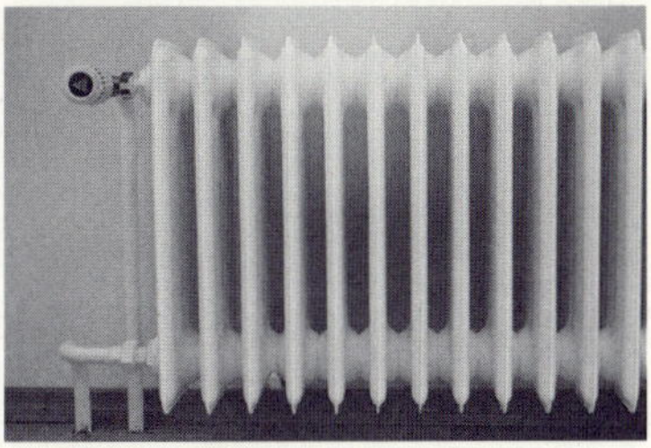

Beispiel: veralteter Heizkörper

Untersuchungspunkt ***18***

Regelventile oder Heizkörperthermostatventile?

Die Regelventile oder Heizkörperthermostatventile dienen dazu, den Wasserzufluss in den Heizkörper und damit die Wärmeabgabe zu regeln. Während Heizkörperthermostatventile den Heizwasserzustrom in den Heizkörper begrenzen wenn die Raumlufttemperatur über den eingestellten Wert ansteigt, muss der Heizwasserzustrom bei einfachen Regelventilen manuell justiert werden. Es ist zu prüfen, ob einfache Regelventile vorhanden sind oder Thermostatventile. Selbst wenn Heizkörperthermostatventile vorhanden sind, muss die Funktionsfähigkeit geprüft werden.

Untersuchung vor Ort: Sind veraltete Regelventile oder nicht funktionierende Heizkörperthermostatventile vorhanden?

Ja ❑ Nein ❑

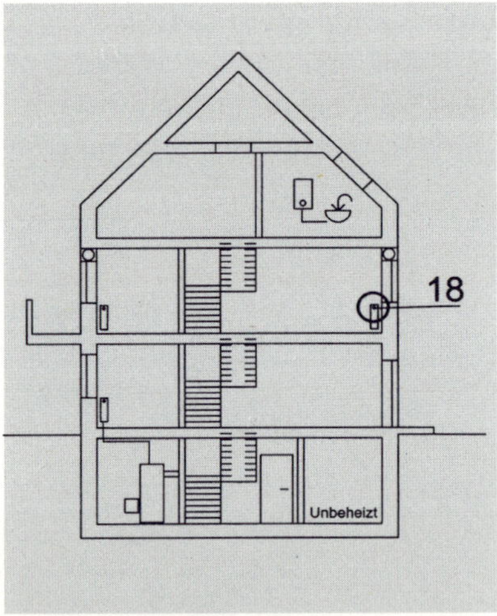

Beispiel: veraltetes Regelventil

4.4 Die Untersuchung der Warmwasserversorgung

*Untersuchungspunkt **19***

Zentrale und dezentrale Warmwasserbereiter

Die Warmwasserversorgung eines Gebäudes kann entweder zentral oder dezentral erfolgen. Es ist also entweder an jeder Wasserzapfstelle z.B. ein Gas- oder Elektroerwärmer – entweder als Speicherofen oder als Durchlauferhitzer – vorhanden oder aber das Warmwasser wird zentral erzeugt, z.B. über einen Öl- oder Gasbrenner im Keller und dann in ein Warmwasserleitungssystem eingespeist.

Untersuchung vor Ort: Sind die Warmwasserbereiter veraltet, also älter als 15 Jahre?

Ja ❑ Nein ❑

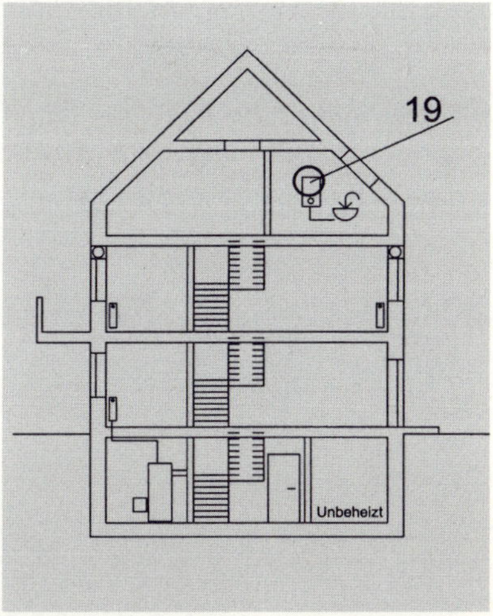

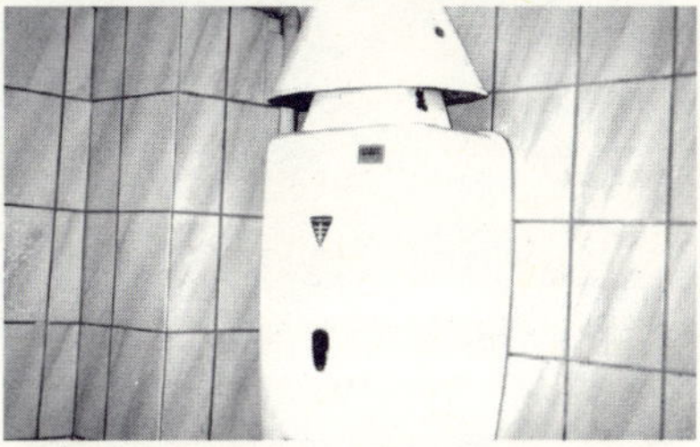

Beispiel: veralteter Gas-Durchlauferhitzer

Untersuchungspunkt ***20***

Ungedämmte Warmwasserleitungen?

Die Warmwasserleitungen verlaufen von der Warmwasserbereitungsanlage zu den Wasserentnahmestellen. Ähnlich wie die Heizkesselanlage befindet sich auch die Warmwasserbereitungsanlage häufig im Keller, weswegen die Warmwasserrohre zunächst durch den Keller und von dort in alle anderen Geschosse verlaufen. Es ist nicht immer einfach, Heizleitungen und Warmwasserleitungen zu unterscheiden. Dies ist aber insofern von untergeordneter Bedeutung, da letztlich alle Rohrsysteme gedämmt werden müssen, die in unbeheizten Gebäudebereichen heißes Wasser führen.

Untersuchung vor Ort: Sind die Warmwasserleitungen im Haus ungedämmt? Auch im Keller, von wo sie in die Obergeschosse geführt werden?

Ja ❑ Nein ❑

Untersuchungspunkt ***21***

Veraltete Sanitärarmaturen?

Sie haben evtl. Sanitärarmaturen (Wasserhähne), die über zwei separate Ventile bzw. Griffe den Kalt- und Warmwasserzufluss regeln. D.h. jedes Mal, wenn Sie die Armaturen bedienen, benötigen Sie eine Weile, bis Sie die optimale Mischtemperatur eingestellt haben. Dadurch geht ihnen jedes Mal Warmwasser ungenutzt verloren.

Untersuchung vor Ort: Fehlt an den Wasserzapfstellen eine Feindosierungsmöglichkeit, wie sie beispielsweise ein Einhebelmischer bietet?

Ja ❑ Nein ❑

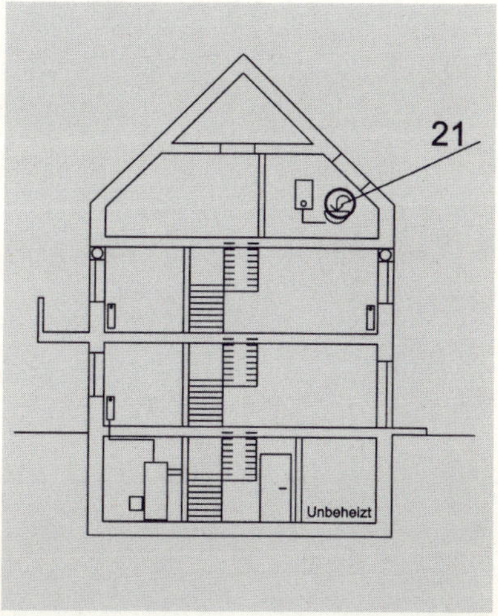

Beispiel: Wasserarmatur mit schwer regulierbarer Wassertemperatur

Kapitel 5 ☞

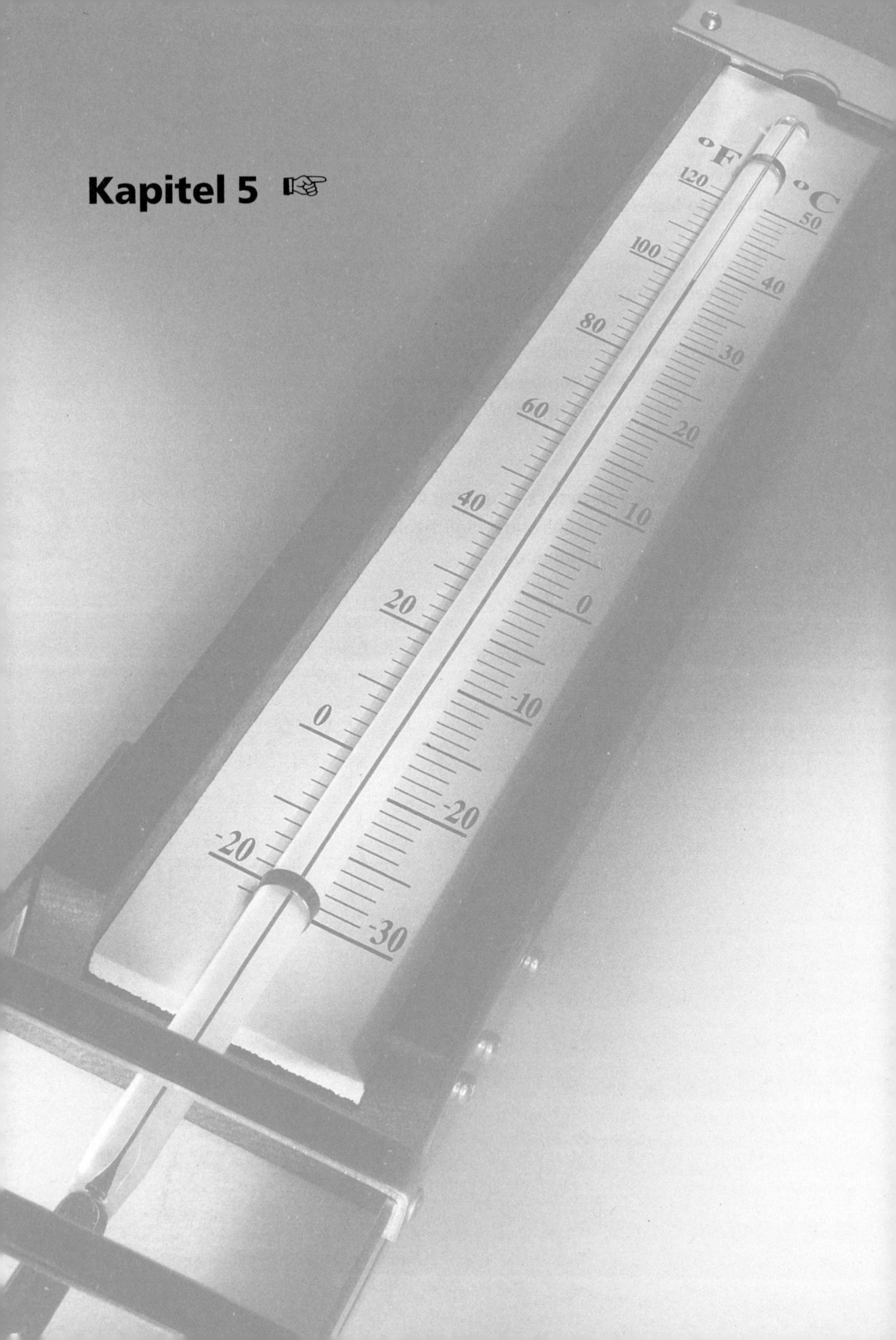

Die Gebäudediagnose

Zweiter Schritt: Warum verliert Ihr Haus Energie?

Nachdem Ihnen nun die Untersuchungsergebnisse des Gebäudes vorliegen, müssen diese ausgewertet werden, damit eine Diagnose des Ist-Zustandes des Gebäudes gestellt werden kann, die wiederum Voraussetzung ist, um die notwendigen energetischen Modernisierungseingriffe festzulegen.

5.1 Die Aufgabe der Gebäudediagnose

Mithilfe der Gebäudediagnose können Sie die energetischen Schwachpunkte Ihres Gebäudes bewerten und gewichten. Daher ist jeder Diagnosepunkt dem Untersuchungspunkt mit gleicher Ziffer zugeordnet und so aufgebaut, dass er zunächst abfragt, ob bei dem identischen Untersuchungspunkt eine Ja-Antwort oder eine Nein-Antwort gegeben wurde. Ja-Antworten, die Sie in den Untersuchungspunkten gemacht haben, bedeuten, dass es energetische Schwachstellen an dem untersuchten Gebäude gibt. Nein-Antworten bedeuten, dass es zunächst keine offensichtlichen Schwachstellen gibt, möglicherweise aber verdeckte. Auch für diese Fälle gibt die Diagnose wichtige Hinweise.

Bewertung der Schwachpunkte Ihres Gebäudes

Die Diagnose hilft Ihnen bei der Bewertung der energetischen Schwächen des untersuchten Gebäudes. Sie zeigt auch auf, welche energetischen Modernisierungseingriffe vordringlich sind.

5.2 Die Diagnose des Gebäudekörpers und der Gebäudehülle

Der Gebäudekörper und die Gebäudehülle, die im Bereich von Bestandsbauten gemäß EnEV in keiner Weise beachtet oder nachgerüstet werden müssen, soweit sie nicht durch Umbauten ohnehin verändert werden, sind die wichtigsten Elemente der energetischen Modernisierung – auch wenn die gesetzliche Regelung das nicht berücksichtigt. Würden Sie rein nach der EnEV vorgehen, müsste die Gebäudehülle in Ihren Überlegungen zur energetischen Modernisierung keinen Raum einnehmen. Dies wäre aber in hohem Maße unsinnig. Würden Sie einfach nur nach den EnEV-Vorgaben Ihre Heizungsanlage modernisieren, müsste diese für einen ganz anderen Heizbedarf, nämlich einen wesentlich höheren, ausgelegt werden. Gerade aber auch diesen wollen Sie ja im Zuge einer energetischen Modernisierung möglichst stark drosseln.

Nicht auf halbem Wege stehen bleiben

Soweit Sie finanzielle Ressourcen für eine energetische Modernisierung angespart haben, sollten Sie hierbei keinesfalls auf halbem Wege stehen bleiben, sondern wirklich eine konsequente energetische Modernisierung anstreben, also vor allem auch die Außenhülle des Gebäudes gut dämmen lassen. Von der Dämmqualität der Gebäudehülle hängt schließlich auch die Planung, Berechnung und Auslegung einer neuen Heizungsanlage ab.

5.2.1 Die Diagnose des Kellers

*Diagnosepunkt **1***

Entweder gar keine oder ungedämmte Bodenplatte

*Sie haben beim Untersuchungspunkt **1** »Ja« angekreuzt:*

Dies bedeutet, dass Sie entweder gar keine Bodenplatte vorgefunden haben oder aber eine ungedämmte Bodenplatte. Beides ist ein klarer energetischer Schwachpunkt des untersuchten Gebäudes, der insbesondere dann zu hohen energetischen Verlusten führt, wenn der betreffende Keller als Wohnraum genutzt wird. Ist dies der Fall, sollte ein Modernisierungseingriff gemäß Kapitel 6 zur energetischen Verbesserung des Ist-Zustandes erfolgen.

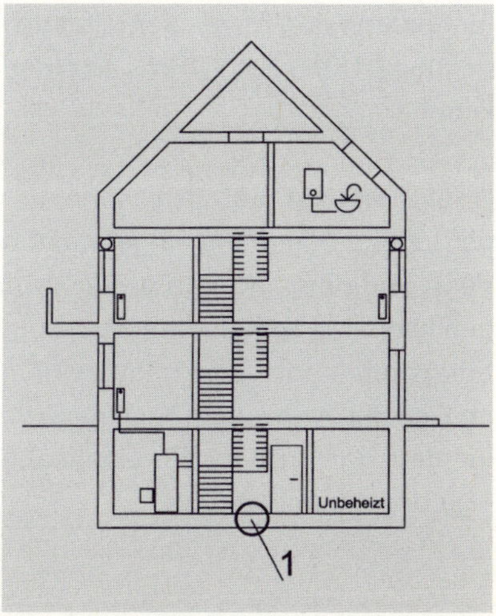

Auch bei Nichtnutzung der betroffenen Kellerräume als Wohnraum kann eine nicht vorhandene oder nicht gedämmte Bodenplatte zu großen energetischen Verlusten führen, wenn die Zwischendecke zwischen Wohnräumen und unbeheiztem Keller ebenfalls nicht gedämmt ist.

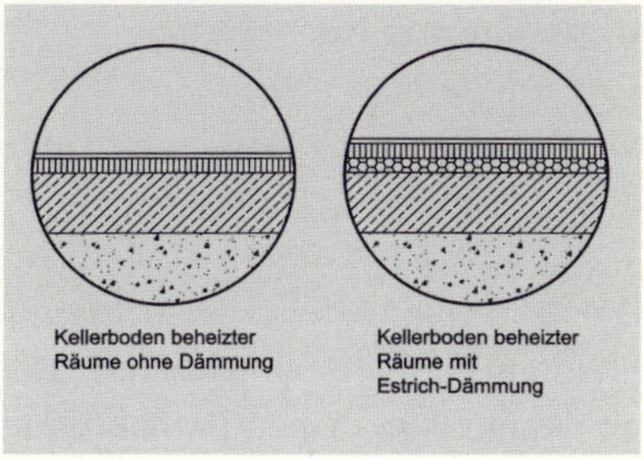

*Sie haben beim Untersuchungspunkt **1** »Nein« angekreuzt:*

Offensichtlich haben Sie eine gedämmte Bodenplatte vorgefunden.

Je nachdem, ob eine Außendämmung oder eine Innendämmung der Bodenplatte vorliegt, erhalten Sie hierdurch unterschiedliche Dämmqualitäten. Noch besser als eine Innendämmung, die in der Regel über eine Dämmplatte unterhalb des Estrichs erfolgt, ist eine Außendämmung, z.B. in Form von einer Schaumglaslage unterhalb der Bodenplatte. Eine solche Außendämmung werden Sie bei einer Untersuchung allerdings nicht mehr erkennen können. Eventuell können Sie jedoch aus den Baueingabeunterlagen oder Werkplänen des Gebäudes Informationen erhalten. Bei Baujahren vor 1980 ist eine solche Dämmung mit hoher Wahrscheinlichkeit auszuschließen. Eine Innendämmung ist nötigenfalls auch durch das vorsichtige Öffnen des Estrichs an einer Randzone erkennbar.

Fraglich ist jetzt nur noch, wann die von Ihnen vorgefundene Dämmung eingebracht wurde, wie stark sie ist und ob sie noch Ihre volle Dämmwirkung erbringen kann. Möglicherweise ist sie z.B. feucht und erbringt kaum noch eine Dämmwirkung. Dies muss dann im Einzelfall von einem Fachmann vor Ort überprüft werden, ggf. auch mittels einer Laboranalyse eines Teils des Dämmmaterials.

*Diagnosepunkt **2***
Ungedämmte Kellertreppe

*Sie haben beim Untersuchungspunkt **2** »Ja« angekreuzt:*

Die Kellertreppe des untersuchten Gebäudes ist an Ihrem Fußpunkt ungedämmt. Das heißt, dass an diesem Punkt eine Wärmebrücke vorliegt, da die Innentreppe, die durch die Raumluft erwärmt wird, direkten Kontakt mit einer möglicherweise ungedämmten Bodenplatte hat.

*Sie haben beim Untersuchungspunkt **2** »Nein« angekreuzt:*

Demnach liegt eine thermische Trennung der Kellertreppe von der Bodenplatte vor. Dies ist sehr vorteilhaft. Zwar ist eine solche Kontaktstelle, die als Wärmebrücke wirkt, kein dramatisches Energieleck, aber es ist andererseits eben auch ein kaum mehr reparables Energieleck. Das Vorhandensein einer solchen thermischen Trennung ist daher nur ein kleiner aber durchaus wichtiger energetischer Vorteil für das untersuchte Gebäude.

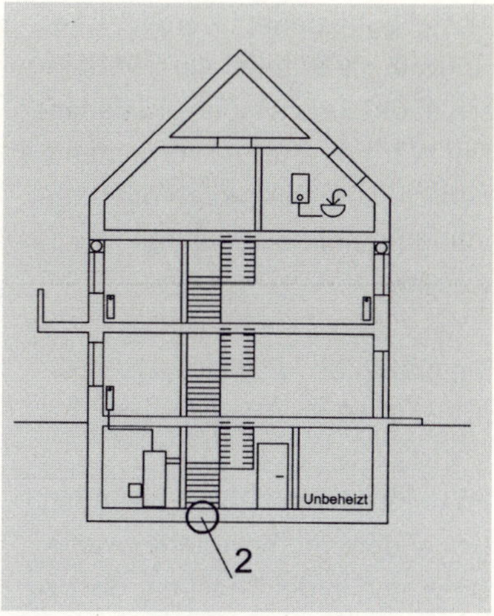

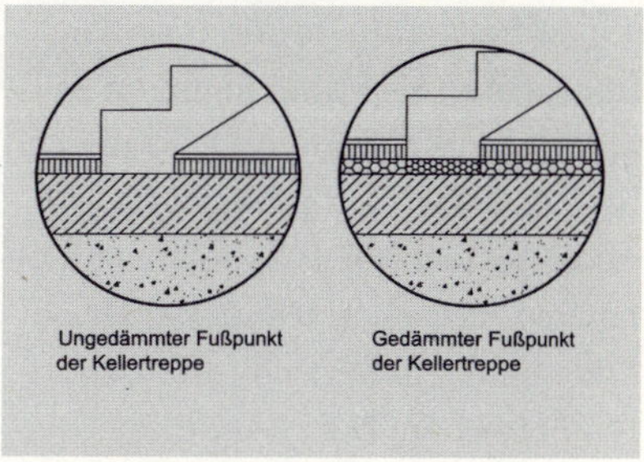

*Diagnosepunkt **3***

Ungedämmte Kellerinnenwände

*Sie haben beim Untersuchungspunkt **3** »Ja« angekreuzt:*

Die Kellerinnenwände des untersuchten Objekts sind ungedämmt. Ungedämmte Kellerinnenwände sind vor allem dann von Bedeutung, wenn es darum geht, beheizte von unbeheizten Kellerbereichen zu trennen. Soweit sich im Keller z.B. ein einzelner, beheizter Hobbyraum befindet und ansonsten nur Lebensmittel und

Abstellgut gelagert werden, ist es sinnvoll, die Wände, die den beheizten Raum umschließen, zu dämmen. Der Wärmeverlust ist ansonsten erheblich, außerdem kann die Dämmung sehr einfach durchgeführt werden.

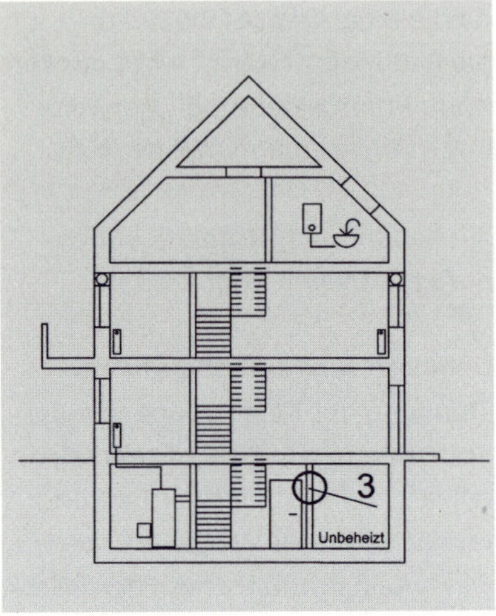

*Sie haben beim Untersuchungspunkt **3** »Nein« angekreuzt:*

Im untersuchten Objekt befinden sich gedämmte Kellerinnenwände. Diese sind in der Regel nur dort zu finden, wo beheizte Kellerbereiche von unbeheizten getrennt sind. Überprüfen Sie daher in jedem Fall auch, ob die Dämmung an den richtigen Wänden aufgebracht ist und ob sie tatsächlich unbeheizte von beheizten Bereichen trennen oder am Ende beheizte Bereiche von beheizten Bereichen. Dies wäre möglicherweise kontraproduktiv.

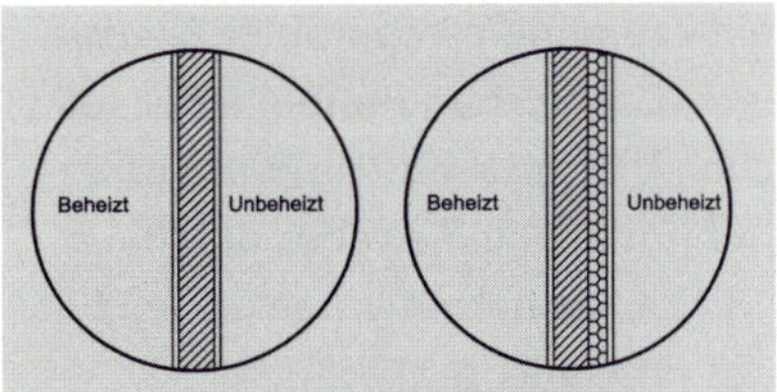

Ungedämmte Kellerinnenwand zwischen beheizten und unbeheizten Räumen

Gedämmte Kellerinnenwand zwischen beheizten und unbeheizten Räumen

*Diagnosepunkt **4***

Ungedämmte Kellerinnentür

*Sie haben beim Untersuchungspunkt **4** »Ja« angekreuzt:*

Die Kellertür von einem beheizten zu einem unbeheizten Bereich ist am untersuchten Objekt nicht gedämmt. Der energetische Verlust an diesem Punkt ist durchaus erheblich, vor allem dann, wenn es sich bei der betreffenden Tür um eine Metalltür handelt und nicht um eine Holztür. Da der energetische Schwachpunkt einfach zu beheben ist, z.B. durch den Wechsel des ungedämmten Bestandstürblatts gegen ein gedämmtes Türblatt, ist eine solche Maßnahme sinnvoll.

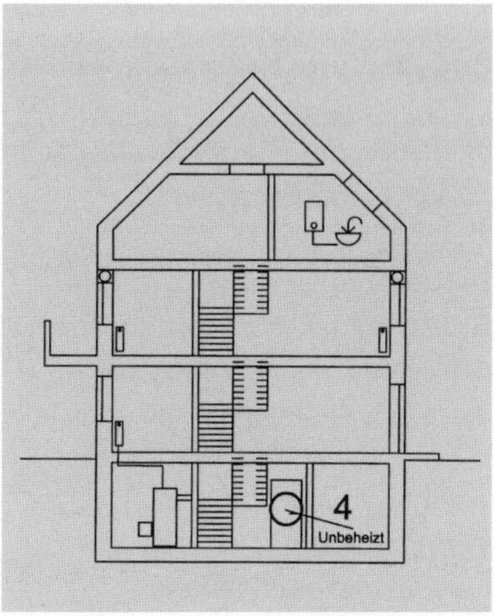

*Sie haben beim Untersuchungspunkt **4** »Nein« angekreuzt:*

Die untersuchte Tür ist demnach gedämmt. Ob das Türblatt optimal gedämmt ist und darüber hinaus die Türzarge auch Dichtungslippen am Kontaktpunkt zum Türblatt hat, ist damit noch nicht gesagt. Auch ein so genannter WindEx an der unteren Türblattkante zum Fußboden hin wäre sinnvoll. Dieser senkt sich im geschlossenen Türzustand auf den Boden ab und verhindert den Luftzug an dieser Stelle. Ebenso wäre eine thermisch getrennte Zarge optimal. Ist irgendetwas hiervon nicht vorhanden, kann möglicherweise nachgerüstet werden.

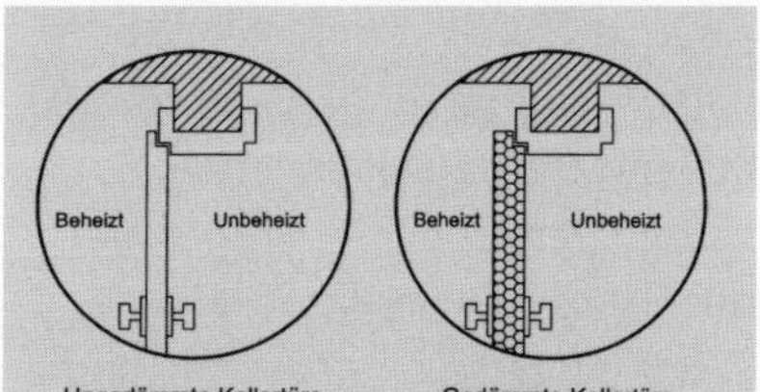

Ungedämmte Kellertüre Vertikalschnitt

Gedämmte Kellertüre Vertikalschnitt

*Diagnosepunkt **5***

Ungedämmte Kelleraußenwände

*Sie haben beim Untersuchungspunkt **5** »Ja« angekreuzt:*

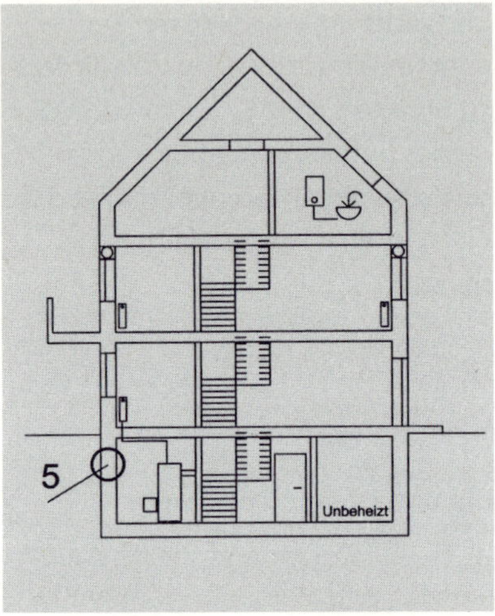

Die Kelleraußenwände des untersuchten Objektes sind ungedämmt. Gravierend wirkt sich dies vor allem dann aus, wenn der Keller oder Teile davon beheizt sind. Wärme entweicht dadurch über großflächige Wärmebrücken vom Gebäudeinneren in die Umgebung.

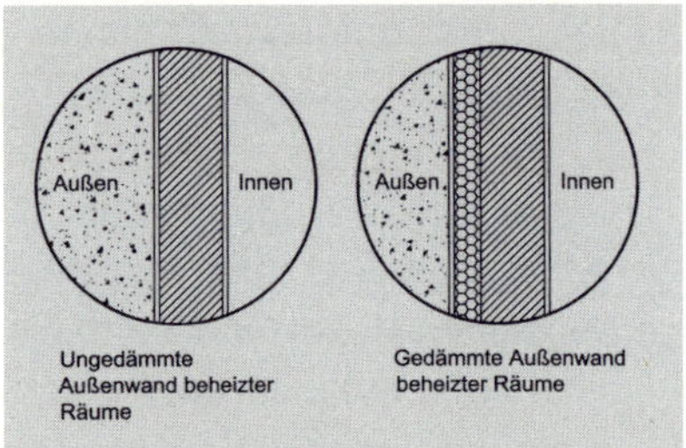

Ungedämmte Außenwand beheizter Räume

Gedämmte Außenwand beheizter Räume

Aber auch wenn der Keller unbeheizt ist, führen ungedämmte Kelleraußenwände zu einem energetischen Verlust der im Erdgeschoss des Hauses eingesetzten Wärme. Wenn die Erdgeschosswände ungedämmt auf den Kelleraußenwänden aufsitzen, entsteht in diesem Bereich eine Wärmebrücke, die zu erheblichen energetischen Verlusten führen kann. Ungedämmte Kelleraußenwände sollten daher innen und außen mindestens bis auf 50 cm unter dem Niveau der Kellerdecke gedämmt werden. Soweit es sich um beheizte Keller handelt, sollten die Kelleraußenwände komplett gedämmt werden.

*Sie haben beim Untersuchungspunkt **5** »Nein« angekreuzt:*

Die Kelleraußenwände des untersuchten Gebäudes sind gedämmt. Wichtig ist nunmehr auch noch zu untersuchen, ob die Dämmung dick genug ist und ob sie noch funktionstüchtig ist. Gerade in tieferen Bereichen, die vom umgebenden Erdreich überdeckt sind, kommt es häufig zu dauerhafter Feuchtigkeit und Zersetzungserscheinungen von Dämmmaterialien. Sinnvoll kann hier sein, an einem kleinen Teilbereich das angrenzende Erdreich tiefer aufzugraben und die Dämmung zu untersuchen. Dämmung gegen angrenzendes Erdreich sollte für die langfristige Funktionsfähigkeit auch mit einer davor sitzenden Drainage bzw. einem entsprechenden Dämm-und-Drainage-System vor Durchfeuchtung und Zersetzung geschützt werden.

*Diagnosepunkt **6***

Ungedämmte Kellerdecke

*Sie haben beim Untersuchungspunkt **6** »Ja« angekreuzt:*

Die Kellerdecke des untersuchten Objekts ist nicht gedämmt. Soweit die Kellerdecke unbeheizte Kellerräume von beheizten Erdgeschossräumen trennt, treten durch eine ungedämmte Kellerdecke erhebliche energetische Verluste auf. Da Kellerdecken einigermaßen einfach zu dämmen sind, sollte hier in jedem Falle eine Dämmung erfolgen.

*Sie haben beim Untersuchungspunkt **6** »Nein« angekreuzt:*

Die Kellerdecke des untersuchten Gebäudes ist gedämmt. Da die Dämmung in der Regel sehr gut zu sehen und auch zu beurteilen ist, sollten Sie nun auch noch schauen, ob die Dämmung ausreichend stark (mindestens 5 cm) und auch noch intakt ist. Ferner muss kontrolliert werden, ob die Dämmung auch sauber um eventuelle Rohrführungen unterhalb der Decke und schwierige Wandanschlüsse herumgeführt ist. Lecks in der Dämmung oder unsaubere Details sollten auf alle Fälle ausgebessert werden. Eine gut ausgeführte Kellerdämmung berücksichtigt insbesondere komplizierte Details.

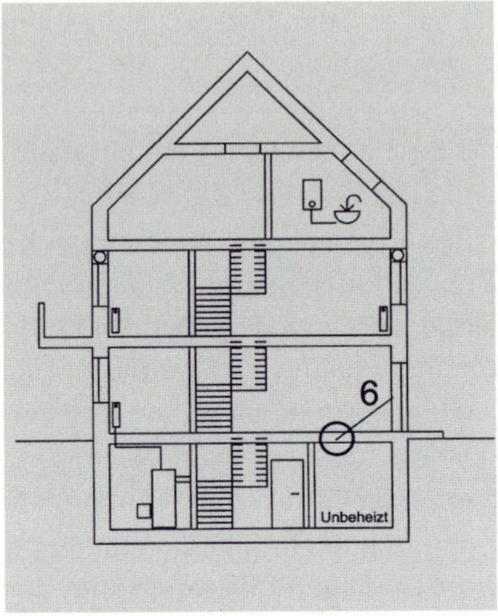

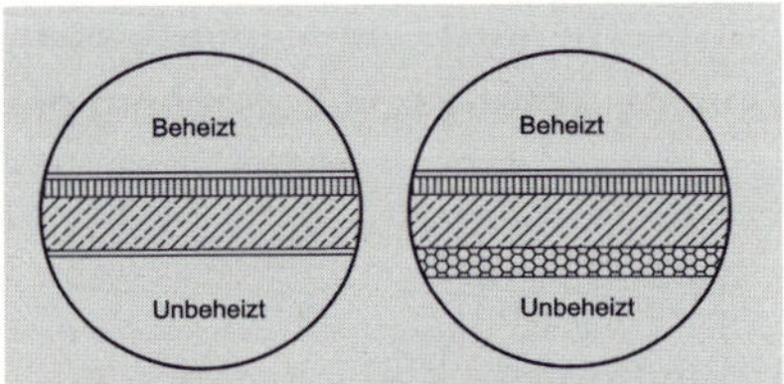

Ungedämmte Kellerdecke zu unbeheizten Räumen

Gedämmte Kellerdecke zu unbeheizten Räumen

5.2.2 Die Diagnose der Außenfassaden

*Diagnosepunkt **7***

Ungedämmte Hausfassade

*Sie haben beim Untersuchungspunkt **7** »Ja« angekreuzt:*

Die Hausfassade des untersuchten Gebäudes ist ungedämmt. Der energetische Verlust durch nicht gedämmte Außenwände ist enorm. Altbauten haben selten gute Wärmedämmwerte – dies kann aber z.B. der Fall sein, wenn ein Altbau extrem dicke Wände hat.

Bei Gebäuden neueren Datums hingegen, etwa ab dem Baujahr 1980, kann es sein, dass Mauerwerkssteine mit hohen Dämmwerten Verwendung fanden. Hier empfiehlt sich auf jeden Fall vor einer Modernisierung und Anbringung zusätzlicher Dämmung, die U-Werte (☞ Anhang) der bestehenden Außenwand in die Berechnungen der Dämmungsplanung mit einzubeziehen.

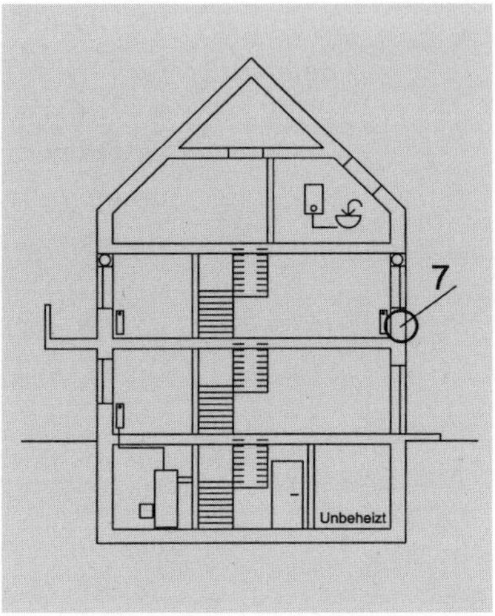

*Sie haben beim Untersuchungspunkt **7** »Nein« angekreuzt:*

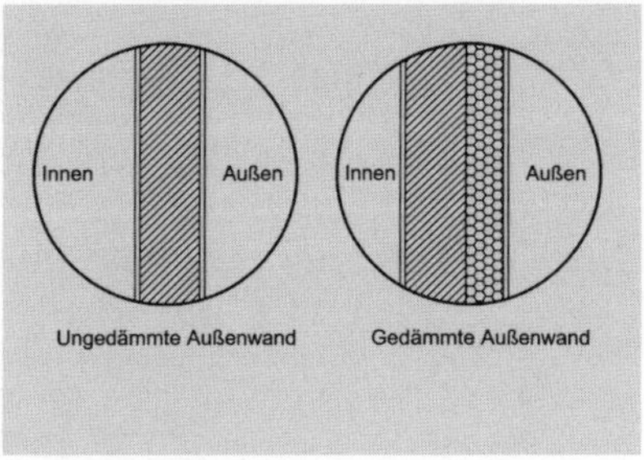

Die Hausfassade des untersuchten Objekts ist gedämmt. Hierbei kann es sich um eine Innendämmung, eine Kerndämmung oder aber um eine Außendämmung handeln.

Egal welche Dämmungsart Sie vorgefunden haben – es ist wichtig, deren Zustand zu erfassen. Die vorhandene Dämmung kann z.B. zu dünn sein, sie kann schadhaft oder defekt sein oder teilweise fehlen. Ist dies der Fall, sollte die Dämmung einer Modernisierung unterzogen werden.

Bevor Sie eine Modernisierung vornehmen, sollte allerdings überprüft werden, ob nicht die gesamte alte Dämmung besser entfernt und durch eine komplett neue ersetzt wird. Auch eine Innendämmung kann ggf. durch eine wirksamere Außendämmung ersetzt oder ergänzt werden.

Exkurs

Wärmebrücken: Sehr häufig hört man selbst von Fachleuten das Wort »Kältebrücke«. Im physikalischen Sinne gibt es jedoch keine »Kältebrücken«, es gibt nur »Wärmebrücken«. Denn physikalisch dringt nicht Kälte – z.B. über eine Materialbrücke – in einen Baukörper ein, sondern das Gegenteil ist der Fall: Wärme entweicht aus dem Baukörper heraus – z.B. über eine solche Materialbrücke. Daher »Wärmebrücke« und nicht »Kältebrücke«.

Wärmebrücken führen dazu, dass an den betroffenen, unzureichend gedämmten und daher kalten Wand- oder Bodenbereichen die Raumluft abkühlt bis unter ihre Taupunkttemperatur. Die Raumluft kann jedoch nur eine bestimmte Menge Wasserdampf aufnehmen, und dieses Vermögen hängt wesentlich mit der Temperatur der Raumluft zusammen. Bei hohen Temperaturen kann die Raumluft wesentlich mehr Wasserdampf aufnehmen als bei niedrigen Temperaturen. Man bezeichnet die maximal aufzunehmende Wasserdampfmenge auch als Sättigungsgehalt. Sinkt nun die Raumlufttemperatur in einem bestimmten Bereich, z.B. aufgrund von Wärmebrücken in der Außenfassade eines Gebäudes, ist sie gezwungen Wasserdampf abzugeben. Das hierdurch entstehende so genannte Tauwasser schlägt sich dann an den kalten Bereichen der Außenwände nieder, weil dort die Auskühlung der Luft am stärksten ist. Die Wände können an diesen Stellen durchfeuchten und es kann zu Schimmelbildung kommen.

Wärmebrücken können zu Schimmelbildung führen

Diagnosepunkt 8

Ungedämmte Vordächer, Terrassen- oder Balkonplatten

*Sie haben beim Untersuchungspunkt **8** »Ja« angekreuzt:*

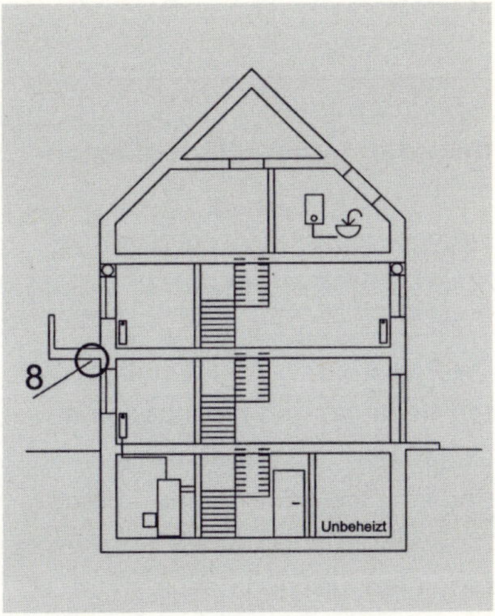

Ungedämmte Vordächer, Terrassen- und Balkonplatten sind bedeutende Wärmebrücken. Im Zuge einer energetischen Modernisierung sollten sie in die Überlegungen zur Dämmung der Gebäudehülle unbedingt mit einbezogen werden. Dies auch deshalb, weil selbst eine kleine, verbleibende Wärmebrücke (☞ Seite 112) im Laufe der Jahre erheblichen Schaden anrichten kann. Würde nur die Fassade gedämmt, eine durchlaufende Balkonplatte aber z.B. nicht, dann würde dies in der Folge zu bauphysikalischen Problemen am Austritt der Balkonplatte aus dem Gebäude führen, z.B. zu Wärmebrücken.

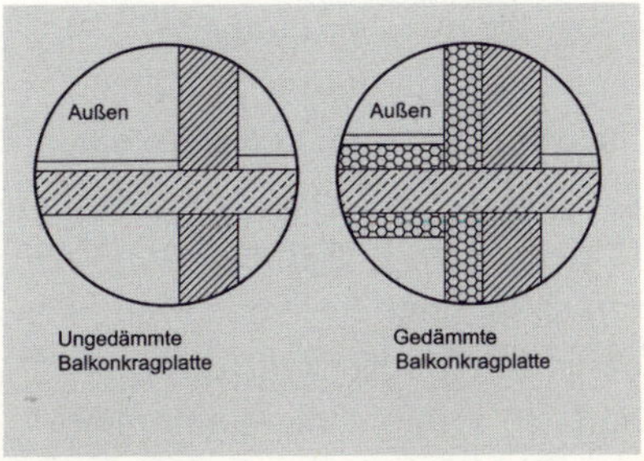

*Sie haben beim Untersuchungspunkt **8** »Nein« angekreuzt:*

Vordächer, Terrassen und Balkone am betreffenden Objekt sind offensichtlich gedämmt bzw. thermisch getrennt. Wenn die Bauteile gedämmt sind, stellt sich auch hier wieder die Frage, ob die Dämmung ausreichend und noch intakt ist. Das lässt sich an diesen Bauteilen relativ einfach durch Öffnung in Randbereichen zu überprüfen. Hier lässt sich feststellen, ob die Dämmung dick genug ist und weder Feuchtigkeit noch Zersetzungserscheinungen aufweist. Sind die Bauteile vom übrigen Baukörper thermisch getrennt, liegt eine optimale konstruktive Lösung vor, die kaum verbesserungsfähig ist.

*Diagnosepunkt **9***

Ungedämmte Rollladenkästen

*Sie haben beim Untersuchungspunkt **9** »Ja« angekreuzt:*

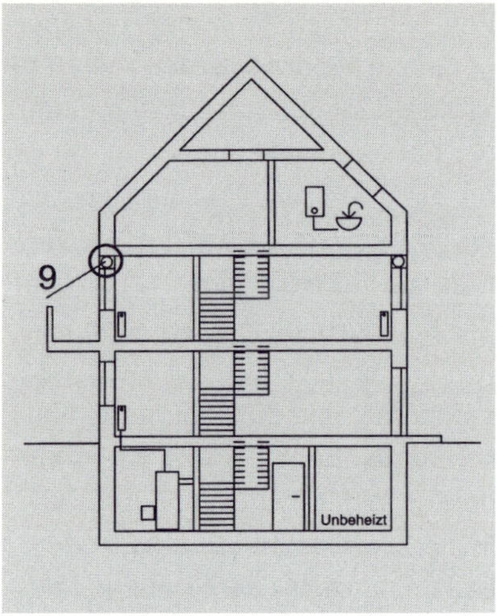

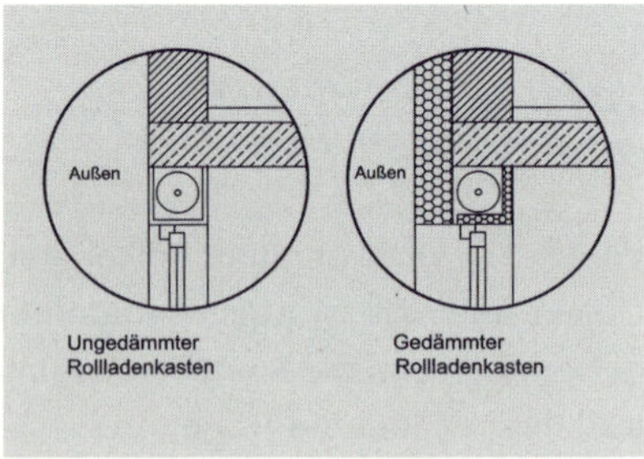

Die Rollladenkästen am untersuchten Gebäude sind nicht gedämmt. Ungedämmte Rollladenkästen sind eine erhebliche energetische Schwachstelle. Da sie als Hohlkörper fungieren, um den Rollladen im aufgerollten Zustand aufzunehmen, haben sie nur sehr dünne Wände und sind außerdem nach außen hin offen, um dem Rollladen das Ein- und Ausfahren zu ermöglichen. Ungedämmte Rollladenkästen sollten daher unbedingt gedämmt werden, nach Möglichkeit von innen und von außen. Eine reine Außendämmung würde wenig nutzen, da sich dann immer noch im Rollladenkasten selbst kalte Außenluft sammeln kann. Hierdurch entsteht eine Wärmebrücke. Diese muss durch eine zusätzliche Innendämmung beseitigt werden.

*Sie haben beim Untersuchungspunkt **9** »Nein« angekreuzt:*

Die Rollladenkästen am untersuchten Gebäude sind gedämmt. Auch hier allerdings stellt sich nun wieder die Frage, ob die Dämmung ausreichend ist und ob sie noch ihre volle Funktionstüchtigkeit hat. Ferner muss untersucht werden, ob der Rollladenkasten neben einer ausreichenden Dämmung auch eine ausreichende Dichtigkeit aufweist. Keinesfalls darf irgendwo ein Luftzug von außen nach innen oder umgekehrt gelangen.

*Diagnosepunkt **10***

Einfachverglasung, keine Isolierverglasung

*Sie haben beim Untersuchungspunkt **10** »Ja« angekreuzt:*

Das untersuchte Gebäude hat noch eine Einfachverglasung bzw. eine einfache Doppelverglasung. Neben der Hausfassade und ungedämmten Decken sind es vor allem die Fenster, die die größten energetischen Schwachpunkte bilden. Im Gegensatz zu Wänden haben einfache Fenstergläser noch sehr viel schlechtere Dämmwerte. Bei thermografischen Aufnahmen (☞ Kapitel 4.2.4) von Gebäuden sieht man dies häufig sehr schön an den rot gefärbten Fassadenbereichen, in denen exakt die Fenster sitzen. Bei modernen Isolierglasscheiben versucht man, diese Nachteile des Baustoffs Glas durch Kombination mit anderen Elementen, wie z.B. Folienbeschichtungen des Glases oder Edelgasfüllungen zwischen zwei Glasscheiben, zu verbessern.

Finden Sie Einfachverglasungen vor, bleibt häufig nur der Austausch der bestehenden Fenster übrig. Im Ausnahmefall, z.B. bei denkmalgeschützten Fassaden, lassen sich möglicherweise die alten Fenster durch neue Fenster auf der Fassadeninnenseite ergänzen.

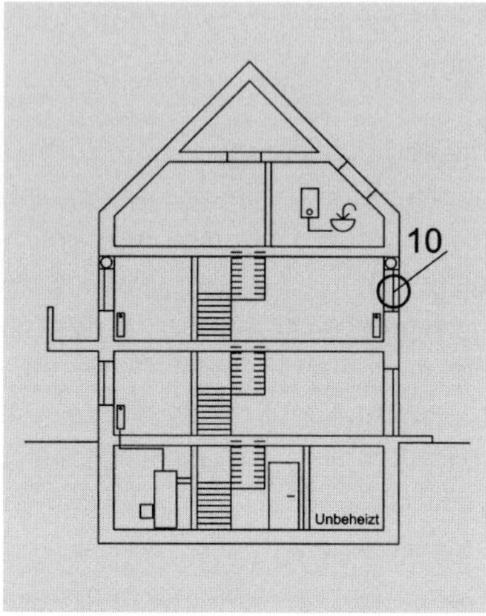

*Sie haben beim Untersuchungspunkt **10** »Nein« angekreuzt:*

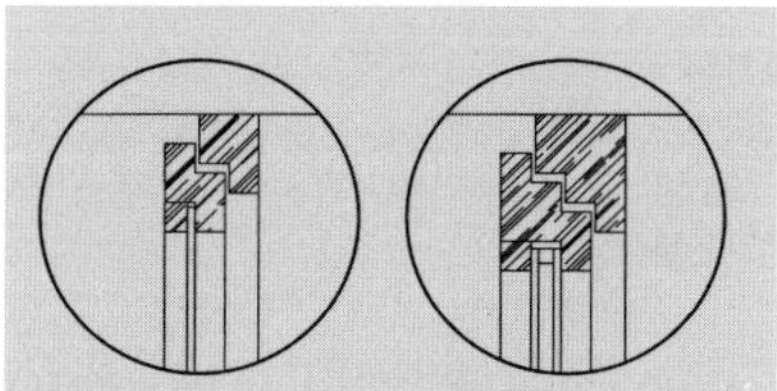

Fenster mit Einfachverglasung (schematisch)

Fenster mit Isolierverglasung (schematisch)

Das untersuchte Gebäude verfügt offensichtlich über Isolierglasscheiben. Wichtig ist die Überprüfung, wann diese Fenster eingebaut wurden. Isolierglasfenster der »ersten« Generation sind nicht mehr vergleichbar mit den heutigen, modernen Wärmeschutzverglasungen. Im Zusammenhang mit einer Fassadendämmung sollte im Einzelfall überlegt werden, auch solche etwas älteren Isolierglasfenster auszutauschen. Unabhängig hiervon ist außerdem die Überprüfung der Dichtigkeit des Fensterrahmens und der Anschlüsse des Fensterrahmens an die umgebende Fassade wichtig. Hochwertige Isolierglasfenster mit Metallrahmen, die nicht thermisch getrennt sind, bilden erhebliche Wärmebrücken. Auch der Rahmen muss thermisch getrennt sein. Er muss ferner sorgfältig und dicht mit der umgebenden Hausfassade verbunden sein. Lecks in diesem Bereich führen zu Wärmebrücken und begünstigen die Schimmelbildung an den Laibungen.

5.2.3 Die Diagnose des Dachbodens und des Dachs

Diagnosepunkt ***11***

Ungedämmte oberste Geschossdecke

Sie haben beim Untersuchungspunkt ***11*** *»Ja« angekreuzt:*

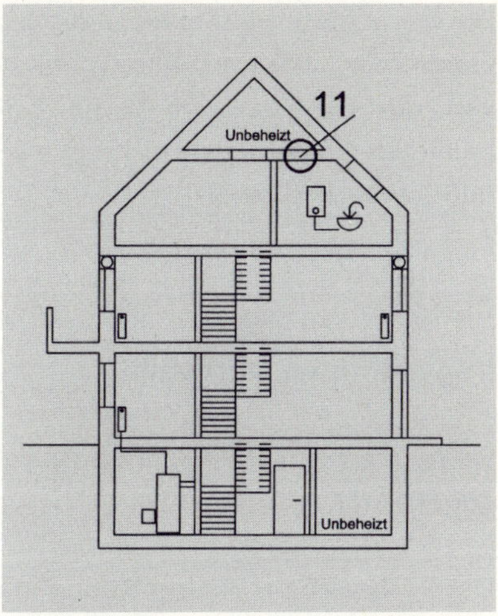

Die oberste Geschossdecke des untersuchten Gebäudes ist nicht gedämmt. In der Regel trennt die oberste Geschossdecke beheizte Bereiche des obersten Geschosses von unbeheizten Bereichen des darüberliegenden Dachgeschosses. Bei Flachdachbauten ist die oberste Geschossdecke in der Regel auch der obere Gebäudeabschluss. Ist diese Decke nicht gedämmt, kommt es zu erheblichen energetischen Verlusten. Diesen Verlusten sollte durch eine Dämmung der obersten Geschossdecke in jedem Fall vorgebeugt werden.

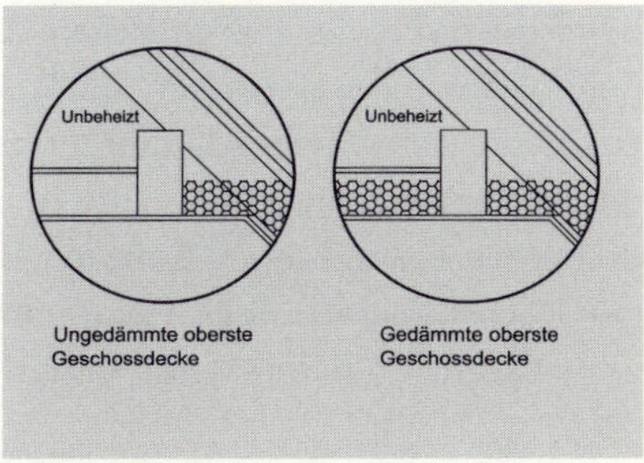

Sie haben beim Untersuchungspunkt ***11*** *»Nein« angekreuzt:*

Die oberste Geschossdecke des untersuchten Objektes ist offensichtlich gedämmt. Wie bei allen anderen Dämmungen, stellt sich auch bei dieser Dämmung die Frage nach ihrer Stärke und Dichtigkeit sowie nach Ihrem Zustand. Es ist auch bei dieser Dämmung sinnvoll, den Geschossdeckenaufbau an einer Randstelle zu öffnen und die Dicke und den Zustand der Dämmung zu kontrollieren.

Nicht immer sind in früheren Jahren Dampfsperren vor die Dämmungen eingebaut worden, um deren Durchfeuchtung aufgrund eindringender Raumluftfeuchte zu verhindern. Manches geöffnete Flachdach eines Bungalows hat statt einer Dämmschicht nur noch eine nasse Schwammschicht unterhalb der Dachdichtung. Durchfeuchtete Dämmung ist nicht nur vollkommen wirkungslos, was die Dämmeigenschaften angeht, sie kann darüber hinaus erheblichen Schaden in ihrer baulichen Umgebung anrichten, z.B. beim sie umgebenden Dachstuhlholz.

Diagnosepunkt ***12***

Ungedämmter Dachstuhl

Sie haben beim Untersuchungspunkt ***12*** *»Ja« angekreuzt:*

Der Dachstuhl des Hauses ist ungedämmt. Soweit der Dachstuhl nicht als Wohnraum genutzt wird und nicht beheizt ist, sind die energetischen Verluste nur relativ gering. Allerdings entstehen durch den ungedämmten Dachstuhl, selbst bei gedämmter oberster Geschossdecke, doch Wärmebrücken, die zu unnötigen energetischen Verlusten führen. Es ist in jedem Fall sinnvoll, den Dachstuhl nachträglich zu dämmen, selbst wenn er nur als Trocken- oder Lagerboden genutzt wird.

Sie haben beim Untersuchungspunkt ***12*** *»Nein« angekreuzt:*

Der Dachstuhl des betroffenen Hauses ist anscheinend gedämmt. Wie bei den Untersuchungen der anderen Hausdämmungen ist es auch beim Dachstuhl wichtig, sich einen Einblick zu verschaffen, ob die vorhandene

Dämmung ausreichend stark ist, ob sie dicht ist und ob sie in einwandfreiem Zustand ist. Gerade bei Eigendämmungen im Dachstuhlbereich wird immer wieder das Anbringen einer Dampfsperre vor der eigentlichen Dämmung vergessen. Diese dampfdichte Folie verhindert, dass Raumluftfeuchte vom Innenraum in die Dämmung eindringen und diese durchfeuchten kann. Selbst wenn eine solche Dampfsperre angebracht ist, kann sie an verschiedenen Stellen Lecks haben, die ein Eindringen von Raumluftfeuchte in die Dachdämmung ermöglicht. Lecks können beispielsweise durch Blower-Door-Tests aufgespürt werden (☞ Kapitel 4.2.4).

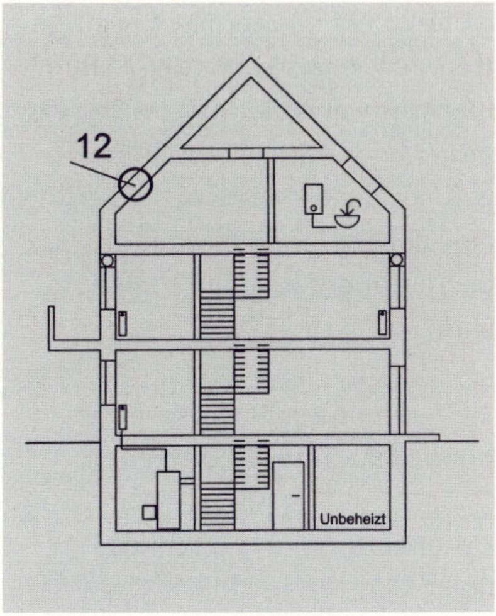

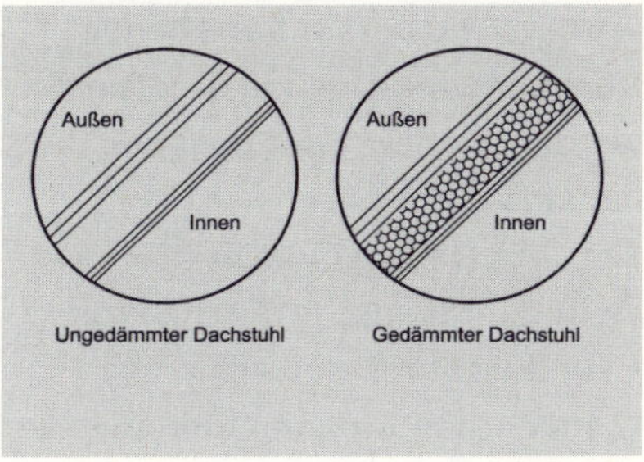

Ist die Dämmung durchfeuchtet, sollte sie ausgetauscht werden. Sie ist nicht nur nicht wirksam, sondern kann erhebliche Folgeschäden, z.B. am Dachstuhlholz, hervorrufen.

*Diagnosepunkt **13***

Ungedämmte oberste Wandabschlüsse

*Sie haben beim Untersuchungspunkt **13** »Ja« angekreuzt:*

Die obersten Wandabschlüsse des untersuchten Gebäudes sind nicht gedämmt. Hierdurch entstehen an den Oberkanten der Wände Wärmebrücken,

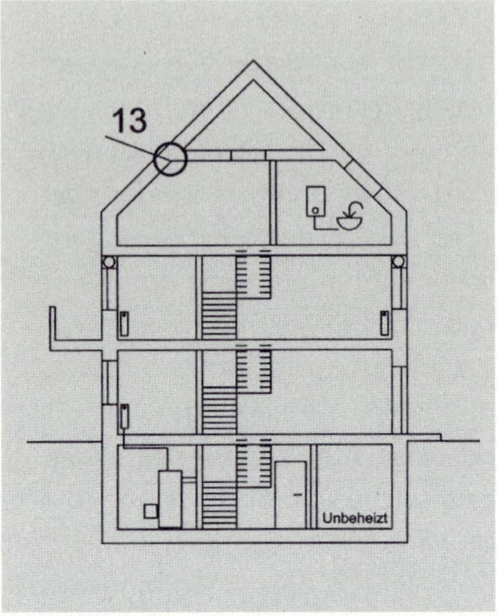

da sie direkten, thermisch nicht getrennten, Kontakt mit der Außenhaut des Gebäudes haben. Soweit es möglich ist, sollte eine Dämmung vorgenommen werden, da hierdurch eine der größeren Wärmebrücken bei Bestandsgebäuden beseitigt wird.

Sie haben beim Untersuchungspunkt ***13*** *»Nein« angekreuzt:*

Die obersten Wandabschlüsse an dem überprüften Objekt sind offensichtlich gedämmt. Auch hier gilt wieder: Eine bereits bestehende Dämmung muss genau untersucht werden. Dabei ist auf folgende Punkte zu achten:

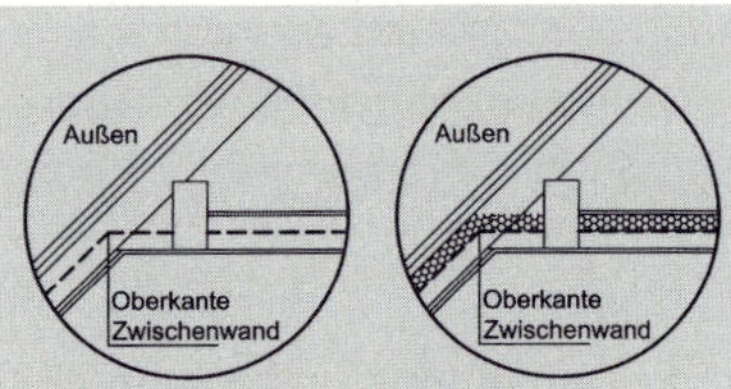

Ungedämmte oberste Wandabschlüsse

Gedämmte oberste Wandabschlüsse

- Ist die Dämmstärke ausreichend?
- Ist die Dämmung durchgängig und dicht mit der Wand und möglichen Aufkonstruktionen verbunden?
- Ist die Dämmung an sich in einem guten Zustand? Sollte einer der Punkte nicht zutreffen, ergibt sich wieder die Frage, ob trotz vorteilhaftem Untersuchungsergebnis, nämlich dem festgestellten Vorhandensein einer Dämmung, nicht doch nachgebessert werden sollte.

5.3 Die Diagnose der Heizungsanlage

Die Heizungstechnik muss nach der EnEV unter bestimmten Bedingungen nachgerüstet werden. Diese Bedingungen sind in Kapitel 3 im Einzelnen benannt. Aber auch hier können Sie sich die Frage stellen, ob Sie sich exakt an die Bestimmungen der EnEV halten sollten, also Minimalmaßnahmen ergreifen, oder aber ob Sie auch in diesem Bereich eine umfassende energetische Modernisierung anstreben. Heizen Sie beispielsweise mit Strom oder Kohle, müssten Sie gemäß den gesetzlichen Vorschriften nichts unternehmen. Dies wäre aber unsinnig.

Für die Diagnosestellung der Heizungsanlage gilt, dass Sie sich nach den gesetzlichen Vorgaben richten müssen (☞ Kapitel 3), darüber hinaus aber auch nach den Erkenntnissen aus den Prüfpunkten des Kapitels 4 ggf. weitergehende Maßnahmen ergreifen sollten. Ferner müssen Sie völlig unabhängig von der EnEV bestimmte Abgasrichtwerte nach der 1. BImSchV einhalten, die Sie nicht einfach überschreiten dürfen (☞ Kapitel 3). Diese überprüft in der Regel der Schornsteinfeger.

Wir empfehlen Ihnen in jedem Fall, nicht nur über die Neuausstattung Ihrer Heizungsanlage, sondern vor allem auch über das Heizmedium an sich nachzudenken. Möglicherweise heizen Sie zur Zeit mit Erdöl, obwohl direkt vor Ihrem Haus eine Fernwärme- oder Gasleitung verläuft. Gas kann den Vorteil haben, dass Sie den Brennstoff für Ihre Heizungsanlage nicht auf längere Zeit bevorraten müssen, sondern ihn immer nur dann abrufen, wenn sie ihn benötigen. Gas ist auch emissionsärmer als Öl (☞ Beispielrechnung in Kapitel 2). Andererseits gibt es bei Öl die Möglichkeit, hin und wieder sehr preisgünstig einzukaufen, z.B. im Sommer, und dann einen Vorrat für das ganze Jahr zu haben. Soweit in Ihrer Kommune die Möglichkeit eines Fernwärmeanschlusses besteht, sollten Sie sich über Anschluss- und Betriebskosten ausführlich beraten lassen. Sie können dann in aller Ruhe alle Heizmedien miteinander vergleichen und sich unter ökonomischen und ökologischen Gesichtspunkten entscheiden, ob Sie mit Öl, Gas oder Fernwärme Ihre Heizung betreiben wollen. Nicht nur über die technische Ausstattung, sondern auch über das Heizmedium lässt sich Energie sehr viel effizienter nutzen.

Steht Ihr Haus wiederum gerade sehr abseits von öffentlichen Energieträgern und sind Sie z.B. auf Heizöl angewiesen, ist trotzdem zu überlegen, den Energieträger zu wechseln, z.B. durch Einsatz einer Holzpellet-Heizanlage, da diese eine bessere Ökobilanz hinsichtlich des zu verbrennenden Heizmediums aufweist. In Kapitel 7.3 erfahren Sie mehr hierzu.

*Diagnosepunkt **14***

Veraltete Heizkesselanlagen

*Sie haben beim Untersuchungspunkt **14** »Ja« angekreuzt:*

Das heißt, Ihre Heizkesselanlage ist älter als 20 Jahre. Wenn dies der Fall ist, bedeutet es, dass die Heizwassererwärmung nicht mehr zeitgemäß, also nicht mehr wirtschaftlich gemäß heutigem Technikstand, erfolgt. Ferner haben sich in der Kesselanlage über die Jahre natürlich Verschleißerscheinungen eingeschlichen. So kann die Brennkammer stark zugesetzt sein, die Heizwasserführung kann Ablagerungsprobleme haben und die Abgasführung ist möglicherweise nicht mehr optimal. Guss oder Stahl- oder auch Guss-Stahl-Heizkessel diesen Alters zu reparieren ist ökonomisch nicht sinnvoll. Man führt sie besser der Altmetallverwertung und damit dem Ressourcenkreislauf zu. Die EnEV schreibt vor, dass alle Heizkesselanlagen, die vor dem 1. Oktober 1978 eingebaut wurden bis zum 31. Dezember 2006 durch neue Anlagen ausgetauscht sein müssen. Nur Heizkessel, die zwar vor dem 1. Oktober 1978 eingebaut wurden, aber noch nach dem 1. November 1996 an einen neuen Brenner angeschlossen wurden, können noch bis zum 31. Dezember 2008 betrieben werden, damit sich der neue Brenner noch amortisieren kann. Voraussetzung hierfür ist allerdings, dass die Heizkesselanlage so ertüchtigt ist, dass sie die vorgeschriebenen Abgasgrenzwerte einhält (☞ Kapitel 3.1 zur 1. BImSchV).

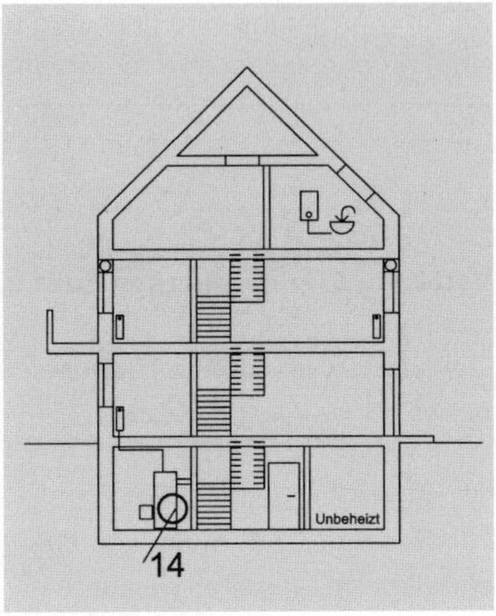

*Sie haben beim Untersuchungspunkt **14** »Nein« angekreuzt:*

Das heißt, Ihre Heizkesselanlage ist noch jünger als 20 Jahre. Probleme können aber trotzdem auftreten. Als erstes sollten Sie daher überprüfen, ob eine regelmäßige Wartung der Anlage in der Vergangenheit stattgefunden hat. Ist dies nicht der Fall und liegt der Einbau der Anlage länger als fünf Jahre zurück, sollte in jedem Fall ein Wartungstermin anberaumt werden. Hierbei ist es dann auch möglich, gemeinsam mit dem

5

Heizungsfachmann eine genauere Untersuchung des Heizkessels anzustellen und ggf. nötige Wartungen oder Nachrüstungen vorzunehmen.

*Diagnosepunkt **15***

Veraltete Brenneranlagen oder Einzelöfen

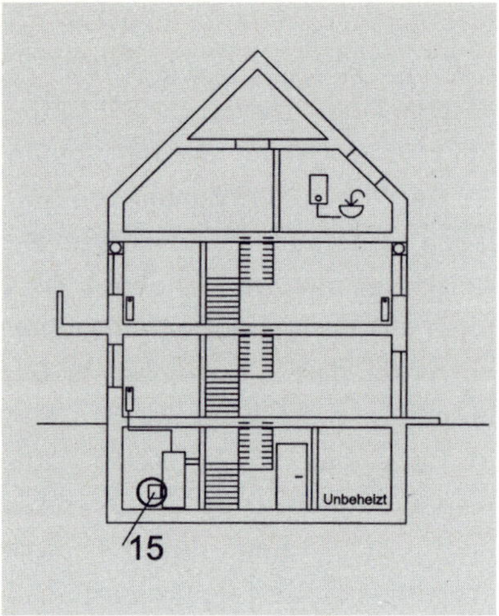

*Sie haben beim Untersuchungspunkt **15** »Ja« angekreuzt:*

Wenn Ihre Einzelöfen älter als 20 Jahre sind – z.B. raumweise Gaseinzelbrenner – sollten sie ausgetauscht werden. Gleiches gilt für die zentrale Brenneranlage, ob nun gas- oder ölbetrieben. Zwar bezieht sich die EnEV nur auf die Heizkesselanlage und gibt für Gas-Einzelöfen überhaupt keine Vorschriften vor, aber dies sollte nicht Maßstab einer umfassenden energetischen Modernisierung sein, sondern eben tatsächlich als gesetzliche Mindestanforderung verstanden werden. Brenner und auch Einzelfeuerungsstätten, die älter als 20 Jahre sind, nutzen die Brennstoffe nicht optimal, es kommt hier zu erheblichen energetischen Verlusten. Einzelfeuerungsstätten sollten im Zuge einer umfassenden energetischen Modernisierung ggf. auch ganz aufgegeben werden, weil sie im Vergleich zu einer einzigen Brennstelle, die die Wärme über ein Trägermedium (z.B. Wasser) dann verteilt, unwirtschaftlich arbeiten.

*Sie haben beim Untersuchungspunkt **15** »Nein« angekreuzt:*

Der von Ihnen untersuchte Brenner sollte demnach nicht älter als 20 Jahre sein. Ist der Brenner älter als 15 Jahre, kann dies auch schon auf eine eingeschränkte Wirtschaftlichkeit hindeuten. Auch beim Brenner sollten Sie daher in jedem Fall nachsehen, ob es in der Vergangenheit regelmäßige Wartungen gab und ansonsten einen Wartungstermin ansetzen. Ein Brenner, der um die zehn Jahre alt ist, wird noch eine Weile zu betreiben sein und hat in der Regel auch noch ausreichende Energieeffizienz-Kennzahlen beim Verbrennungsvorgang. Er sollte allerdings in jedem Fall einer regelmäßigen Wartung unterzogen werden, ggf. gibt es auch Nachrüstungsmöglichkeiten seitens des Herstellers.

*Diagnosepunkt **16***

Ungedämmte Heizleitungen

*Sie haben beim Untersuchungspunkt **16** »Ja« angekreuzt:*

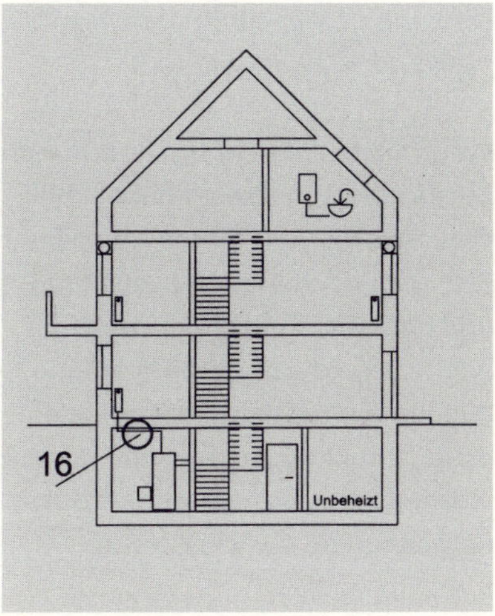

Ungedämmte Heizungsrohre stellen eine erhebliche Wärmebrücke dar. Das in ihnen laufende Wärmeträgermedium, zumeist Wasser, kühlt aufgrund der ungedämmten Rohre in der Regel stark ab, bis es sein Ziel, nämlich die Heizkörper, erreicht hat. Die energetischen Verluste sind hoch. Daher sollten ungedämmte Rohre in jedem Fall gedämmt werden. Gemäß EnEV müssen Heizleitungen zwar nur dort gedämmt werden, wo sie außerhalb von Wänden durch unbeheizte Räume laufen. Es ist aber zu empfehlen die Rohre grundsätzlich überall, wo sie außerhalb von Wänden laufen, also zugänglich sind, zu dämmen. Für die Dämmstarken gibt die EnEV klare Vorgaben (☞ Kapitel 3), aber auch diese können natürlich freiwillig jederzeit übertroffen werden.

*Sie haben beim Untersuchungspunkt **16** »Nein« angekreuzt:*

Demnach sind die Heizleitungen des untersuchten Gebäudes gedämmt. Ähnlich wie bei den Dämmungen des Gebäudekörpers ist es auch bei den Dämmungen von Heizleitungen so, dass die Stärke, Dichtigkeit und der Zustand der Dämmung überprüft werden müssen.

*Diagnosepunkt **17***

Veraltete Heizkörper

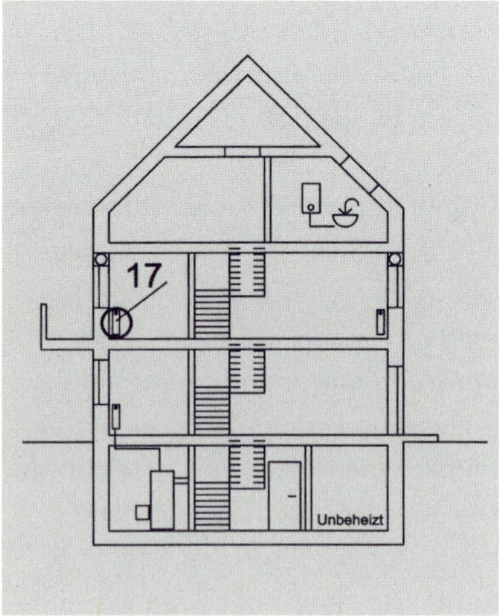

*Sie haben beim Untersuchungspunkt **17** »Ja« angekreuzt:*

Wenn Sie bei diesem Untersuchungspunkt »Ja« angekreuzt haben, heißt dies, dass die Heizkörper z.B. mehrfach überstrichen sind, Rostspuren und ggf. auch Undichtigkeiten aufweisen. Hierdurch ist die Wärmeabgabe des Heizkörpers entweder eingeschränkt (durch viele Farbanstriche) oder auch gefährdet (durch Roststellen oder Lecks). Neben diesen Oberflächenproblemen des Heizkörpers können zusätzlich auch innere Verkalkungsprobleme oder Dimensionierungsprobleme auftauchen. Das Problem einer zu großen Dimensionierung liegt darin, dass eine zu große Menge Wasser benötigt wird, um den Heizkörper zu erwärmen. Bei inneren Verkalkungen des Heizkörpers wiederum kann der Wasserdurchfluss an entscheidenden Stellen möglicherweise gestört sein. Der Heizkörper kann dadurch die Wärme des Trägermediums nicht optimal an die Raumluft abgeben. In einem solchen Fall hilft möglicherweise nur noch der Austausch der Heizkörper.

Beim Einbau einer neuen Heizungsanlage oder bei Weiterverwendung der alten unter modifizierten Bedingungen sollte eine Bedarfsplanung durch einen Fachingenieur durchgeführt werden.

*Sie haben beim Untersuchungspunkt **17** »Nein« angekreuzt:*

Die untersuchten Heizkörper sind demnach nicht älter als 20 bis 25 Jahre. Heizkörper, die älter als 25 Jahre sind, können als veraltet angesehen werden. Mindestens aber müssen sie genauer untersucht werden, z.B. hinsichtlich innerer Verkalkungen.

Wenn die vorhandenen Heizkörper wirklich nicht älter als 25 Jahre und noch in gutem Zustand sind, muss bei eventuellem Austausch anderer Elemente im Heizungssystem (z.B. neuer Brenner oder neue Zuleitungen etc.) auch die Dimensionierung der vorhandenen Heizkörper überprüft werden.

*Diagnosepunkt **18***

Veraltete oder nicht vorhandene Thermostate

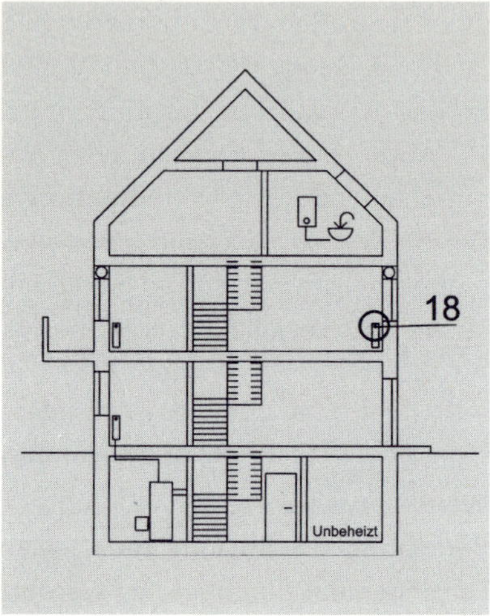

*Sie haben beim Untersuchungspunkt **18** »Ja« angekreuzt:*

Wenn Thermostate nicht vorhanden oder veraltet sind, lässt sich die Wärmeabgabe eines Heizkörpers nicht regeln, da der Durchfluss des Wärmeträgermediums durch den Heizkörper nicht oder nur schwer gesteuert werden kann. Heizkörper ohne Thermostat laufen daher häufig entweder auf maximalem Niveau oder aber sind ausgeschaltet. Nicht oder nur schwer regulierbare Heizkörper sind extrem unökonomisch und sollten umgehend nachgerüstet werden. Die EnEV schreibt den Einsatz von »selbsttätig wirkenden Einrichtungen zur raumweisen Regelung der Raumtemperatur« (§ 12, Abs. 2 EnEV) vor.

*Sie haben beim Untersuchungspunkt **18** »Nein« angekreuzt:*

Soweit an den untersuchten Heizkörpern Thermostate vorhanden sind, sollten diese trotzdem einer genaueren Untersuchung unterzogen werden. Grundsätzlich muss untersucht werden, ob sie sich überhaupt noch regeln lassen und ob auch eine Feinjustierung möglich ist. Manche Thermostate sind stark veraltet und dadurch ggf. undicht, dazu verkalkt und möglicherweise ohne Regulierungsanzeige.

5.4 Die Diagnose der Warmwasserversorgung

Die Warmwasserbereitung ist häufig eng an die Heizungstechnik gebunden: In vielen Haushalten wird auch das Warmwasser über einen Öl- oder Gasbrenner erhitzt. Bei Gas geschieht dies nach wie vor häufig dezentral. Über das Kapitel 4 konnten Sie dies überprüfen.

Mussten Sie hier mehrfach Fragen mit »Ja« beantworten, ergibt sich u.U. eine Sanierungsnotwendigkeit Ihrer Warmwasserbereitung. Hierbei ist dann auch zu überlegen, einen Teil oder auch das gesamte Warmwasser über Sonnenkollektoren zu gewinnen, die auf dem Dach montiert werden (☞ Kapitel 7).

5

Diagnosepunkt ***19***

Veraltete Warmwasserbereiter

(zentral oder dezentral)

Sie haben beim Untersuchungspunkt ***19*** *»Ja« angekreuzt:*

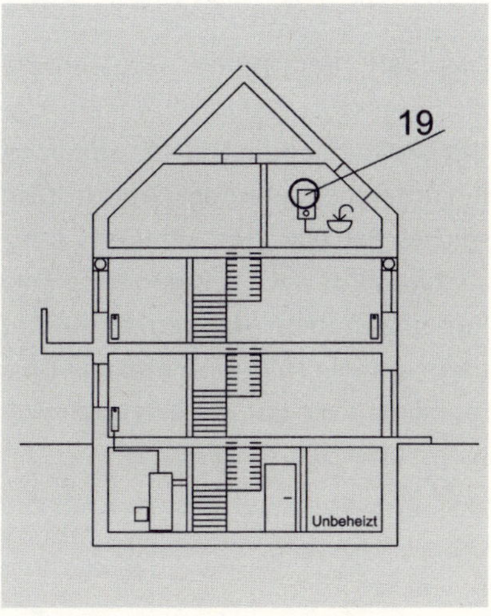

Die Warmwasserbereiter am untersuchten Objekt sind veraltet. Das heißt, ob sie nun mit Gas betrieben werden, mit Öl oder mit Strom, sie sind älter als 15 Jahre, wobei strombetriebene Warmwasserbereiter bereits nach 10 Jahren als veraltet gelten können. Warmwasserbereitung über Fernwärme gibt es in größerer Verbreitung noch nicht allzu lange, sodass man bei fernwärmegesteuerter Warmwasserbereitung in der Regel von modernen Anlagen sprechen kann. Das Problem veralteter Warmwasserbereiter, egal welchen Brennstoff sie zur Erwärmung des Wassers nutzen, ist, dass sie den Brennstoff nicht optimal nutzen. Vielfach lässt sich auch ihre Vorlauftemperatur nur sehr ungenau einstellen, so dass keine exakte Erwärmungssteuerung erfolgen kann. Viele Gas- oder auch Stromdurchlauferhitzer beispielsweise geben entweder sehr heißes Wasser ab oder aber sehr kaltes. Hinzu kommt, dass veraltete Geräte vielfach verkalkt sind. Das Wasser kann einerseits nicht mehr optimal durch das Gerät laufen und der angesetzte Kalk behindert andererseits den Kontakt zwischen Heizquelle und zu beheizendem Wasser.

Veraltete Anlagen müssen mindestens generalüberholt werden, häufig aber auch komplett ausgetauscht werden.

*Sie haben beim Untersuchungspunkt **19** »Nein« angekreuzt:*

Dies heißt, dass ihr Warmwasserbereiter nicht älter als 15 Jahre ist. Selbst aber wenn dies der Fall ist, sollte das Gerät in jedem Fall auf mögliche Verkalkungen hin untersucht werden. Grundsätzlich ist auch in einem solchen Fall eine Generalüberholung sinnvoll. Möglicherweise ist auch das genutzte Energiemedium, z.B. Strom, in hohem Maße uneffizient. Es empfiehlt sich dann auf alle Fälle eine Umstellung auf andere Energiemedien bis hin zur ergänzenden Warmwassererwärmung über Solarkollektoren.

Diagnosepunkt ***20***

Ungedämmte Warmwasserleitungen

Sie haben beim Untersuchungspunkt ***20*** *»Ja« angekreuzt:*

Ganz ähnlich wie ungedämmte Heizleitungen führen auch ungedämmte Warmwasserleitungen zu erheblichen Energieverlusten; vor allem dann, wenn das aufgewärmte Wasser über lange Strecken von der Anheizstelle bis zur Entnahmestelle geführt wird. Moderne Warmwasserversorgungssysteme verfügen über so genannte Zirkulationsleitungen, also Rohrleitungen, in denen warmes Wasser beständig zirkuliert. Im gesamten Rohrsystem wird das Warmwasser damit auf einer einheitlichen Temperatur gehalten, um bei Entnahme sofort die gewünschte Wärme abzugeben.
Da das Wasser in den ungedämmten Rohrbereichen ständig abkühlt und nachgeheizt werden muss, haben solche Anlagen besonders hohe energetische Verluste. Eine Dämmung der Warmwasserrohre muss in jedem Fall durchgeführt werden. Die EnEV schreibt die Dämmung von Warmwasserleitungen und deren Stärke im Einzelfall vor (☞ Kapitel 3). Wie bei den Heizleitungen gilt aber auch hier, dass die EnEV nur eine Dämmung der Rohrabschnitte verlangt, die außerhalb von Wänden und in unbeheizten Bereichen laufen. Es ist jedoch sinnvoll, auch Warmwasserleitungen konsequent und an allen Stellen, an denen sie zugänglich sind, zu dämmen.

*Sie haben beim Untersuchungspunkt **20** »Nein« angekreuzt:*

Die Warmwasserrohre des untersuchten Gebäudes sind offensichtlich gedämmt. Aber auch hier gilt genau wie bei den Heizungsrohren: Es ist im Einzelnen zu überprüfen, ob die vorhandene Dämmung ausreichend stark ist, ob sie dicht ist und ob ihr Allgemeinzustand in Ordnung ist. Hierbei sollten Sie sich mindestens an den Vorgaben der EnEV orientieren (☞ Kapitel 3).

*Diagnosepunkt **21***

Veraltete Sanitärarmaturen

*Sie haben beim Untersuchungspunkt **21** »Ja« angekreuzt:*

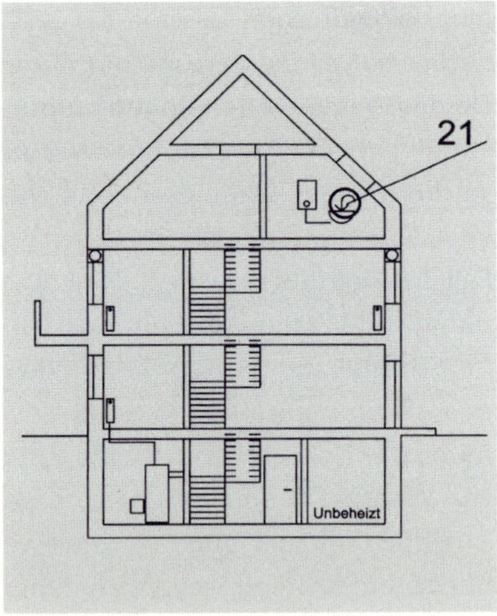

Bei herkömmlichen Sanitärarmaturen, bei denen der Warmwasser- und Kaltwasserzufluss über zwei separate Ventile geregelt wird, dauert es aufgrund der umständlicheren Regulierung, für die zwei Hände nötig sind, länger, bis die gewünschte Wassertemperatur bereitsteht, was neben einem erhöhten Wasserverbrauch auch mehr Heizenergie zur Wassererwärmung erfordert.

*Sie haben beim Untersuchungspunkt **21** »Nein« angekreuzt:*

Offensichtlich haben sie bereits moderne Einhebelmischer-Sanitärarmaturen. Dadurch sparen Sie auch an der Wasserentnahmestelle Energie, da sie auf ein jeweiliges Neuregulieren zwischen Warm- und Kaltwasser verzichten können. Sinnvoll ist nun noch die Überprüfung, ob die Wasserhähne auch dicht sind.

5

Kapitel 6

Die Modernisierungseingriffe

Dritter Schritt: Wie lässt sich der Energieverbrauch Ihres Hauses senken ?

6.1 Warum eigentlich modernisieren?

Aufwand und Nutzen sorgsam abwägen

Bauliche Eingriffe im Rahmen einer energetischen Modernisierung sollen den Energieverbrauch eines Gebäudes senken. Grundsätzlich gibt es zwei Formen von energetischen Eingriffen:

- Eingriffe zum Rückbau bzw. der Neutralisierung von Wärmebrücken,
- Eingriffe zur Optimierung der Wärmeerzeugung.

6

Da es durch solche Eingriffe zu erheblichen baulichen Veränderungen eines Gebäudes kommen kann, sollten Sie vorher Aufwand und Nutzen sorgsam abwägen. Neben dem baulichen Aufwand muss hierbei auch den bauphysikalischen Folgen eines Eingriffs Beachtung geschenkt werden. Gerade bei Eingriffen zum Rückbau bzw. der Neutralisierung von Wärmebrücken, z.B. durch Dämmmaßnahmen, ist im Vorfeld zu prüfen, welche Auswirkungen dies auf ein Gebäude haben kann:

Beispiel

Beispiel 1: Ein im Zuge einer energetischen Modernisierung nicht mehr benötigter Schornsteinzug wird am Schornsteinkopf offen gelassen und bleibt in seinem Innern ungedämmt. Nachdem dieser Schornsteinzug über viele Jahre im Winter stets durch die warme Abluft einem warmen Luftzug ausgesetzt war, ist dies plötzlich nicht

Beispiel

mehr der Fall. Wärme kann von den umgebenden Räumen durch die Schornsteinwände ins Schornsteininnere entweichen. Der Schornstein bildet eine gebäude- und geschossdurchgängige Wärmebrücke. In seinem Umfeld kann es aufgrund dieser neu entstandenen Wärmebrückenfunktion zu Feuchte- und Schimmelbildung kommen.

Beispiel 2: Ein kleines Hausvordach im Eingangsbereich eines Gebäudes wäre nur aufwendig zu dämmen. Man entscheidet sich daher, nur die Fassade zu dämmen, nicht aber dieses Vordach. In der Folge wirkt das kleine Vordach als große Wärmebrücke und kann erhebliche Feuchte- und Schimmelschäden an der angrenzenden Innenwand des Gebäudes hervorrufen.

Beispiel 3: Die Fassade eines Hauses scheint im Gegensatz zu den Fenstern noch gut genug. Während die alten Fenster gegen Fenster mit Isolierverglasung getauscht werden, bleibt die Fassade ungedämmt. Die Folge ist, dass die Raumfeuchte nicht mehr über die bei den alten Fenstern noch vorhandenen Undichtigkeiten entweichen kann. Da die Wände ungedämmt bleiben, kühlt die Raumluft an den Innenseiten und Raumecken der Außenwände so weit ab, dass sich Feuchtigkeit an den Wänden niederschlägt. Es kommt dort zu Feuchte- und Schimmelbildung.

Modernisierungseingriffe sollten Sie daher immer als Gesamtheit betrachten, und bestimmte Eingriffe nicht isoliert vornehmen. Wenn eine Fenstermodernisierung vorgenommen wird, sollte auch eine Außendämmung eingeplant werden, bei der auch Details, wie z.B. dem Hausvordach, hohe Aufmerksamkeit geschenkt wird.

Wenn eine Modernisierung des Heizbrenners vorgenommen wird, ist zu überlegen auch alte Heizverteilrohre und Heizkörper zu wechseln.

Wenn ein Austausch der Warmwasserbereitung ansteht, sollten Sie auch über eine Erneuerung der Verteilerrohre und Zapfstellen sowie ergänzende Möglichkeiten der Warmwasserbereitung, z.B. über Solarkollektoren, nachdenken.

Isolierte Maßnahmen, die bauphysikalischen Wechselwirkungen keine Beachtung schenken, können Folgeprobleme aufwerfen.
Mindestens die drei Bereiche
- Gebäudehülle
- Heizungstechnik und
- Warmwasserbereitung

sollten in sich immer als Einheit gesehen werden. Wechselwirkungen durch Einbringung einzelner neuer Elemente innerhalb der bestehenden Einrichtungen sollten Sie durch Fachleute vor Ort prüfen lassen. Die Konsequenzen daraus sollten vor dem Eingriff schriftlich dargelegt werden.

6.2 Energetische Modernisierungseingriffe am Gebäudekörper und an der Gebäudehülle

Bei Modernisierungseingriffen an der Gebäudehülle handelt es sich in der Regel um Dämmmaßnahmen, um energetische Schwachstellen wie Wärmebrücken entweder zu verringern oder zu neutralisieren. Wenn die Dämmmaßnahmen an einzelnen Punkten zu aufwendig erscheinen, kann es sinnvoll sein, das gesamte Dämmkonzept neu zu planen.

6.2.1 Energetische Modernisierungseingriffe am Keller

*Energetischer Modernisierungseingriff **1***

Entweder gar keine oder ungedämmte Bodenplatte

Eine nicht vorhandene Bodenplatte kann nachträglich eingebracht werden. Dies hat allerdings Konsequenzen in verschiedenen Bereichen. So muss zunächst die Bodenqualität und die Setzungsgefahr untersucht werden. Dann müssen die bestehenden Fundamente hinsichtlich Tragfähigkeit bzw. Anschlussmöglichkeiten untersucht werden. Ferner müssen die bauphysikalischen Konsequenzen für den Keller untersucht werden, also z.B. ob die Bodenversiegelung durch die Bodenplatte ein anderes Raumklima in den Kellerräumen schafft (z.B. höherer Feuchtegehalt in der Luft), was wiederum zu neuen Folgeproblemen führt (Sandsteinwände werden z.B. angegriffen). Es kann durchaus sein, dass Sie in der Folge sehr schnell von einem solchen Eingriff absehen und die untere Dämmung des Hauses lieber nach oben verschieben, in Form einer Kellerdeckendämmung.

Wenn eine Bodenplatte vorhanden aber nicht gedämmt ist, kommt eine Dämmung unterhalb der Bodenplatte nicht mehr in Frage, denn diese wäre nur mit unverhältnismäßigem Aufwand einzubringen. In einem solchen Fall müsste eine Innendämmung vorgenommen werden. Für eine Innendämmung gibt es mehrere Möglichkeiten:

- Begehbare Dämmlage (z.B. Styroporplatten mit Pressspanauflage)
- Dämmlage unter Estrich oder Trockenestrich

Bevor Sie sich allerdings für eine Innendämmung des Kellerbodens entscheiden, sollten Sie zunächst überlegen, ob Sie Wohnräume im Keller wirklich benötigen. Denn die Innendämmung des Kellerbodens verursacht vor allem folgende Probleme:

- Die Raumhöhe verringert sich (ggf. auch bis unter das Maß der von den Landesbauordnungen geforderten Raumhöhen für Wohnräume – dann haben Sie gedämmte Räume, aber keine Zulassung als Wohnraum mehr).
- Der Treppenfußpunkt kann zur Stolperfalle werden, weil die erste Treppenstufe möglicherweise nur noch bis zur Hälfte ihrer Ursprungshöhe aus der Dämmung ragt. In der Folge müssten alle Treppenstufen angepasst werden.
- Die Türdurchgänge verringern sich um das Maß der Dämmung. Soweit die Türöffnungen mit Betonstürzen überbrückt sind und in tragenden Wänden angeordnet sind, kann der Aufwand der Erhöhung erheblich sein.
- Kelleraußenzugänge müssen auf gleichem Niveau angepasst werden.
- Lichtschalter und Steckdosen »rutschen« durch die Bodenerhöhung nach unten.

Daher kann es für den Fall, dass die Kellerräume nicht zwingend als Wohnräume benötigt werden, sinnvoll sein, eine Dämmung der Kellerdecke vorzunehmen, als Alternative zur Bodendämmung. Insoweit nur ein Raum als Wohnraum genutzt werden soll (z.B. als Hobbyraum für die Kinder), kann es sinnvoll sein, dann nur diesen zu dämmen und für den übrigen Keller eine Kellerdeckendämmung vorzusehen.

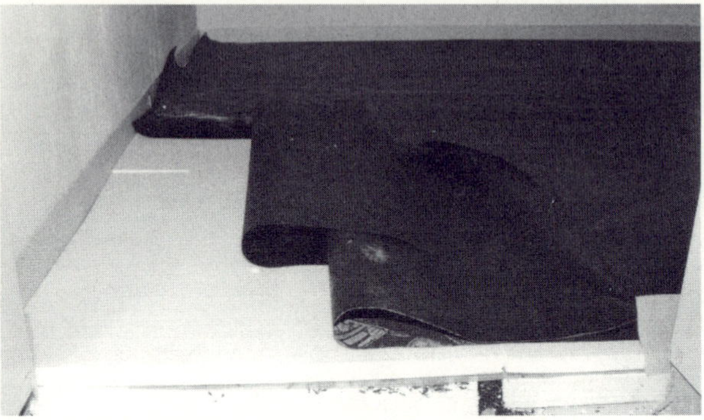

Einbau eines Estrichs mit Dämmung

Nachträgliche Nutzungsänderungen des Kellers, sozusagen von der Kartoffellagerung zum Arbeitszimmer, führen immer zu vollkommen neuen bauphysikalischen Situationen für den gesamten Baukörper. Ein Keller, der nie beheizt war und plötzlich beheizt wird, reagiert hierauf. Bei einem alten Sandsteinkeller beispielsweise, dessen Wände immer kühl, aber trocken waren und der nun bewohnt und beheizt wird, kann es zu Problemen kommen, weil durch die Bewohnung nun zusätzliche Raumluftfeuchte anfällt. Daher sollten Sie Nutzungsänderungen nur unter Berücksichtigung aller damit einhergehenden Konsequenzen in Erwägung ziehen.

Energetischer Modernisierungseingriff ***2***

Ungedämmte Kellertreppe

Das Problem bei einer ungedämmten Kellertreppe in einem beheizten Kellerbereich ist der ungedämmte Fußpunkt der Treppe. Da er direkten, thermisch nicht getrennten Kontakt zur Bodenplatte hat, bildet er eine Wärmebrücke. Diese muss zur optimalen Dämmung unterbrochen werden. In der Praxis ist das allerdings kaum möglich, denn das hieße, dass die unterste Treppenstufe abgebrochen und durch eine thermisch getrennte ersetzt werden muss. Da sehr viele Treppen aber keine Fertigteiltreppen sind, sondern Treppen aus Ortbeton, die vor Ort geschalt und gegossen wurden, würde man mit der Demontage der untersten Treppenstufe die gesamte Treppe zerstören.

Thermische Trennung des Treppenfußes durch Schaumglas

Weil eine thermische Trennung der Treppe von der Bodenplatte nur mit erheblichem Aufwand zu realisieren wäre, kann eine solche Wärmebrücke nur schwer beseitigt werden. Das komplette »Einpacken« der Treppe in Dämmung ist sehr aufwändig, weil sich hierdurch Steigungshöhen und Antrittsebenen zur Treppe merklich verschieben würden. Auch eine Trennung des Treppenraumes von den angrenzenden Räumen bedeutet einen unverhältnismäßig hohen Aufwand. Für die Beseitigung dieser Wärmebrücke sollten Sie daher Aufwand und Nutzen sorgfältig abwägen.

Energetischer Modernisierungseingriff ***3***

Ungedämmte Kellerinnenwände

Ungedämmte Kellerinnenwände, die beheizte von unbeheizten Bereichen trennen, sollten durchgängig gedämmt werden. Die Dämmung sollte dabei auf der Wandseite, innerhalb des beheizten Innenraums angebracht werden. Würde die Dämmung auf der Außenseite angebracht, könnte die Wärme zunächst einmal in die betreffende Mauerwerks- oder Betonwand eindringen und von dort über Wärmebrücken wiederum weiter entweichen. Durch die Dämmung auf der beheizten Seite der Wände ringsum kann dieser Effekt relativ gut vermieden werden. Dies bedeutet allerdings, dass die Dämmung zum einen eine Stoß-Schutzverkleidung (z.B. durch Gipskartonplatten) erhalten muss und zum anderen vor der Dämmung noch eine Dampfsperre bzw. Dampfbremse angebracht werden muss, damit die Raumluftfeuchte nicht in die Dämmung eindringen kann.

Dämmung von Kellerinnenwänden auf der unbeheizten Raumseite

Alle Anschlusspunkte, insbesondere an Innentüren und den Kellerboden, müssen sorgsam ausgeführt werden. Eine Kellerinnenwanddämmung sollte sinnvollerweise zusammen mit einer Bodendämmung des betreffenden Kellerraums durchgeführt werden. Soweit keine Außenfassadendämmung durchgeführt wird, sollten mindestens auch die den Kelleraum umschließenden Außenwände von innen gedämmt werden. Als Wanddämmstoffe eignen sich die verschiedensten Dämmmaterialien (☞ Kapitel 7.1.3). Soll der beheizte Raum nicht von innen, sondern von außen gedämmt werden, also von der Seite der an ihn angrenzenden Räume, hat dies den Vorteil, dass keine Dampfsperre und keine Schutzverkleidung angebracht werden muss. Dafür aber ist das Entstehen von Wärmebrücken unvermeidlich, und von den Dämmarbeiten sind gleich mehrere Räume betroffen. In Kapitel 7.1 werden die geläufigsten Dämmstoffe und ihre Einsatzorte vorgestellt.

Energetischer Modernisierungseingriff ***4***

Ungedämmte Kellertür

Bei einer ungedämmten Kellertür hilft ein einfaches Auswechseln eines ungedämmten Türblatts gegen ein gedämmtes ein erstes Stück weiter, soweit es sich um eine Normtür mit Normmaßen handelt. Eigentlich müssten hier aber alle betroffenen Türelemente Beachtung finden und folgende Maßnahmen umgesetzt werden:

- Türblattdämmung,
- Montage von Dichtungslippen an der Zarge,
- Montage eines WindEx am Bodenkontaktbereich,
- thermische Trennung der Zarge.

Es wird sich in der Praxis aber immer wieder herausstellen, dass z.B. die Demontage einer fest mit der Wand verbundenen Metalltürzarge nur sehr aufwendig

Die Türblätter neuer Kellertüren zwischen beheizten und unbeheizten Räumen sollten gedämmt sein und der Rahmen einen Dichtungsfalz haben

durchzuführen wäre. In einem solchen Fall gibt es die Möglichkeit, eine so genannte Renovierungszarge über die alte Bestandszarge zu setzen. Hierdurch hat man ohne staubende Arbeiten ein komplett neues, gedämmtes Türsystem. Der Nachteil von Renovierungszargen liegt darin, dass sie die Türöffnungen sowohl in der Höhe wie auch in der Breite verkleinern. Wenn sie das nicht wünschen, aber trotzdem eine optimale Türdämmung erzielen wollen, wird ihnen nichts anderes übrig bleiben als die Herausnahme der alten Zarge. Soweit die Bestandszarge jedoch eine Holzzarge ist, die ja eine durchaus akzeptable Dämmwirkung mitbringt, kann auch überlegt werden, nur das Türblatt auszutauschen, sowie Dichtungslippen in die Zarge und einen WindEx in das Türblatt einzubringen. Natürlich können Sie auch eine Metallzarge bestehen lassen und nur das Türblatt auswechseln. Allerdings wird Ihnen dadurch in jedem Fall eine Wärmebrücke erhalten bleiben.

*Energetischer Modernisierungseingriff **5***

Ungedämmte Kelleraußenwände

Vielfach ist zu beobachten, dass bei der Dämmung von Kelleraußenwänden nur der über das Erdreich hinausragende Sockelbereich gedämmt wird. Die Dämmung der Kelleraußenwände beheizter Kellerräume, soweit sie in Angriff genommen wird, sollte aber in jedem Fall hinunter geführt werden bis zur Fundamentsohle.

Nun steht in der Praxis nicht jedes Haus frei und schon gar nicht findet man immer Flächen, um eine Kellerwand auch freigraben zu können. Kellerwände, an die man nicht gelangt, kann man dann schlichtweg auch nicht freigraben. In solchen Fällen sollten Sie über eine Innendämmung nachdenken. Insofern eine solche Wand allerdings eine Haustrennwand ist und beide angrenzenden Keller beheizt werden, ist eine Innendämmung auch nicht notwendig. Wenn direkt vor dem Haus ein Gehweg verläuft sind ggf. aufwändige Absperr- und Sicherungsmaßnahmen notwendig. Hier müssen in jedem Fall behördliche Genehmigungen eingeholt werden. Beim Aufgraben einer Kellerwand sollte im Vorfeld grundsätzlich auch ein Statiker eingeschaltet werden, der Neigungs- und Setzungsgefahren des Bestandsgebäudes beurteilt. Ferner geht man beim Freigraben meist schrittweise vor, indem man nie alle Kellerwände gleichzeitig frei gräbt.

Wenn die Kellerwände freigegraben sind, werden sie zunächst gereinigt. Soweit sie noch nicht mit einer Dichtungsschlämme zur Abdichtung der Kellerwand versehen sind, wird dies bei der Gelegenheit dann meist gleich nachgeholt. Ist diese soweit abgetrocknet, wird davor eine Dämmung und vor die Dämmung ein

Nachträgliche Dämmung der Kelleraußenwand

Drainagesystem zur schnellen Ableitung von Sickerwasser gesetzt. Beides gibt es mittlerweile auch als Systemeinheit. Das vor der Dämmung sitzende Drainagesystem soll die Dämmlage vor stehender Feuchtigkeit schützen, indem es das ins Erdreich dringende Wasser vor der Dämmung schneller in tiefere Bodenschichten abführt. Aufsteigende Feuchtigkeit hingegen soll durch die kapillarbrechende Wirkung der Drainage ebenso von der Dämmung ferngehalten werden.

Bei der Dämmung der Kelleraußenwände ist es besonders wichtig, dass Kellerlichtschächte, soweit sie z.B. aus altem Beton sind, ggf. durch moderne Kunststoffschächte ersetzt werden. Falls die alten Betonschächte nicht mitgedämmt würden und ohne Dämmung oder thermische Trennung und Austausch gegen moderne Schächte einfach bestehen blieben, würden sie Wärmebrücken bilden, die im Kellerinnern zu den üblichen Schadensbildern führen (Feuchtigkeit, Schimmelbefall). Auch die Kellerfenster an sich müssen sorgsam und dicht mit der Dämmung verbunden werden. Kellerfensterbänke sind in jedem Fall auch an den Unterseiten zu dämmen.

Häufig wird es in der Praxis auch das Problem der Dämmung des Außenkellerzugangs geben. Oft ist die Außenkellertreppe und die sie umgebende Mauer direkt mit dem Kellermauerwerk oder Wandbeton verbunden. An einem solchen Punkt müsste entweder mit sehr hohem Aufwand die Treppe thermisch vom Haus getrennt werden, was einem Treppenabriss und Neuaufbau gleich käme, oder aber es muss eine Dämmung des Treppenzugangs an sich erfolgen, indem z.B. auch diese Treppe weitestgehend gedämmt wird, sowie auch die sie umfassende Mauer.

Etwas einfacher und praxisnäher ist es, in einem solchen Bereich neben einer Kelleraußenwanddämmung auch eine Kellerinnenwanddämmung einzubringen. Die gesamte Kellerinnenwand, an die die Kelleraußentreppe von außen anschließt, wäre dann auch von innen gedämmt, um bestehende Wärmebrücken soweit wie möglich zu neutralisieren.

6

Energetischer Modernisierungseingriff ***6***

Ungedämmte Kellerdecke

Soweit Kellerdecken ungedämmt sind und sie beheizte von unbeheizten Bereichen trennen, bietet sich eine deckenunterseitige Dämmung an. Zwar wäre theoretisch auch eine deckenaufseitige Dämmung denkbar, also sozusagen eine Dämmung auf dem Fußboden des Erdgeschosses, aber dies würde einen erheblichen Aufwand bedeuten und wäre mit wesentlich höheren Kosten verbunden, als die deckenunterseitige Dämmung der Kellerdecke. Bei dieser Form der Kellerdeckendämmung wird das Dämmmaterial einfach flächig auf die vorhandene Decke aufgebracht und entweder verdü-

Nachträgliche Dämmung der Kellerdecke

belt oder verklebt. In der Praxis gibt es hierbei natürlich immer wieder Probleme, z.B. beim Anarbeiten an bestehende, dicht unter der Decke verlaufende Rohrleitungen. Im Zweifelsfalle können diese aber miteingepackt werden, wenn zwischen Oberkante Rohr und Unterkante Decke nicht genug Platz ist für das Einbringen einer Dämmlage. Liegt der Rohrverlauf allerdings in der Mitte eines Raums, kann auch das Abhängen der Rohre überlegt werden, um in der Decke keinen unschönen Dämmkasten zu erhalten. Auch bei dieser Dämmung muss an den Rändern und an Anschlusspunkten sorgsam gearbeitet werden. Welche Dämmungen sich hierfür eignen, erfahren Sie in Kapitel 7.1.

6.2.2 Energetische Modernisierungseingriffe an den Außenfassaden

Energetischer Modernisierungseingriff ***7***

Ungedämmte Hausfassade

Eine ungedämmte Hausfassade sollte im Rahmen einer energetischen Modernisierung in jedem Fall gedämmt werden. Allerdings zeigt die Praxis auch an diesem Punkt wieder, dass es gar nicht so einfach ist, jede Fassade zu dämmen. Zum einen gibt es Hausaußenwände, die direkt an Hausaußenwänden von Nachbargebäuden stehen, z.B. bei Reihenhäusern, und vor allem gibt es natürlich auch viele alte und schöne Fassaden mit kunsthandwerklichem Zierwerk, die nicht einfach überdämmt werden können. Hauswände, die parallel und mit vollflächigem Kontakt zu den Wänden von Nachbargebäuden verlaufen (z.B. bei Reihenhäusern) müssen nicht gedämmt werden, sie sind durch das Angrenzen an andere Warmbereiche bereits optimal gedämmt. In einem solchen Fall müssen nur noch die freistehenden Fassaden gedämmt werden, sinnvollerweise von außen. Fassaden mit Zierwerk hingegen können praktisch nur von innen gedämmt werden.

Nachfolgend werden die häufigsten Problemstellen bei Fassadendämmungen benannt und Lösungswege aufgezeigt:

Hochwertige Außenfassaden mit Zierwerk

Es gibt Häuser, die eine so hochwertige verzierte Außenfassade haben, dass man ihnen mit einer Außendämmung der Fassade den gesamten Charme und Charakter nehmen würde. Bei Häusern dieses Typs kommt eine solche Dämmmaßnahme nicht in Frage. Hier muss über eine Innendämmung nachgedacht werden.

Bei Innendämmungen müssen bauphysikalische Gegebenheiten sorgfältig berücksichtigt werden, um spätere Bauschäden zu vermeiden. Häufig werden nur die Innenseiten der Außenwände gedämmt, aber die Zwischenwände, die im Winkel auf die Außenwände laufen, nicht. Hier entstehen, wie auch im Bereich der

Decken, Wärmebrücken. In diesen Bereichen kann es später zu Feuchtebildung und schließlich zu Schimmelbefall kommen.

Die häufigste Ausführung besteht in der Montage von Trockenbauwänden, bei denen eine Unterkonstruktion aus Metallständern mit Dämmung ausgefüllt wird. Raumseitig wird danach eine Dampfsperre in Form einer Folie befestigt, darauf werden Gipskartonplatten geschraubt. Wichtig dabei ist, dass die Dampfsperre keine Schäden aufweisen darf und besonders an den Rändern und Fensteranschlüssen fugenfrei mit den Anschlussbauteilen verklebt werden muss. Die Dämmung sollte an allen angrenzenden Innenwänden und im Deckenbereich noch ca. 50 cm in den Raum geführt werden.

Im Einzelfall und in Abhängigkeit vom U-Wert der bestehenden Außenwand kann es auch sinnvoll sein, unter Einbeziehung eines Architekten und eines Statikers zu untersuchen, ob eine innere Aufmauerung vor der eigentlichen Außenwand mit gut dämmenden Porensteinen nicht der optimale Weg der Dämmung eines Altbaus ist. Diese Aufmauerung kann ggf. auch noch im Winkel an die angrenzenden Innenwände ca. einen halben Meter in den Raum geführt werden.

Zwar heißt dies, dass ein Teil des Bodenoberbelags im Bereich der Außenwand (z.B. Fliesenboden oder Parkettboden) ggf. abgetragen werden muss, damit zum einen die innere Aufmauerung stabil steht und zum anderen der Bodenoberbelag nach wie vor frei »arbeiten« kann, d.h. sich bewegen kann. Ferner werden auch die inneren Räume durch eine solche Aufmauerung etwas kleiner, da eine innere Vormauerung dicker ist, als eine Gipskartonverkleidung. Dafür ist der Wandaufbau einfacher und widerstandsfähiger als bei der Verkleidung mit Gipskartonplatten, Dampfbremse und Dämmung. Besprechen Sie diese Alternative mit dem von Ihnen eingeschalteten Fachmann (☞ Kapitel 8).

Im Alltag weniger geeignet sind Innendämmungen, bei denen relativ weiche Dämmstoffe von innen auf die Außenwände geklebt werden, ohne dass zusätzlich Verkleidungen angebracht werden. Die so gedämmten Wände können schon bei leichten Schlägen »Dellen« erhalten und auch das Anbringen z.B. von Regalen mittels Dübeln ist nur noch unter großem Aufwand oder gar nicht mehr möglich.

Detailanschlüsse

Aber auch wenn die Außenfassade mit einem aufgebrachten Dämmstoff gedämmt werden kann, bleiben Probleme bei zahlreichen Befestigungen von Bauteilen an der Fassade. Es ist auch bei diesen Anschlüssen wichtig, dass sie thermisch getrennt werden, damit an diesen Punkten keine Wärmebrücken und damit potentielle Bauschäden entstehen. Das ist aber nicht immer vollständig möglich. Bauteile an Fassaden, die häufig vorkommen, sind nachfolgend aufgeführt:

Fensterläden

Fensterläden sind bei alten Häusern häufig über Montageeisen fest mit der Hauswand verbunden. Kommt nun ein Vollwärmeschutz auf die Hauswand, kann das Montageeisen des Fensterladens nicht einfach durch diesen Vollwärmeschutz laufen. Selbst wenn dies – je nach Größe und Anzahl der Montageeisen – energetisch zu vernachlässigen sein mag, liegt die Problematik bei solchen Anschlusspunkten auch in der fehlenden Druckbeständigkeit des Vollwärmeschutzes. Diese Druckbeständigkeit ist wichtig, damit man z.B. die Schraubenköpfe von Verankerungsschrauben fest anziehen kann. Im Bereich solcher Fensterladenanschlüsse kommt daher meist eine andere, d.h. eine druckbeständige Wärmedämmplatte (z.B. aus PUR-Schaum) zum Einsatz. Durch diese kann später die Fensterladenbefestigung hindurchgeschraubt und in der dahinter liegenden Hauswand fest verankert werden. Leider verbleibt dadurch dann aber eine, wenn auch sehr minimale Wärmebrücke, die zu Folgeschäden führen kann (z.B. Feuchtstellen auf der Wandinnenseite an diesem Punkt). Die Verhinderung einer solchen Wärmebrücke wäre allerdings nur mit unverhältnismäßig hohem Aufwand über eine vollständige thermische Trennung jedes Detailpunktes zu erreichen. Kunststoffdübel zur Montage können aber helfen, thermisch zu trennen.

Geländer

Geländer bei älteren Häusern laufen häufig direkt in die Wand und sind dadurch fest verankert. Würden die Geländerenden nach Montage des Wärmedämmsystems einfach durch dieses hindurch in die Hauswand hinein laufen, würde das gleiche passieren wie bei den Montageeisen der Fensterläden. Daher sollten Sie überlegen, entweder komplett neue Geländer zu setzen, die selbsttragend sind und keine Montage in der Hauswand mehr benötigen, oder aber die Geländer vor Montage des Wärmedämmverbundsystems dicht an der Hauswand abzuschneiden und um die Dämmschichtdicke zu kürzen. Im Bereich der künftigen Befestigungspunkte des Geländers an der Hausfassade

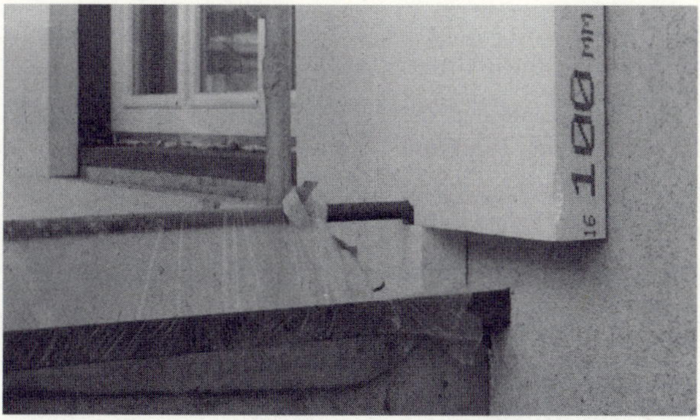

Läuft das Geländer durch die Dämmung in die Wand, entsteht eine Wärmebrücke

werden dann druckbeanspruchbare Dämmplatten montiert, durch welche die Montageeisen in die Wand geschraubt werden.

Regenrinnen und Fallrohre

Auch die von den Regenrinnen nach unten führenden Fallrohre, die das aufgefangene Regenwasser ableiten, sind häufig direkt an der Hauswand fest montiert. Wird nun eine Dämmschicht außen auf die Fassade aufgetragen, kann sie in der Regel nicht hinter den Fallrohren vorbeigeführt werden, weil diese zu dicht an der Hauswand sitzen. Hier sollten neue Fallrohrhalter verwendet werden, die am besten auch mit Kunststoffdübeln zur thermischen Entkoppplung in der Hauswand befestigt werden. Nicht selten kommt es auch am Fußpunkt des Fallrohres, bei der Überleitung in das Erdreich, zu Problemen. Denn auch dieser Fußpunkt sitzt häufig sehr dicht an der Hauswand. Soweit am Fußpunkt des Fallrohres ein Gussrohr sitzt und soweit sich der Fußpunkt direkt in einem Gehweg befindet, sollten rechtzeitig die zuständigen kommunalen Behörden eingeschaltet werden, um hier eine Versetzungsgenehmigung und -durchführung einzuleiten.

Briefkästen in Hauswänden

Briefkastenanlagen, die in Hauswänden sitzen und bei denen die Post sozusagen durch die Hauswand hindurch befördert wird, sollten im Zuge einer energetischen Modernisierung komplett ausgebaut werden. Das Wandloch sollte verfüllt und gut mitgedämmt werden. Eine komplett eigenständige Briefkastenanlage kann dann vor dem Haus aufgestellt werden.

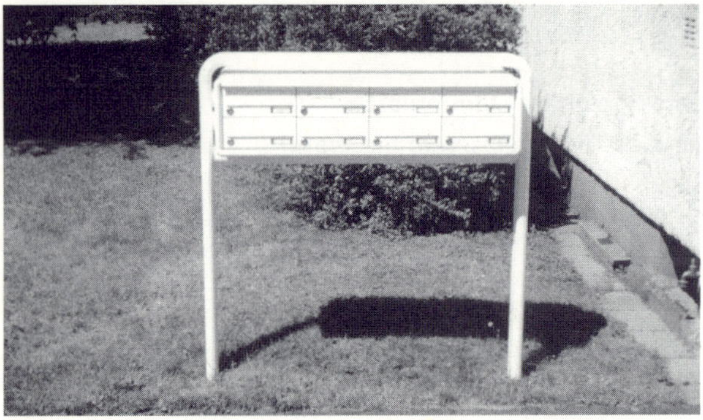

Briefkastenanlage vor dem Haus

Energetischer Modernisierungseingriff ***8***

Ungedämmte Vordächer, Terrassen- oder Balkonplatten

Vordächer

Fast alle Vordächer sind über die Art ihrer Montage potenzielle Wärmebrücken. Es ist hierbei zu unterscheiden zwischen Massivdächern und vorgehängten Konstruktionen. Massivdächer können entweder thermisch umkleidet werden oder aber auch ganz entfernt werden, indem sie abgeschnitten und z.B. durch eine neue, vorgestellte Konstruktion ersetzt werden. Vor dem Abschneiden von Vordächern sollte aber immer

Auch das Vordach muss noch umkleidet werden

ein Statiker eingeschaltet werden. Außerdem ist für eine solche Modernisierung ggf. ein Bauantrag notwendig.

Vorgehängte Dächer können demontiert werden. Soweit sie fest mit dem Mauerwerk verbunden sind, müssen sie ggf. abgeschnitten werden. Sie können nach Anbringung der Wärmedämmung ggf. etwas höher oder niedriger, unmittelbar über oder unter den alten Montagepunkten mit thermisch besser getrennten Montageelementen neu fixiert werden. Auch an diesen Punkten kommen dann wieder druckbeanspruchbare Dämmplatten zum Einsatz, damit kraftschlüssige Verschraubungen von Vordächern in den Hauswänden trotz Dämmung möglich bleiben.

Terrassenplatten

Als Unterkonstruktion für Terrassenbeläge wurden früher vielfach Betonplatten gegossen, die zur Absicherung gegen Bodensetzungen fest in die Außenwand des Gebäudes eingebunden wurden und dadurch eine Wärmebrücke darstellen. Eine Lösung kann in einem solchen Fall darin bestehen, die Terrassenplatte, soweit sie direkt an das Haus stößt, von diesem physisch zu trennen und diesen Bereich zu dämmen. Hierbei muss zuvor aber sichergestellt sein, dass die Terrassenplatte keinerlei statische Funktion hat. Ferner muss sichergestellt sein, dass auch die Terrassenplatte alleine, ohne Anbindung an das Haus, keinen Setzungsgefahren unterliegt.

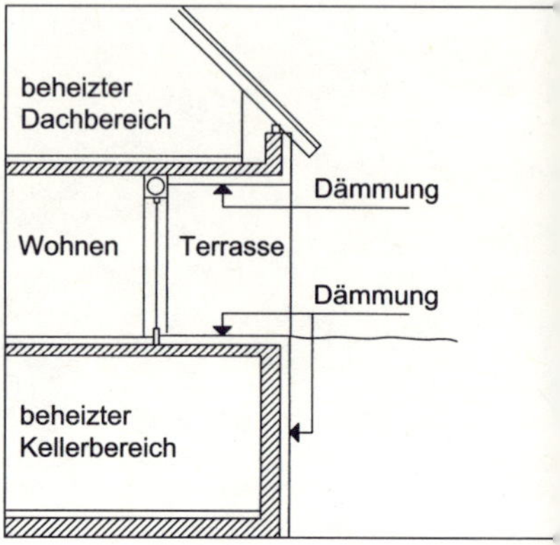

Skizzenhafte Darstellung Terrassendämmung

Soweit eine Terrassenplatte gleichzeitig auch die Funktion einer Kellerdecke übernimmt, sich also unter der Terrasse Kellerräume befinden, kann diese Terrasse entweder von oben, noch leichter aber von unten, also von der Kellerdeckenunterseite her, gedämmt werden.

Balkonplatten

Balkonplatten, die als einfache Durchlaufplatte von der Innendecke ins Freie laufen und dort ungedämmt sind, sind erhebliche Wärmebrücken. Sie müssen im Zuge einer energetischen Modernisierung entweder komplett mit Dämmung umkleidet oder aber abgeschnitten und durch neue, vorgestellte Balkone ersetzt werden. Hierbei ist grundsätzlich ein Statiker einzuschalten, denn häufig haben Balkone auch statische Wirkungen als Kragplatten, die auch den Rest der Decke betreffen. D.h. die Balkonplatte hat durch ihren

Thermisch getrennte Balkonplatte

Überhang eine Ausgleichswirkung im Sinne eines Gegengewichts auf die restliche, nur das Gebäude überspannende Decke. Ferner ist für eine solche Modernisierung ggf. ein Bauantrag notwendig. Sehr viel preiswerter ist in jedem Fall die thermische Umkleidung.

Energetischer Modernisierungseingriff ***9***

Ungedämmte Rollladenkästen

Ungedämmte Rollladenkästen müssen bei einer energetischen Modernisierung von außen, aber auch von innen gedämmt werden, und zwar deshalb, weil sie in ihrem unteren, dem Fenster zugewandten Bereich, von wo aus der Rollladen aus dem Kasten in die Rollladenführungsschienen läuft, offen sind. Von den ungedämmten Innenseiten der Rollladenkästen kann die Wärme nach außen entweichen. Dies wird häufig zu wenig beachtet. Ein Rollladenkasten muss an allen energetischen Schwachpunkten gedämmt werden, das bedeutet bei alten Rollladenkästen praktisch immer auch die Innendämmung.

Nachträgliche Rolladenkasten-dämmung samt Fassadendämmung

6

Energetischer Modernisierungseingriff ***10***

Einfachverglasung, keine Isolierverglasung

Soweit eine Einfachverglasung verbessert werden soll, gibt es hierbei zum einen die Möglichkeit des kompletten Fenstertausches, zum anderen aber auch die Möglichkeit, vor eine Einfachverglasung von innen eine neue Isolierverglasung zu setzen. Diese Methoden werden häufig dort angewandt, wo die bestehende Verglasung besonders schützenswert ist, z.B. auch bei einfachen Butzenglasfensterscheiben.

Häufiger als solche Lösungen ist jedoch der Komplettaustausch der Fenster. Soweit der alte Fenster-Festrahmen hierbei nicht mit gewechselt wird, sondern nur die Fensterflügel mit Verglasung ausgetauscht werden, muss sehr sorgsam auf Detailanschlüsse geachtet werden. Es ist nicht immer einfach, einen neuen Festrahmen auf einen alten Festrahmen zu setzen. Es ist auch nicht immer sinnvoll, z.B. aufgrund von Anpassungsproblemen, Dichtigkeitsproblemen, Gewichtsproblemen und Montagepunktproblemen.

Sehr wichtig ist, dass die neuen Fensterrahmen am Anschluss zum Mauerwerk sorgfältig abgedichtet werden und die Bildung neuer Wärmebrücken (durch falsches Anbringen von Montageeisen) in jedem Fall verhindert wird.

Fensterauswechselungen sollten Sie grundsätzlich nur im Sommer und nicht im Winter durchführen lassen. Sie müssen außerdem vor der Dämmung der Außenfassade vorgenommen werden und nicht danach, da-

Häufig ist ein kompletter Fensterwechsel die sinnvollste Lösung

mit die Dämmung später optimal angearbeitet werden kann und diese nicht durch Montagearbeiten der Fenster verletzt wird.

Ein Fensterwechsel sollte Sie nach Möglichkeit immer im Zusammenhang mit einer Fassadendämmung in Erwägung ziehen – dies deshalb, weil im anderen Falle, also bei Einbau ausschließlich neuer Fenster ohne Fassadendämmung, Schimmelprobleme durch falsches Lüftungsverhalten auftreten können. Während durch die alten, undichten Fenster neben ungewollten erheblichen Raumwärmeverlusten als Nebeneffekt auch Raumluftfeuchte nach außen abgeführt wurde, ist dies bei neuen, dichten Fenstern nicht mehr der Fall. Die so im Raum verbleibende Raumluftfeuchte schlägt sich dann häufig an den Fensterlaibungen oder in Raumecken nieder, also an den sehr kalten Außenwandbereichen und führt dort zu Feuchtebildung in der Wand und in der Folge zu Schimmel. Nach einem Fensterwechsel alter Fenster gegen neue, dichte Fenster müssen Sie als Nutzer für eine regelmäßige Stoßlüftung der Räume sorgen, wie es in Kapitel 2.1 beschrieben ist.

6.2.3 Energetische Modernisierungseingriffe am Dachboden und am Dach

Energetischer Modernisierungseingriff ***11***

Ungedämmte oberste Geschossdecke

Ungedämmte oberste Geschossdecken sind anzutreffen als:

- gebäudeabschließende Decken (z.B. bei einem Bungalow),
- Zwischendecken zu einem ausbaufähigen Dachgeschoss,
- Zwischendecken zu einem nicht begehbaren Dachstuhl

Je nachdem, welche Variante vorgefunden wird, sollten energetische Eingriffe darauf abgestimmt vorgenommen werden.

Handelt es sich bei der obersten Geschossdecke um ein gebäudeabschließendes Flachdach, sollten Sie überlegen, dieses im Zuge der Dämmung der Gebäudehülle von außen zu dämmen. Ist eine umfassende Dämmung der Gebäudehülle nicht geplant, kann im Einzelfall eine Innendämmung des Flachdachs sinnvoll sein. Dies ist in aller Regel aber nur schwer umsetzbar, da es unmittelbaren Einfluss auf die Raumhöhen hat. Bei Modernisierungseingriffen dieser Art, wie z.B. am offenen Flachdach oder aber auch im Deckenbereich unter Flachdächern, kann die Einschaltung eines Fachmanns (z.B. eines erfahrenen Architekten) sinnvoll sein.

Handelt es sich bei der obersten Geschossdecke um eine Zwischendecke, die einem darüber befindlichen begehbaren Dachboden als Fußboden dient, sollten

Sie bei der Dämmung der Decke darauf achten, dass die Begehbarkeit des Dachbodens erhalten bleibt. Es gibt mittlerweile Kombinationsprodukte, die zum einen eine Dämmung ermöglichen, zum anderen eine Begehbarkeit sicherstellen, beispielsweise Styroporplatten mit oberseitig bereits fest verklebten Spanplatten. Diese Systeme können auf die oberste Geschossdecke von oben montiert werden. Ist jedoch an einen späteren Dachausbau gedacht, empfiehlt es sich, statt der obersten Geschossdecke gleich die Außenhaut des Daches optimal zu dämmen. Denn auf den meisten Dämmmaterialien lassen sich später keine weiteren Fußbodenoberbeläge optimal aufbringen.

Dämmung der obersten Geschossdecke

Soweit die oberste Geschossdecke eine Zwischendecke zu einem nicht begehbaren Dachboden ist, können Sie auch eine einfache Dämmung ohne Spanplattenschutz aufbringen. Theoretisch wäre es zwar auch denkbar in einen solchen Dachboden lose Dämmflock-Materialien einfach einzublasen, dies würde aber bedingen, dass der Dachboden zuvor gegen Feuchtigkeit hermetisch abgedichtet wird, was extrem aufwendig ist und gegenüber den herkömmlichen Dämmmethoden absolut unwirtschaftlich.

Energetischer Modernisierungseingriff **12**

Ungedämmter Dachstuhl

Ein ungedämmter Dachstuhl muss dann gedämmt werden, wenn die oberste Geschossdecke nicht gedämmt wird, weil sie eines Tages evtl. nur noch als Zwischendecke zwischen zwei beheizten Hausbereichen fungiert, dem bewohnten obersten Geschoss und dem bewohnten Dachgeschoss. Dämmungen des Dachstuhls können auf unterschiedliche Weise erfolgen: einmal als Unterdämmung, dann als Zwischendämmung und schließlich als Aufdämmung.

Bei der *Unterdämmung* wird die Dämmung im Innenbereich des Daches, also unterhalb der Sparren, angebracht. Bei der *Zwischendämmung* wird die Dämmung zwischen die Sparren eingelegt. Bei der *Aufdämmung* wird die Dämmung oberhalb der Sparren angebracht. Meist werden die Sparrenzwischenräume gedämmt, weil dieser Hohlraum ohnehin zur Verfügung steht. Aufgrund der notwendigen Dämmstoffdicken von mehr als 20 cm reichen die Sparrenquerschnitte für eine reine Zwischendämmung jedoch meist nicht aus, sodass eine Zwischendämmung mit einer Unter- oder Aufdämmung kombiniert wird.

Da bei einer Unterdämmung letztlich der Dachraum verkleinert wird, bei einer Außendämmung jedoch die komplette Dachdeckung entfernt werden muss, hängt die ökonomische Entscheidung über die Vorgehensweise vom Zustand des Daches ab. Lassen Sie die Dachkonstruktion, die Dachdeckung und die Unterspannbahn von einem Fachmann prüfen und stimmen Sie die Durchführung auf die vorhandene Bausubstanz ab. Wesentlich ist auch die Winddichtigkeit des Daches nach der Modernisierung (Blower-Door-Test ☞

Bei Dämmung mit Mineralwolle helfen Overall und Atemmaske von unangenehmen Reizungen

Kapitel 4.2.4) sowie die sorgfältige Ausführung bei der Montage der Dampfbremse zwischen Innenraum und Dämmung. Diese Dampfbremse besteht z.B. aus einer raumseitig gespannten Folie und verhindert das Eintreten von Raumluftfeuchte in die Dämmung und damit deren Durchnässung.

*Energetischer Modernisierungseingriff **13***

Ungedämmte oberste Wandabschlüsse

Bei der Dämmung oberster Wandabschlüsse ergeben sich bisweilen große Probleme hinsichtlich der Erreichbarkeit und Zugänglichkeit. So ist es nicht selten

Dämmung der Oberseite des Giebelmauerwerks

der Fall, dass direkt auf obersten Wandabschlüssen Elemente der Dachstuhlkonstruktion aufliegen. Sind oberste Wandabschlüsse frei zugänglich, können Sie in der Regel relativ einfach mit einer Dämmlage gedämmt werden.

6.3 Energetische Modernisierungseingriffe an der Heizungsanlage

Im Gegensatz zur Dämmung der Gebäudehülle sind bestimmte Eingriffe an der Heizungsanlage durch die EnEV verbindlich vorgeschrieben (☞ Kapitel 3). Trotzdem ist es für alle nachfolgenden Schritte wesentlich, dass sich die Planung, Bemessung und schließlich auch Auslegung der Heizungskapazitäten immer auch an den Bedingungen der Gebäudehülle orientiert. Es ist für die Erneuerung einer Heizungsanlage unter Umständen sehr sinnvoll, einen Fachingenieur einzuschalten (☞ Kapitel 8), da dieser bei seinen Berechnungen Varianten mit Gebäudedämmung und Varianten ohne Gebäudedämmung planen kann. Er kann ggf. auch den voraussichtlichen Verbrauch beider Varianten errechnen und Ihnen dadurch die Möglichkeit geben, eventuelle Mehrkosten hier den Mehrkosten einer Gebäudedämmung gegenüber zu stellen.

Energetischer Modernisierungseingriff ***14***

Veraltete Heizkesselanlagen

Veraltete Heizkesselanlagen können praktisch nicht nachgebessert werden. Da es sich bei den Geräten häufig um Guss-, Stahl- oder Stahl-Gusselemente handelt, sind Nachbesserungen nur peripher möglich, z.B. bei der Abgasfilterung. Eine neue Ausformung der Brennkammer, um eine höhere Energieeffizienz zu erreichen, ist beispielsweise nicht möglich. Es ist in aller Regel sehr viel kostengünstiger und effizienter, eine alte Anlage gegen eine neue auszutauschen. Auch die EnEV lässt hier übrigens keinerlei Spielraum, da sie bei alten Anlagen, die vor dem 1. Oktober 1978 installiert wurden, sehr eindeutig das »außer Betrieb nehmen« fordert.

Komplettaustausch von Heizungsanlage und Warmwasserbereitung

Im Zuge eines Austauschs der alten Heizkesselanlage kann natürlich auch darüber nachgedacht werden, das Energiemedium zu wechseln – also z.B. zukünftig mit Gas oder Fernwärme statt mit Öl zu heizen. Diese Dinge hängen allerdings wie an anderer Stelle erwähnt wesentlich davon ab, ob vor Ihrem Haus z.B. überhaupt eine Gas- oder Fernwärmeleitung verläuft und wie hoch die Anschlussgebühren sind. Sie sollten sich vor einer Modernisierung aber unbedingt darüber informieren. Soweit Sie parallel zum Eingriff an der Heizung auch eine Hausdämmung vornehmen, sollte die Dimensionierung der Kesselanlage natürlich darauf abgestellt werden.

Wird der Heizkessel getauscht, sollten Sie bei einer Neumontage darauf achten, dass auch der umgebende Raum optimal wärme- und schallgedämmt ist. Brenner und Heizkessel sollten nach Möglichkeit auf ein eigenes Schalldämpferfundament gestellt werden.

Energetischer Modernisierungseingriff ***15***

Veraltete Brenneranlagen und Einzelöfen

Bei veralteten Brenneranlagen oder Einzelöfen ist unterschiedlich vorzugehen. Zentrale Brenneranlagen können normalerweise einigermaßen einfach gewechselt werden, da hier in der Regel ein Komplettaustausch des alten Brenners durch einen neuen Brenner erfolgt. Möglicherweise müssen Anschlusspunkte neu ausgerichtet und neu eingepasst werden (z.B. zur Brennstoffversorgung etc.), aber alles in allem ist der Aufwand mindestens dann begrenzt, wenn man beim gleichen Brennstoff bleibt, also nicht von Öl zu Gas wechselt. Hier wären dann u.a. neue Anschlusspunkte, Versorgungsleitungen und ein anderer Brenner notwendig.

Bei raumweisen Einzelöfen ist der Aufwand des »Brennerwechsels« natürlich sehr viel aufwendiger, da hier Arbeiten in jedem Raum anfallen. Ein Brenner an sich wird hier auch nicht gewechselt, sondern es erfolgt der Komplettaustausch des alten Einzelofens durch einen neuen. Es ist aufgrund der Kosten daher zu überlegen, das raumweise System gleich umzustellen auf ein zentrales System mit nur einer Brenneranlage. Zwar bedeutet dies, dass auch Heizungsrohre in den Räumen neu installiert werden müssen, aber auch dieser Aufwand ist begrenzt. Alternativ hierzu kann bei größeren

Häusern auch überlegt werden, wohnungsweise umzurüsten. D.h. statt mehreren Gaseinzelöfen in jeder Wohnung wird nur noch eine zentrale Gas-Therme in der Wohnung installiert. Von dieser aus kann die Wohnung dann zentral versorgt werden. Bei kleineren Häusern mit einer optimalen Hausdämmung kann es gut sein, dass man mit einer modernen Gas-Brennwert-Therme, die direkt unter dem Dach montiert werden kann und dadurch nicht einmal einen Schornstein benötigt sowie der Montage von modernen Heizkörpern in den Räumen, langfristig das wesentlich optimalere Investitionsmodell trifft. Gas-Brennwert-Thermen, z.B. unter dem Dach, sollten schallentkoppelt an der Wand montiert sein.

Gemäß der EnEV müssen bei zentralen Heizungsanlagen auch selbsttätig wirkende Steuerungsanlagen zur Wärmeabgabe sowie zur Ein- und Ausschaltung elektrischer Antriebe (also z.B. Heizungspumpen) in Abhängigkeit von der Außentemperatur oder anderen geeigneten Führungsgrößen und der Zeit installiert werden (z.B. Brennersteuerung u.a. durch Außentemperaturfühler und Nachtabschaltung). Dies muss auch geschehen, wenn Heizkessel oder Brenner nicht

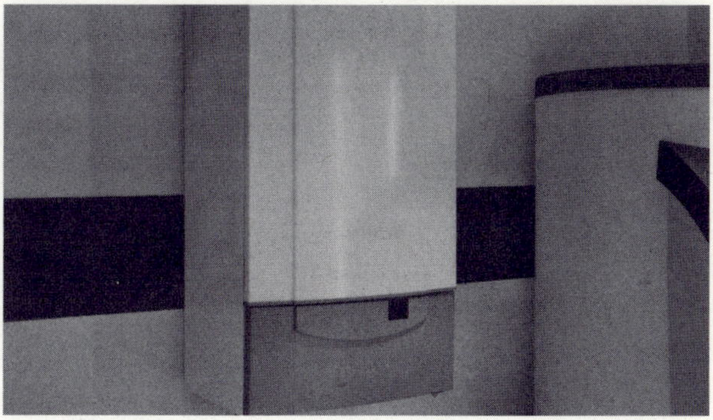

Gastherme im Spitzboden

getauscht werden – und zwar umgehend. Der Gesetzgeber gesteht Ihnen hierfür keine Frist zu, da Sie hierzu bereits aus der alten Heizungsanlagenverordnung heraus verpflichtet waren.

Energetischer Modernisierungseingriff ***16***

Ungedämmte Heizleitungen

Ob es sich bei der zentralen Brenneranlage um einen Ölbrenner oder einen Gasbrenner handelt oder ob die benötigte Heizenergie gar über Fernwärme geliefert wird: die Verteilung der gewonnen Wärme im Haus selbst übernimmt in aller Regel Wasser als Heizmedium, das über Rohrsysteme zu den einzelnen Heizkörpern strömt. Sind die Heizleitungen ungedämmt, geht auf dem Weg zum Heizkörper viel Wärme verloren, die eigentlich erst am Heizkörper abstrahlen soll und nicht z.B. in unbeheizten und unbewohnten Kellerfluren. Daher müssen ungedämmte Leitungen gedämmt werden. Hierzu wird häufig eine Dämmschicht aus Polyurethan-Hartschaum (☞ Kapitel 7) genommen, die mit einer Schutzummantelung aus PVC umgeben ist. Aufgrund der Umweltschädlichkeit von PVC sollten für die Schutzummantelung ggf. andere Stoffe zum Einsatz kommen. Die Stärke der Dämmung richtet sich mindestens nach den EnEV-Vorschriften (☞ Kapitel 3).

Heizrohre, die in Wänden verlaufen, können nicht gedämmt werden. Dies ist umso bedauerlicher, da viele Heizkörper ja direkt unter Fenstern sitzen und die Heizungszuleitungen daher häufig auch in Außenwänden verlaufen. An einem solchen Punkt zeigt sich, wie wichtig das kombinierte Vorgehen von Heiztechnikerneuerung aber auch Dämmung der Gebäudeaußenhaut ist. Soweit es sich bei den Heizungszuleitungen um alte Rohre handelt, kann es sein, dass ihr Rohrquerschnitt für das Zusammenspiel mit einer modernen Brenneranlage nicht mehr optimal ist. Daher kann es sinnvoll sein, die alten Heizleitungen durch neue zu ersetzen.

Es ist ferner möglich, dass das betreffende Gebäude gegenwärtig durch ein so genanntes Einrohrsystem versorgt wird, d.h. jeder Heizkörper wird von der Zentrale aus nicht mit einem Heizwasserzulaufrohr und einem separaten Heizwasserrücklaufrohr angefahren, sondern es gibt ein Heizwasserrohr, an dem alle Heizkörper mit Abzweigen hängen und das dann zurück zur Zentrale geführt wird. Man kann sich dies wie einen Kreislauf vorstellen, bei dem in der Heizzentrale Wärme in das Wasser gebracht wird und dieses heiße Wasser dann durch ein zentrales Rohr durch das ganze Haus gepumpt wird. Jeder Heizkörper, der über einen Abzweig daran hängt, kann sich das Heizwasser, das er benötigt, durch sein Zuflussventil einspeisen und das verbrauchte, also im Heizkörper erkaltete Wasser, durch sein Abflussventil wieder in das zentrale Rohr abgeben. Dieses erkaltete Wasser wird dann gemeinsam mit dem im Hauptrohr befindlichen Heizwasser aus der Zentrale zu den weiteren Heizkörpern geführt (so genanntes Mischwasser), was natürlich zur Folge hat, dass es auf seinem Weg zu den letzten angeschlossenen Heizkörpern zunehmend erkaltet, bevor es schließlich im Kreislauf wieder zur Zentrale fließt und dort erneut erhitzt wird. Dadurch ergibt sich zwangsläufig, dass der zuerst angefahrene Heizkörper immer der wärmste und der zuletzt angefahrene immer der kälteste ist, soweit alle Heizkörper gleichmäßig aufge-

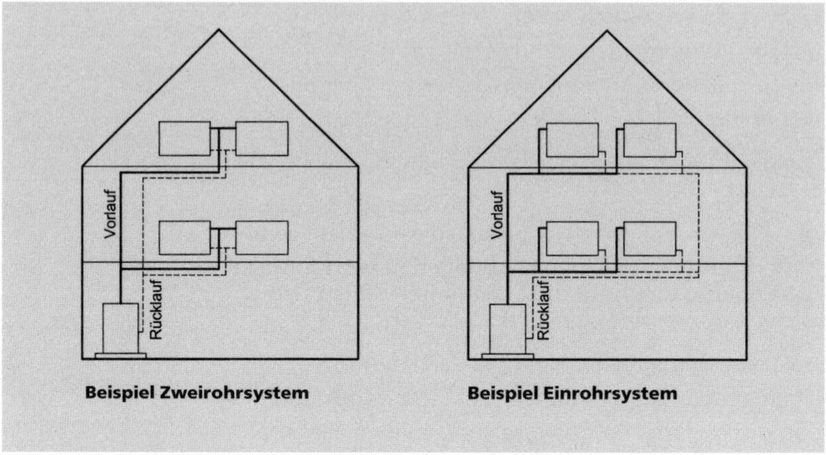

dreht sind. Solche Einrohrsysteme sollten im Zuge einer energetischen Modernisierung auf jeden Fall durch moderne Zweirohrsysteme ersetzt werden.

Zweirohrsysteme führen kein Mischwasser – dies ist der wesentliche Unterschied zum Einrohrsystem und auch der wesentliche energetische Vorteil. Genau wie beim Einrohrsystem wird auch beim Zweirohrsystem über ein zentrales Rohr zunächst allen Heizkörpern, die mit Abzweigen an dem zentralen Heizwasserrohr hängen, Heizwasser zugeführt. Allerdings geben die Heizkörper ihr erkaltetes Wasser nicht wieder in diesen Kreislauf ab, sondern führen es direkt vom Heizkörper in eine separate zweite Leitung (daher Zweirohrsystem), die nur das erkaltete Wasser aller Heizkörper führt und dieses zurück zur Zentrale bringt, damit es dort erneut erhitzt werden kann und wiederum dem Heizwasserkreislauf zugeführt wird.

*Energetischer Modernisierungseingriff **17***

Veraltete Heizkörper

Werden veraltete Heizkörper gegen moderne ausgetauscht, muss das in der Regel einhergehen mit der Erneuerung der Heizleitungen (☞ Modernisierungseingriff 16). Moderne Heizkörper, die an einem veralteten Einrohrsystem hängen, bringen neben Montageproblemen auch keine optimale Wirkung.

Man unterscheidet bei Heizkörpern zwischen Plattenheizkörpern und Gliederheizkörpern. Plattenheizkörper sind in der Regel aus wenigen Teilen zusammengefügt, sehr flach und daher auch platzsparend. Gliederheizkörper sind in der Regel aus einzelnen Gliedern zusammengefügt und haben die eher klassische Heizkörperform, wie z.B. Röhrenradiatoren (☞ Abbildung S. 93). In Bädern bevorzugen viele Eigentümer so genannte Handtuch-Heizkörper, über die man Handtücher zum Trocknen legen kann. Häufig finden sich hinter alten Heizkörpern Außenwandnischen, was den absurden Effekt hat, dass gerade dort, wo eine hohe Wärmeabgabe erfolgt, die Außenwand am dünnsten ist. Im Zuge des Austauschs alter Heizkörper sollten Sie überlegen, auch diese Nischen zu dämmen.

Bleiben die alten Rohrzuleitungen bestehen, muss zuvor sichergestellt werden, dass es keine Montageprobleme zwischen alten Leitungen und neuen Heizkörpern gibt und dass die alten Rohre die modernen Heizkörper mit einem an Sauberkeit, Volumen und Temperatur optimalem Heizwasser versorgen können.

Ein neuer Heizkörper ist montiert

Falls Sie im Zuge der Modernisierung z.B. auf Niedertemperaturheizungen mit Brennwerttechnik (☞ Kapitel 7.3.2) umstellen, kann es übrigens sein, dass die neuen Heizkörper größer werden als die alten Bestandsheizkörper.

Energetischer Modernisierungseingriff ***18***

Nicht vorhandene oder veraltete Heizungs-Thermostate

Wenn ohnehin neue Heizkörper eingebaut werden, regelt sich das Problem der Montage moderner Heizungs-Thermostate von alleine. Bleiben aber die alten Heizkörper bestehen, sollten sie in jedem Fall mit modernen Temperaturreglern nachgerüstet werden. Normalerweise ist dies kein größerer Aufwand, da es sich hierbei um eine rein mechanische Apparatur handelt, die nichts weiter bewirkt, als das Durchflussvolumen des Heizwassers in den Heizkörper zu regeln, allerdings automatisch und in Abhängigkeit zur Außen- oder mindestens Raumtemperatur. Die EnEV schreibt den Einsatz von »selbsttätig wirkenden Einrichtungen zur raumweisen Regelung der Raumtemperatur« verbindlich vor (☞ Kapitel 3), also auch dann, wenn Sie weder Heizungsanlage noch Heizkörper erneuern.

Der Eimbau neuer Thermostatventile ist verpflichtend

6.4 Energetische Modernisierungseingriffe an der Warmwasserversorgung

Soweit Ihre Warmwasserversorgung mit Ihrer Heizungsanlage gekoppelt ist, ergibt sich aus der Modernisierung der Heizungsanlage automatisch eine Modernisierung der Warmwasserbereitung. Während das Heizungswasser allerdings über einen geschlossenen Wasserkreislauf durchs Haus geführt wird, wird erwärmtes Trinkwasser natürlich über ein ganz anderes Rohrsystem durchs Haus geführt. Es müssen daher natürlich nicht nur die Heizungsrohre gedämmt werden, sondern auch die Warmwasserrohre. Auch bei der Warmwasserversorgung kann sich die Einschaltung eines Fachingenieurs lohnen, der Ihnen parallel zur Berechnung und Auslegung einer neuen Heizungsanlage auch die Warmwasseranlage optimiert. Wie Sie bei der Suche nach einem geeigneten Fachingenieur vorgehen können, erfahren Sie in Kapitel 8.

Energetischer Modernisierungseingriff ***19***

Veraltete Warmwasserbereiter

(zentral und dezentral)

Egal, ob eine zentrale oder dezentrale Warmwasserversorgung installiert ist: veraltete Warmwasserbereiter müssen in der Regel komplett ausgetauscht werden. Ein solcher Austausch innerhalb eines komplexen Versorgungssystems kann aber nicht isoliert betrachtet werden, sondern muss abgestimmt einhergehen mit anderen Eingriffen oder Veränderungen. Werden beispielsweise gleichzeitig auch die Warmwasserleitungen einer zentralen Anlage gedämmt, muss bei Planung und Bemessung der neuen Warmwasserbereitungszentrale hierauf Rücksicht genommen werden. Genauso kann es sein, dass alte Rohrleitungen überdimensioniert oder stark korrodiert sind, so dass es sinnvoll sein kann, diese auszutauschen. Auch dies muss bei den Überlegungen einer neuen Warmwasserbereitungszentrale berücksichtigt werden.

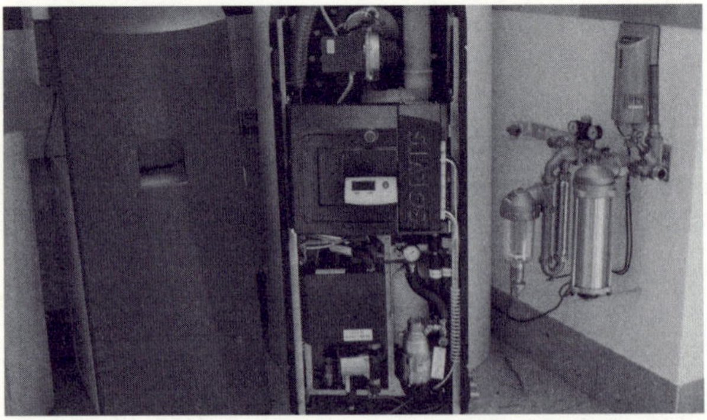

Neuer Warmwasserbereiter mit großem Speichervolumen wegen solarunterstützer Wassererwärmung

Bei dezentralen Anlagen wiederum kann es sinnvoll sein, diese auf einen zentralen Betrieb umzustellen. Hier sind Vor- und Nachteile sorgfältig gegeneinander abzuwägen.

Eine Ergänzung zu den herkömmlichen Warmwasserbereitern bieten darüber hinaus Solarkollektoren, entweder in Form von Röhrenkollektoren oder in Form von Flachkollektoren. In ihnen wird Wasser vorgehalten, dass der Sonneneinstrahlung ausgesetzt und damit erwärmt wird. Über eine Wärmetauscherfläche erwärmt dieses Wasser das Brauchwasser in einem so genannten Solarspeicher. Dieses Wasser ist dann das Warmwasser, das den Zapfstellen entnommen werden kann. Solarkollektoren bieten bei der Warmwasserbereitung erhebliche Energieeinsparpotenziale. Einsparungen von über 50 % bei der Warmwassererwärmung lassen sich hierbei problemlos erzielen.

Energetischer Modernisierungseingriff ***20***

Ungedämmte Warmwasserleitungen

Bei ungedämmten Warmwasserleitungen kann es mehrere Eingriffsmöglichkeiten geben. Wenn die Rohre an sich einen geeigneten Durchmesser haben (z.B. hinsichtlich in den Rohren stehendem Warmwasservolumen und notwendigem Wasserdruck) und auch in gutem physischem Zustand sind, reicht ggf. eine einfache Rohrdämmung nach den Vorschriften der EnEV aus (☞ Kapitel 3). Das Hauptproblem hierbei ist allerdings die Rohrführung innerhalb von Wänden. Diese Rohrabschnitte müssen leider ungedämmt bleiben.

Dämmung von Warmwasserleitungen

Soweit die Rohre zu große Querschnitte aufweisen und ggf. auch in einem physisch nicht guten Zustand sind, ist eine Auswechselung nötig (in Kombination mit der Auswechselung der Heizrohre). Falls alte Steigschächte genutzt werden können, ist dies optimal. Falls nicht, sollte beim Einbau neuer Schächte eine gute Rohr-Zugänglichkeit für die Zukunft sichergestellt werden. Es muss ferner die Einhaltung brandschutztechnischer Bestimmungen bei Rohrführungen durch wohnungstrennende Geschossdecken genau beachtet werden (Einsatz von Rauchschellen.) Nicht zuletzt muss auch auf die sorgsame schalltechnische Entkopplung der neuen Rohrführungen und -verankerungen in Wänden und Decken großes Augenmerk gelegt werden.

Bei der Installation neuer Rohrführungen müssen in der Regel auch andere angeschlossene Bereiche erneuert werden, wie z.B. die Warmwasserpumpen, die das Wasser zu den Entnahmestellen pumpen oder auch Sicherungsarmaturen wie z.B. Rückflussverhinderer und Überdruckventile.

Energetischer Modernisierungseingriff ***21***

Veraltete Sanitärarmaturen

Veraltete Sanitärarmaturen werden in der Regel nicht nachgerüstet, sondern komplett gewechselt. Moderne, Energie sparende Sanitärarmaturen haben nur einen Hebel, über den Kalt- und Warmwasserzufluss gemeinsam reguliert werden können. Ein solcher Einhebelmischer spart Energie, da er praktisch immer auf die am häufigsten benötigte Mischtemperatur eingestellt ist und dann nur noch der Wasserstopp oder Wasserfluss geregelt wird. Das langwierige, immer wieder neue Einstellen der richtigen Temperatur entfällt. Dies senkt den Warmwasserbedarf.

Wichtig bei der Installation neuer Sanitärarmaturen ist, dass auch die Schallschutzklassen beachtet werden. Bei Sanitärarmaturen unterscheidet man hierbei die Armaturengruppen für Schallpegel bis 20 dB (A) als Gruppe I und solche bis 30 dB (A) als Gruppe II. Befinden sich Schlaf- oder Ruheräume in unmittelbarer Nähe zu den Wasserentnahmestellen, sollten Sie auf Sanitärgegenstände der Gruppe I zurückgreifen.

Moderne Einhebelmischer lassen sich gut dosieren

Kapitel 7 ☞

Baustoffe und Bauteile

7.1 Dämmung der Massivbauteile

Ein wesentliches Element der energetischen Modernisierung ist die Dämmung der Gebäudehülle. Der Markt an Dämmmaterialien ist fast unüberschaubar geworden und viele Bauherren verlassen sich hierbei einfach auf die Einschätzungen des beauftragten Handwerkerbetriebes, der ein Angebot abgegeben hat. Aber sowohl beim Dämmstoff wie auch bei den Fenster- und Türelementen und schließlich auch bei der Heizung sollten Sie die angebotenen Produkte kritisch prüfen und sich hierzu einen unabhängigen Überblick verschaffen. Das nachfolgende Kapitel gibt Ihnen hierzu eine strukturelle Hilfestellung.

7.1.1 Klassifizierung von Dämmmaterialien

Organische und anorganische Dämmstoffe

Bei Dämmstoffen unterscheidet man, wie in der Chemie grundsätzlich, zwischen organischen und anorganischen Dämmstoffen. Die organische Chemie umfasst im Wesentlichen die Kohlenstoffverbindungen, die auch Bestandteil der Lebewesen sind. Die anorganische Chemie umfasst im Wesentlichen die Nicht-Kohlenstoffverbindungen.

Sowohl bei anorganischen Dämmstoffen als auch bei organischen Dämmstoffen unterscheidet man darüber hinaus zwischen synthetischer Rohstoffbasis und natürlicher Rohstoffbasis. Natürliche Rohstoffe sind solche, die in der Natur vorzufinden sind und nicht erst erzeugt werden müssen. Synthetische Stoffe hingegen sind künstlich erzeugte Stoffe.

Klassifizierung von Dämmmaterialien

Organische Dämmstoffe
– Synthetische Rohstoffbasis: z.B. Polystyrol
– Natürliche Rohstoffbasis: z.B. Schafwolle
Anorganische Dämmstoffe
– Synthetische Rohstoffbasis: z.B. Mineralfaser
– Natürliche Rohstoffbasis: z.B. Perlite

Glossar

Organische Dämmstoffe auf **natürlicher** Rohstoffbasis sind z.B. Flachs, Kork oder auch Schafwolle.

Anorganische Dämmstoffe auf **natürlicher** Rohstoffbasis sind z.B. Gesteine wie Perlite.

Der wesentliche Unterschied zwischen organischen Dämmstoffen aus natürlichen Rohstoffen und anorganischen Dämmstoffen aus natürlichen Rohstoffen besteht darin, dass die Ressourcen der organischen Stoffe »nachwachsende« Rohstoffe sind (z.B. Pflanzen) während die Ressourcen der anorganischen Stoffe nicht nachwachsen (z.B. Gesteine). Erstere werden im Volksmund häufig als ökologische Dämmstoffe bezeichnet.

Organische Dämmstoffe auf **synthetischer** Rohstoffbasis sind z.B. Polystyrol oder Polyurethan. Sie werden synthetisch hergestellt aus Rohstoffen wie z.B. Erdöl.

Anorganische Dämmstoffe auf **synthetischer** Rohstoffbasis sind z.B. Mineralfasern oder auch Schaumglas, Materialien also, die synthetisch hergestellt werden auf der Basis von Rohstoffen wie z.B. Quarzsand, Kalk und Wasser.

Der wesentliche Unterschied zwischen organischen Dämmstoffen auf synthetischer Rohstoffbasis und anorganischen Dämmstoffen auf synthetischer Rohstoffbasis besteht darin, dass ein Rohstoff wie z.B. Erdöl ein wesentlich geringeres Vorkommen aufweist und zudem ungleich aufwendiger aufbereitet werden muss als z.B. Quarzsand, Kalk und Wasser.

Alle Dämmstoffe, die auf dem Markt angeboten werden, müssen einer Überprüfung unterzogen worden sein. Hierbei wird u.a. ihr Brand-, Schall-, Wärme-, Feuchte-, Umwelt- und Gesundheitsverhalten untersucht.

Brandschutzverhalten

Baustoffklassen nach DIN 4102

Die DIN 4102 beschreibt das Brandverhalten von Baustoffen und legt Grenzwerte fest. Diese erstrecken sich auch auf Dämmstoffe im Hochbau. Die DIN 4102 untergliedert verschiedene Baustoffklassen nach ihren Brandeigenschaften:

Baustoffklasse	Eigenschaft
A	nichtbrennbare Baustoffe
A 1	ohne brennbare Bestandteile
A 2	mit brennbaren Bestandteilen
B	brennbare Baustoffe
B 1	schwerentflammbare Baustoffe
B 2	normalentflammbare Baustoffe
B 3	leichtentflammbare Baustoffe

Die einzelnen Bestimmungen zum Einsatz von leichtenflammbaren und normalentflammbaren Stoffen regeln die Landesbauordnungen (LBOs) bzw. deren

Ausführungsverordnungen (AVOs). Leichtentflammbare Baustoffe wie auch normalentflammbare Baustoffe dürfen in der Regel aber nicht ohne weiteres eingesetzt werden. Die meisten Dämmstoffe, die auf dem Markt erhältlich sind, sind schwerentflammbare Baustoffe. Mineralfaserdämmstoffe und Mineralfaserplatten werden sogar zum Schutz von gefährdeten Teilen wie Stahlträgern als Ummantelungsmaterial eingesetzt, um diese im Brandfall vor Hitze zu schützen.

Feuerwiderstandsklassen nach DIN 4102

Ferner regelt die DIN 4102 so genannte Feuerwiderstandsklassen. Diese reichen bei üblichen Bauelementen von F 30 (»feuerhemmend« – ca. 30 Minuten standhaft gegen Flammen und Hitze) bis zu F 180 (»feuerbeständig« – ca. 180 Minuten standhaft gegen Flammen und Hitze).

Auf den Übereinstimmungszertifikaten der Dämmstoffe muss auch die Baustoffklasse nach DIN 4102 angegeben sein. Dieser können Sie entnehmen, ob der von Ihnen eingesetzte Baustoff auch wirklich schwerentflammbar ist. Ein Beispiel eines Übereinstimmungszertifikats finden Sie im Kapitel 7.1.4. Übereinstimmungszertifikate müssen den gelieferten Baustoffen beiliegen oder auf der Verpackung aufgedruckt sein.

Wärmeschutzverhalten

Wärmeschutzverhalten nach DIN 4108

Auch das Wärmeschutzverhalten eines Dämmstoffs findet seinen Niederschlag in DIN-Normen, in diesem Fall in der DIN 4108 Wärmeschutz im Hochbau. Diese ordnet die Dämmstoffe den so genannten Wärmeleitfähigkeitsgruppen zu. Die Wärmeleitfähigkeit eines Dämmstoffs wird bestimmt durch:

- Volumen von Poren bzw. Faserzwischenräumen
- Geometrie, Größe und Verteilung der Porenvolumen bzw. Faserzwischenräume
- Art und Verteilung des Feststoffanteils
- Rohdichte des Dämmstoffs
- Feuchtigkeit und Temperatur des Dämmstoffs

Die Dämmwirkung wird durch Dicke und Wärmeleitfähigkeit des Dämmstoffs beeinflusst

Die Wärmeleitfähigkeit wird wie in Kapitel 3 erläutert berechnet. Und wie dort ebenfalls erwähnt, bedeutet z.B. die Wärmeleitfähigkeitsgruppe 035, dass 0,35 Watt pro Stunde durch ein 1 m^2 großes und 1 m dickes Bauteil hindurchgehen, wenn der Temperaturunterschied zwischen innen und außen 1 Grad Kelvin beträgt. Auch die Wärmeleitfähigkeitsgruppe wird auf Übereinstimmungszertifikaten angegeben. Die Dämmwirkung kann durch die Dicke oder die Wärmeleitfähigkeit des Dämmstoffs beeinflusst werden. Ein Dämmstoff der Wärmeleitfähigkeitsgruppe 045 mit einer Dicke von 15 cm hat beispielsweise trotz der größeren Dicke eine geringfügig schlechtere Dämmwirkung als ein Dämmstoff aus der Wärmeleitfähigkeitsgruppe 035 mit einer Dicke von 12 cm.

Feuchteschutzverhalten

Abhängig vom jeweiligen Rohstoff, der für die Herstellung des Dämmmaterials verwendet wird, ist die Dämmung unterschiedlich empfindlich gegen die Einwirkung von Feuchtigkeit und Nässe. So sind z.B. organische Dämmstoffe, die auf natürlichen Rohstoffen wie Baumwolle oder Zellulosefaser basieren, wesentlich empfindlicher als anorganische Dämmstoffe, die auf synthetischen Rohstoffen wie Polyurethan oder Schaumglas basieren. Die Entscheidung, welche Dämmung wo zum Einsatz kommt, hängt wesentlich auch vom Feuchteschutzverhalten des Dämmstoffs ab.

Bei erdberührten Bauteilen, wie z.B. dem Sockelbereich eines Hauses, besteht immer die Gefahr, dass Feuchtigkeit aus dem Erdreich in die Dämmung getragen wird. Auch im oberen Wandabschluss- oder Dachbereich besteht Gefahr durch Feuchteeintrag über Regen.

Feuchte kann aber nicht nur von außen in den Dämmstoff gelangen, sondern auch von innen, durch die so genannte Dampfdiffusion. Der durch das Wohnen entstehende Wasserdampf (Atmen, Kochen, Baden, Pflanzen- und Tierhaltung) sammelt sich in der Zimmerluft und kann – wenn keine Dampfsperre in die Außenwände eingebaut ist oder bei Leckagen derselben – in die Außenwände eindringen.

Wasserdampfkondensation in Bauteilen

Da die Temperatur in der Außenwand im Winter nach außen hin abnimmt, kann der Wasserdampf je nach Wandaufbau irgendwann kondensieren und es entsteht Feuchtigkeit im Bauteil. Dringt die Feuchtigkeit in eine Außenwanddämmung ein und ist diese Dämmung feuchteanfällig, durchnässt sie im Laufe der Zeit und wird vollkommen unbrauchbar als Wärmedämmung. Dramatisch kann dies im Bereich von Holzbauten werden, wo entweder die Feuchtigkeit der Dämmung das Holz angreifen kann oder umgekehrt die Feuchtigkeit des Holzes die Dämmung. Beides ist fatal. Dieser Aspekt dürfte neben dem Preis einer der Gründe sein, warum nach wie vor die organischen und anorganischen Dämmstoffe aus synthetischen Rohstoffen den mit Abstand höchsten Marktanteil haben.

Die Wasserdampf-Diffusionswiderstandszahl, die in der DIN 4108 als Rechenwert für einzelne Baustoffe benannt wird, gibt an, wie viel mal größer der Diffusionswiderstand eines Baustoffs als der einer gleich dicken

Luftschicht unter denselben Bedingungen ist. Dämmstoffe setzen der Dampfdiffusion unterschiedlichen Widerstand entgegen. Korkdämmstoffe haben z.B. die Widerstandszahl 10. Das heißt, eine 12 cm dicke Korkdämmplatte setzt der Dampfdiffusion denselben Widerstand entgegen wie eine 12 cm x 10 = 120 cm dicke Luftschicht. Eine Polyurethan-Hartschaumplatte hat einen Wert von 100, und Schaumglas ist nahezu dampfdicht.

Hinsichtlich der Feuchteanfälligkeit von innen ist generell auf eine gut ausgeführte Dampfsperre zu achten. Von außen muss ein optimaler Schutz gegen aufsteigende Feuchtigkeit und auch Schlagregen bestehen.

Schallschutzverhalten

Die Regelungen zum Schallschutz im Hochbau sind in der DIN 4109 »Schallschutz im Hochbau« festgelegt. Man unterscheidet beim Schall grundsätzlich zwischen Luftschall und Trittschall bzw. Körperschall.

Unterschied zwischen Trittschall und Luftschall

Während Luftschall dadurch entsteht, dass Luft in Schwingung gebracht wird, z.B. durch das Spielen eines Musikinstruments, und diese Luft wiederum die angrenzenden Bauteile, z.B. Wände, ebenfalls in

Schwingung versetzt, erfolgt der Schalleintrag in die Bauteile beim Trittschall und beim Körperschall direkt. Beim Trittschall z.B. über das Gehen auf einer Decke, beim Körperschall z.B. durch das Betätigen einer Wasserspülung, deren Wasserrohre direkt und ohne Schallentkopplung an den Wänden montiert sind.

Verwendung von Dämmstoffen zur Schalldämmung

Die häufigste Verwendung von Dämmstoffen als Schalldämmmaterialien findet sich bei schwimmenden Estrichen und bei der Dämmung von leichten Raumtrennwänden. So werden beispielsweise Mineralwollematten gerne als Trittschallschutzmatten unter dem Estrich verwendet, wobei die Wärmeschutzwirkung dieser Matten ein willkommener Nebeneffekt ist. Leichte Trennwände wiederum werden häufiger mit Mineralwolle-Filzen aber auch anderen, leicht formbaren Materialien verfüllt, um optimale Schalldämmwerte zu erreichen und um zu vermeiden, dass die Hohlräume zu Resonanzkörpern werden und den Schall weiterleiten.

Umweltverträglichkeit

Ein wichtiger Aspekt beim Einsatz von Dämmstoffen ist deren Umweltverträglichkeit. Die Umweltverträglichkeit ergibt sich aus der Ökobilanz des Dämmstoffs. D.h. der gesamte Lebenszyklus, inklusive Rohstoffgewinnung und abschließender Entsorgung, muss betrachtet werden.

Die wichtigsten Fragen zur Bewertung der Umweltverträglichkeit lauten daher:

Kriterien zur Bewertung der Umweltverträglichkeit

- Ist der Dämmstoff ein nachwachsender Rohstoff oder aus nachwachsenden Rohstoffen gefertigt?
- Sind diese Rohstoffe in ausreichender Verfügbarkeit vorhanden oder eher selten?
- Müssen die verwendeten Rohstoffe über weite Wege transportiert werden oder sind es heimische Rohstoffe?
- Ist zur Herstellung des Dämmstoffs ein hoher Einsatz an Primärenergie notwendig?
- Ist die Belastung von Boden, Wasser und Luft bei der Herstellung des Dämmstoffs groß?
- Ist zur Herstellung des Dämmstoffs der Zusatz gesundheitsgefährdender Zusatzstoffe notwendig?
- Ist der Dämmstoff einfach auf die Baustelle zu bringen oder muss er aufwendig transportiert werden?
- Ist der Dämmstoff auf der Baustelle einfach und ohne Gesundheitsgefahren verarbeitbar? Ist der Einsatz gesundheitsgefährdender Kleber notwendig?
- Sind die Rückstände bzw. Reste des Dämmstoffs auf der Baustelle einfach zu entsorgen?
- Ist der Dämmstoff über lange Zeiträume und ohne großen Wartungsaufwand haltbar?
- Ist der Dämmstoff im Falle des Rückbaus oder Abriss' eines Hauses unproblematisch zu separieren und zu entsorgen oder gilt er als Sondermüll?

Es gibt Dämmstoffe, die bei der Ökobilanz sehr gut abschneiden. Wie sie allerdings im vorliegenden Buch noch lesen werden, sind dies bei weitem nicht die marktführenden Dämmstoffe. Viele Verbraucher scheinen sich letztlich doch für billigere, künstlich hergestellte Dämmstoffe zu entscheiden, um einerseits den Preis zu minimieren und andererseits die Anfälligkeit gegenüber Feuchte und Insekten so gering wie möglich zu halten. Vor allem aber sind natürliche Dämmstoffe gerade in der Bestandsmodernisierung nicht so einfach auf Fassaden aufbringbar wie z.B. geschäumte Polystyrol-Hartschaum-Platten, die nur geklebt werden müssen und anschließend direkt verputzt werden können.

Gesundheitsverträglichkeit

Regelungen und Verordnungen zum Gesundheitsschutz

Die Anforderungen an den Gesundheitsschutz von Baustoffen ergeben sich in der Regel bereits aus den LBOs, den Landesbauordnungen der einzelnen Bundesländer. Sehr viel detailliertere Regelungen ergeben sich aus den nachfolgenden Verordnungen, deren Kennzeichnungspflichten, Einstufungen und Grenzwerte jeder Dämmstoff einhalten muss.

Chemikalien-Verbotsverordnung (ChemVerbotsV)
Diese Verordnung regelt das Verbot bzw. Beschränkungen des Inverkehrbringens gefährlicher Stoffe nach dem Chemikalien-Gesetz.

Gefahrstoffverordnung (GefStoffV)
Die Verordnung zum Schutz vor gefährlichen Stoffen, wie die Gefahrstoffverordnung eigentlich heißt, schreibt im Wesentlichen die Einstufung, Kennzeichnung und Verpackung gefährlicher Stoffe vor. Sie finden Hinweise auf die Gefahrstoffverordnung auf vielen Verpackungen von Bauprodukten.

Technische Regeln für Gefahrstoffe (TRGS)
Das Technische Regelwerk für Gefahrstoffe wird von einem Arbeitskreis unter Federführung der Bundesanstalt für Arbeitsschutz und Arbeitsmedizin herausgegeben. Es regelt dezidiert den Umgang mit spezifischen Gefahrstoffen wie z.B. Asbest.

Lungengängigkeit von Mineralwollefasern

Alle Dämmstoffe, die in der Bundesrepublik Deutschland auf dem Markt sind, müssen Einstufungen und Grenzwerte aus den oben genannten Verordnungen einhalten. Trotzdem sind in der Vergangenheit bestimmte Dämmstoffe immer wieder ins Gerede gekommen, so u.a. die Mineralwolle. Die Fasern der Mineralwolle, so wurde festgestellt, können in die Lunge eintreten und dort gesundheitliche Schäden verursachen. In diesem Falle hat man dazugelernt und unterscheidet heute zwischen so genannten lungengängigen Fasern und nicht lungengängigen Fasern. Lungengängige Fasern sind sehr kleine Fasern (Durchmesser zwischen 0,5 und 3 Mikrometern, wobei ein Mikrometer einem Tausendstel Millimeter entspricht). Neben der Lungengängigkeit muss auch die so genannte Biolöslichkeit Beachtung finden. Die Biolöslichkeit gibt Auskunft darüber, wie lange, also über welchen Zeitraum, die Fasern im menschlichen Körper Bestand haben. Aus der Biolöslichkeit bzw. aus der chemischen Zusammensetzung der Faser kann der so genannte Kanzerogenitätsindex abgeleitet werden, kurz KI. Nur Fasern, deren KI-Wert größer bzw. gleich 40 ist, gelten hinsichtlich des Verdachts auf Kanzerogenität, also der Krebserregung, als unbedenklich. Das RAL-Gütezeichen »Erzeugnisse aus Mineralwolle« wird nur an Hersteller vergeben, die einen entsprechenden KI-Wert aufweisen können.

Sofern jedoch eine Dämmung vorhanden ist, die vor dem Jahr 2000 eingebaut wurde, kann nicht ausgeschlossen werden, dass die gefährlichere Variante eingebaut wurde. Hier sollten Sie bei Sanierungsarbeiten unbedingt auf einen ausreichenden Atemschutz achten, weil beim Austausch der Dämmung hohe Staubmengen freigesetzt werden.

Bei der Verwendung von Holzbauplatten, aber auch z.B. beim Einsatz von Ortschäumen gab es über lange Jahre Probleme mit Formaldehydausdünstungen in die Raumluft. Auch hier wurden neue Richtlinien erlassen, so z.B. die ETB-Richtlinie zur Begrenzung der Formaldehydemission in die Raumluft bei der Verwendung von Harnstoff-Formaldehydharz-Ortschaum.

GISCODE der Bau-Berufsgenossenschaften

Neben den gesetzlichen Erlassen gibt es auch weitere Überwachungsinstrumentarien, wie z.B. den so genannten GISCODE der Bau-Berufsgenossenschaften. Dieses Gefahrstoffinformationssystem gibt einfach und übersichtlich rasche Auskunft über Einstufung und Problemstoffe am Bau.

Weitere Informationen hierzu erhalten Sie im Internet unter www.gisbau.de. Für Informationen zur TRGS empfehlen wir Ihnen die Seiten der Bundesanstalt für Arbeitsschutz und Arbeitsmedizin, www.baua.de. Den Volltext der Gefahrstoffverordnung wiederum erhalten Sie in jeder Buchhandlung.

7.1.2 Einsatzort und Einsatzzweck von Dämmmaterialien

Typbezeichnungen von Dämmstoffen

Je nachdem wo man einen Dämmstoff einsetzen will und welche Anforderungen an ihn gestellt werden (z.B. als Wärmedämmung für die Kelleraußenwand oder als Schalldämmung für Raumzwischenwände) sind unterschiedliche Dämmmaterialien einzusetzen. Außerdem muss ihr Einsatzort und ihr Einsatzzweck Berücksichtigung finden. Beides wird über die Typbezeichnung festgelegt. Die häufigsten Typbezeichnungen im Wohnungsbau sind:

Typkurzzeichen:

W	Wärmedämmstoffe nicht druckbelastbar
WL	Wärmedämmstoffe, ebenfalls nicht druckbelastbar
WD	Wärmedämmstoffe druckbelastbar
WS	Wärmedämmstoffe mit erhöhter Belastbarkeit
WDS	Wärmedämmstoffe mit besonderer Druckfestigkeit
WDH Druck	Wärmedämmstoffe mit erhöhter Belastbarkeit
WV	Wärmedämmstoffe mit Abreißfestigkeit
WV-s	Wärmedämmstoffe mit Abreißfestigkeit auch für schalldämmende Vorsatzschalen
W-w / WL-w / WD-w und WV-w	Wärmedämmstoffe zur Hohlraumdämpfung in zweischaligen Trennwänden
WB	Wärmedämmstoffe mit Biegebeanspruchbarkeit
WZ	Leicht zusammendrückbar
T	Trittschalldämmstoffe
TK	Trittschalldämmstoffe für Decken

Einsatzorte für Dämmstoffe

Entsprechend ihrer Eignung werden Dämmstoffe eingesetzt als:

- Dämmung für erdberührte Teile
- Dämmung für Außenwände
- Dämmung für Innenwände
- Dämmung für Flachdächer innen
- Dämmung für Flachdächer außen
- Dämmung für geneigte Dächer innen
- Dämmung für geneigte Dächer außen
- Dämmung für Fußböden und begehbare Decken
- Spezialdämmung z.B. für Rohrleitungen

So unterschiedlich wie ihr Einsatzort, so unterschiedlich sind auch die Eigenschaften der Dämmmaterialien.

7.1.3 Dämmmaterialien im Hochbau

Die Dämmmaterialien im Hochbau untergliedern sich – wie in Kapitel 7.1 erwähnt – in organische und anorganische Dämmstoffe. Ferner dann nochmals in organische Dämmstoffe aus natürlichen Rohstoffen und organische Dämmstoffe aus synthetischen Rohstoffen sowie in anorganische Dämmstoffe aus natürlichen Rohstoffen und anorganische Dämmstoffe aus synthetischen Rohstoffen. In dieser Reihenfolge werden sie nachfolgend im Einzelnen vorgestellt:

Organische Dämmmaterialien aus natürlichen Rohstoffen

Zu diesen Dämmmaterialien aus nachwachsenden Rohstoffen, die der Volksmund, wie bereits erwähnt, gerne als ökologische Baustoffe bezeichnet, gehören im Einzelnen:

Kokosfasern
Die Kokosfaser ist eine eher selten eingesetzte Dämmtechnik. Sie wird aus der Kokosnuss gewonnen und ist daher auch in unseren Regionen wenig verbreitet. Es gibt auch Kokoswandplatten.

Dämmstoff aus Kokosfasern

Kork
Korkvorkommen gibt es in Europa in größerer Anzahl, daher kann man bei Kork von einem heimischen Produkt sprechen. Die Korkressourcen sind allerdings stark belastet, u.a. wegen des Bedarfs an Weinkorken. Kork wird aus der Rinde der Korkeiche gewonnen, die in Südeuropa und Nordafrika beheimatet ist. Kork wird ohne weite-

Dämmstoff aus Korkschrot

re Binde- oder Treibmittel als Wärmedämmung verwendet und ist daher besonders ökologisch und giftfrei. Ferner ist Kork feuchtigkeitsabweisend. Als Dämmung wird Kork sowohl in Form von Korkschrot wie auch in Form von Korkplatten verwendet.

Die Wärmeleitfähigkeit beträgt ca. 0,04 bis 0,06 W (m^2K). Kork wird der Brandschutzklasse B 2 zugeordnet.

Zellulosefasern

Dämmmaterialien aus Zellulosefasern sind Materialien, die u.a. aus Recyclingstoffen wie z.B. Papierabfällen gewonnen werden. Ihr Ursprungsmaterial ist damit Holz. Diese Materialien werden z.B. unter dem Markennamen Isoflock vertrieben.

Zellulosefasern sind feuchteanfällig und müssen daher sehr gut isoliert eingebracht werden. Dies kann entweder in Form von Platten oder in Form von loser Schüttung passieren, die in vorbereitete Kammern eingeblasen wird. Nicht vergessen bei diesen Dämmmaterialien sollte man aber die Herkunft aus bedruckten oder unbedruckten Papie-

Dämmstoff aus Zellulose

ren. Bedrucktes Papier kann durch die Inhaltsstoffe der Druckerschwärze bzw. Druckfarben Schadstoffe enthalten.

Die Wärmeleitfähigkeit beträgt ca. 0,04 bis 0,05 W (m^2K). Zellulosefasern werden der Brandschutzklasse B 1 bzw. B 2 zugeordnet.

Holzfasern

Dämmmaterialien aus heimischen Holzfasern eignen sich wie Zellulosefasern dafür, im Einblasverfahren in geschlossene Hohlräume von Decken und Wänden eingebracht zu werden. Als Rohstoff werden Hackschnitzel verwendet, ein Abfallprodukt aus der Holzindustrie. Diese werden zerfa-

Dämmstoff aus Holzfasern

sert und im Nassverfahren mit brandhemmenden Zuschlagsstoffen (z.B. Aluminiumphosphat) und Borsäure zum Schutz gegen Schädlingsbefall versetzt und anschließend getrocknet. Die Wärmeleitfähigkeit beträgt ca. 0,04 W (m^2K). Holzfasern werden der Brandschutzklasse B2 zugeordnet.

7

Flachs

Flachs ist eine Pflanze. Die aus ihr gewonnenen Fasern eignen sich zur Weiterverarbeitung als Dämmstoff. Flachs ist in hohem Maße umweltverträglich, da es aus natürlichen, nachwachsenden Rohstoffen gewonnen wird. Problematisch wird es nur, wenn dem Flachs künstliche Stoffe, wie z.B. Ammoniumphosphat zur Imprägnierung, beigegeben werden.

Dämmstoff aus Flachs

Natürlicher Flachs muss gegen Feuchte- und Ungezieferbefall gut geschützt werden. Flachs wird der Brandschutzklasse B 2 zugeordnet. Die Wärmeleitfähigkeit beträgt 0,04 W (m^2K).

Hanf

Hanf ist ein schnell nachwachsender pflanzlicher Rohstoff aus heimischem Anbau. Für die Herstellung des Dämmstoffs in Mattenform wird der Faseranteil des Hanfstengels verwendet. Aufgrund der natürlichen Bitterstoffe und der Eiweißfreiheit ist Hanf resistent gegen Schimmelpilzbefall und Ungeziefer. Hanfdämmstoffe sind

Dämmstoff aus Hanf

feuchteunempfindlich, dürfen jedoch keiner permanenten Feuchte ausgesetzt werden. Bei der Herstellung werden den Matten ca. 15 % Polyesterstützfasern zugefügt, außerdem Natriumcarbonat (Soda) als Brandschutz. Hanf hat eine Wärmeleitfähigkeit von 0,045 W (m^2K). Das Material wird der Brandschutzklasse B 2 zugeordnet.

Baumwolle

Baumwolle ist ein natürliches Material, das als Zellulosefaser gewonnen wird. Der Einsatz als Dämmstoff ist allerdings nicht sehr verbreitet. Auch Baumwolle wird vor der Verwendung als Dämmmaterial häufig behandelt, so u.a. mit Borsalz zum Schutz gegen Insekten und Feuer. Baumwolle ist ein umweltverträglicher Dämmstoff. Baumwolldämmstoffe erreichen Wärmeleitfähigkeiten von 0,037 bis 0,04 W (m^2K). Das Material wird der Brandschutzklasse B 1 bzw. B 2 zugeordnet.

Schafwolle

Schafwolle, vor allem die für den Textilbereich ungeeignete melierte Schafwolle, wird im Baubereich zu Dämmplatten oder Dämmmatten verarbeitet. Ähnlich wie bei der Baumwolle wird auch Schafwolle hierbei u.a. mit Borsalz behandelt, um weniger anfällig gegen Insekten und Feuer zu werden. Auch Schafwolle ist ein umweltverträglicher Dämmstoff, soweit er nicht zuvor um die halbe Welt transportiert wurde, z.B. weil die Wolle von Schafen aus Neuseeland stammt. Aber auch dieser Dämmstoff muss gut gegen Feuchtigkeit und Insekten geschützt werden. Schafwolle erreicht eine Wärmeleitfähigkeit von 0,04 W (m^2K) und wird der Brandschutzklasse B 2 zugeordnet.

Dämmstoff aus Schafwolle

Organische Dämmmaterialien aus synthetischen Rohstoffen

Künstlich geschäumte Dämmstoffe werden im Volksmund häufig Styropor genannt. Styropor (Polystyrol-Hartschaum) ist jedoch ein Markenname und keine Dämmstoffkategorie. Zu den wichtigsten, künstlich geschäumten Dämmstoffen gehören:

Polystyrol-Hartschaum

Polystyrol-Hartschaum, auch PS-Hartschaum (im Volksmund häufig als Styropor bezeichnet), wird aus dem Rohstoff Styrol hergestellt. Styrol liefert das Grundmaterial für die Polystyrole, glasige perlförmige Partikel. Unter Zugabe von Treibmitteln wie Pentan und unter Verdampfung beginnt der Schäumungsprozess der nach mehreren Schäumungen dann im fertigen Produkt, dem PS-Hartschaum, mündet. Dieser wird vorwiegend in Plattenform hergestellt.

Dämmstoff aus Polystyrol

PS-Hartschaum hat eine Wärmeleitfähigkeit von 0,035 bis 0,04 W (m^2K) und wird der Brandschutzklasse B 1 zugeordnet.

Polyurethan-Hartschaum

Polyurethan-Hartschaum wird aus flüssigen Stoffen unter Zusatz von Treibmitteln (meist Pentan) hergestellt. Zu den Ausgangsstoffen gehört u.a. Erdöl, aber auch nachwachsende Rohstoffe, wie z.B. Mais, zählen dazu. Nach der künstlichen Schäumung des Stoffs kann er in beliebige Formen gebracht werden. Am weitesten verbreitet

Dämmstoff aus Polyurethan-Hartschaum

sind PUR-Hartschaum-Platten. Aufgrund seiner Großporigkeit und der relativ hohen Dichtigkeit bleibt das Treibmittel, das eine wesentlich niedrigere Wärmeleitfähigkeit hat als Luft, sehr lange in den PUR-Hartschaum-Platten und trägt daher zu deren hoher Wärmedämmwirkung bei. PUR-Hartschaum-Dämmplatten haben eine Wärmeleitfähigkeit von 0,025 bis 0,035 W (m^2K). PUR-Hartschaum ist den Brandschutzklassen B 1 bzw. B 2 zugeordnet.

Polyester

Polyesterfasern wurden ursprünglich für den technischen Textilienbereich entwickelt. Dämmstoffe aus Polyesterfasern bestehen aus 100 % sorten-

Dämmstoff aus Polyesterfasern

reinem Polyester ohne zusätzliche chemische Mittel für Flammschutz oder Schimmelbildung. Sie sind voll recycelfähig, witterungsbeständig, und resistent gegen Motten und Ungeziefer. Das Material ist nicht druckbelastbar und dient ausschließlich der Hohlraumdämmung. Es verursacht bei der Verarbeitung weder Jucken noch Beißen auf der Haut. Dämmstoffe aus Polyesterfasern haben eine Wärmeleitfähigkeit von 0,040 bis 0,045 W (m^2K) und sind der Brandschutzklasse B 1 zugeordnet.

Anorganische Dämmmaterialien aus natürlichen Rohstoffen

Zu den anorganischen Dämmmaterialien aus natürlichen Rohstoffen zählen vor allem Perlite und Blähtone:

Perlite

Perlite basieren meist auf vulkanischem Gestein, das als Perlit bezeichnet wird. Das im Stein eingeschlossene Wasser wandelt sich bei sehr hohen Temperaturen in Dampf und bläht hierbei das Gestein auf. Perlite werden als lose Schüttung,

Dämmstoff aus Perlite

sehr häufig auch als Ausgleichsschüttung, z.B. unter Estrichen, eingebracht. In der Fassaden- und Dachdämmung findet man sie eher selten. Perlite werden der Brandschutzklasse A 1 zugeordnet. Sie haben eine Wärmeleitfähigkeit von 0,045 bis 0,07 W (m^2K)

Glimmergestein

Das Grundmaterial Glimmergestein wird ebenfalls bei hohen Temperaturen zur Ausdehnung gebracht. Es eignet sich als Schüttung zur Hohlraumdämmung von Dachflächen und Geschossdecken.

Dämmstoff aus Glimmergestein

Das Material ist unverrottbar, nicht gesundheitsschädlich und geruchsneutral. Expandiertes Glimmergestein wird der Brandschutzklasse A 1 zugeordnet. Es hat eine Wärmeleitfähigkeit von 0,07 W (m^2K).

Blähtone

Blähtone sind eine Art künstlich erzeugter Perlite. Der Grundstoff ist Ton, der zu Tonmehl verarbeitet wird, das auf Granuliertellern unter Zugabe von Wasser zu unterschiedlich großen Tonperlen geformt wird. Anschließend wird der Ton im Drehofen bei über 1.200 °C gebrannt. Das eingeträufelte Wasser verdunstet und bläht die Tonkügelchen auf.

Dämmstoff aus Blähton

Blähtone werden der Brandschutzklasse A 1 zugeordnet. Sie haben eine Wärmeleitfähigkeit von 0,10 bis 0,16 W (m^2K).

Anorganische Dämmmaterialien aus synthetischen Rohstoffen

Zu den anorganischen Dämmmaterialien aus synthetischen Rohstoffen gehören vor allem Mineralwolledämmstoffe und Schaumglas.

Mineralwolledämmstoffe

Sie basieren wesentlich auf Glaswolle- bzw. Steinwolleprodukten. Die Mineralfasern, auf denen wiederum diese Produkte basieren, werden aus Mineralien, Gestein und Schlacke geschmolzen. Aber auch große Mengen Altglas werden

zur Herstellung von Mineralwolle verwandt. Die Rohstoffe werden bei großer Hitze geschmolzen und dann nach dem Zieh-, Schleuder- oder Blasverfahren zu Mineralwolle weiterverarbeitet.
Die Brandschutzklassen bewegen sich je nach Ausgangsmaterial und verwendeten Zusatzstoffen zwischen A 1, A 2 und B 1. Mineralfaserdämmstoffe haben eine Wärmeleitfähigkeit von 0,035 bis 0,07 W (m^2K).

Mineralwolle, lose

Mineralwolle kann in loser Form als Dämmstoff verwendet werden. Allerdings wird sie hierbei meist nur zum Verfüllen von schwer zugänglichen, kleineren Zwischenräumen eingesetzt.

Mineralwolle-Filze

Filze, die häufig als Rollfilze geliefert werden, werden vielfach zur Dachdämmung als Sparrenzwischendämmung eingesetzt. Der Mineralwolle-Filz ist eine leichte, einfach zu verarbeitende, weiche Rollmatte, die optimal eingepasst werden kann. Mineralwolle-Filze werden auch zur Rohrdämmung eingesetzt.

Mineralwolle-Platten

Mineralwolle-Platten dienen häufiger als Trittschall-Dämmplatten denn als Wärmedämmplatten. Im Fassadenbereich werden sie hauptsächlich im Bereich der Kerndämmung, also zwischen zwei Massivelementen oder bei hinterlüfteten Vorsatzfassaden, eingesetzt.

Dämmstoff aus Glaswollwollefasern

Dämmstoff aus Steinwollefasern

Schaumglas

Schaumglas wird durch einen Schmelzprozess hergestellt, bei dem natürliche, nicht nachwachsende Rohstoffe, wie Sand, Dolomit, Kalk und andere Stoffe, zu einem Glas geschmolzen werden. Dieses Glas wird schließlich zermahlen, mit Zusatzmitteln versetzt und dann in Aufschäumöfen zum Aufschäumen gebracht. Daher sein Name: Schaumglas. Schaumglas wird sowohl zur Dämmung von Bauteilen eingesetzt, wie z.B. Flachdächern oder Terrassen, wofür es in Plattenform hergestellt wird, wie auch zur Dämmung von

Installationseinrichtungen, wie z.B. Rohrleitungen, Wasserleitungen und Schornsteine, wofür es in Rohrschalen hergestellt wird. Schaumglas hat eine hohe Tragfähigkeit.

Dämmstoff aus Schaumglas

Schaumglas besitzt eine Wärmeleitfähigkeit zwischen 0,04 und 0,06 W (m^2K). Es wird der Brandschutzklasse A 1 zugeordnet.

Weitere Informationen zum Thema Dämmstoffe finden Sie im Ratgeber »Wärmedämmung« (☞ Anhang, Seite 287).

7.1.4 Kennzeichnung von Dämmstoffen

Dämmstoffe müssen gekennzeichnet werden. Diese Kennzeichnungen helfen Ihnen, in der Praxis zu überprüfen, ob das Material, das an die Baustelle angeliefert wird, auch dem entspricht, was Sie montiert haben wollen. Ein Dämmstoff-Etikett, das so genannte Übereinstimmungszertifikat, muss folgende Angaben enthalten:

- Stoffart und Lieferform
- Anwendungstyp
- Technische Regeln oder Zulassung
- Wärmeleitfähigkeitsgruppe
- Brandverhalten nach DIN 4102
- Nennmaße
- Sondereigenschaften soweit vorhanden
- Hersteller und Herstellungsdatum
- Übereinstimmungszeichen

Beispiel eines Übereinstimmungszertifikats

7.2 Fenster und Türen

Neben der Dämmung der Fassade ist die Dämmung von Fenstern und Türen ein weiterer wichtiger Baustein bei der energetischen Optimierung der Gebäudehülle. Aufgrund ihrer vielfältigen Funktionen ist die Beseitigung von Schwachstellen bzw. Wärmebrücken aber nicht so einfach zu erreichen wie beim Dämmen der übrigen Fassade.

7.2.1 Fensterarten und ihre Eigenschaften

Wenn Sie sich bei der energetischen Modernisierung auch für neue Fenster entscheiden, könnte es sein, dass Sie die bisherigen Öffnungsarten Ihrer Fenster überdenken und ggf. neue Funktionen haben möchten. So kann es z.B. sein, dass an einem bestimmten Platz der Wechsel einer Flügeltür gegen eine Schiebetür Sinn macht. Da Sie diese und weitere Möglichkeiten haben, sollten Sie Ihren Fensterbestand auch auf seine Funktionalität hin überprüfen und überlegen, inwieweit Sie evtl. neue Öffnungsmöglichkeiten wünschen.

Folgende **Funktionen** sind am Markt geläufig:

Drehflügelfenster
Dies sind Fenster, bei denen die Flügel links oder rechts am Blendrahmen angeschlagen sind und die sich nach innen wie eine Tür öffnen lassen.

Kippfenster
Sie lassen sich, wie der Name schon sagt, nur kippen. Sie sind in der Regel am unteren Blendrahmen angeschlagen.

Drehkippfenster
Sie vereinigen beide vorgenannten Ausführungen. Sie lassen sich, je nach Einstellung, sowohl öffnen wie eine Tür, als auch kippen.

Schiebefenster
Sie sind nicht am Blendrahmen angeschlagen, sondern laufen in Führungsschienen im Blendrahmen. Als Fensterelement eher selten, häufiger jedoch als Schiebetürelement vom Wohnzimmer auf die Terrasse.

Trotz identischer Öffnungssysteme können zwei Fenster durchaus verschiedenen Fensterarten angehören. Im Schwerpunkt kann man hierbei drei **Arten** unterscheiden:

Einfachfenster
Dies sind Fenster, bei denen ein Blendrahmen einen Flügelrahmen trägt, in dem eine Einfach- oder auch eine Isolierglasscheibe sitzen kann.

Verbundfenster
Dies sind Fenster, bei denen ein Blendrahmen zwei direkt hintereinander sitzende Flügelrahmen trägt, in denen jeweils eine Einfach- oder Isolierverglasung eingebracht sein kann.

Kastenfenster
Dies sind Fenster, bei denen an der Außen- und an der Innenseite einer Außenwand jeweils ein Blendrahmen sitzt, an denen wiederum jeweils ein Flügelrahmen angeschlagen ist, so dass im Zwischenraum zwischen beiden Flügelrahmen ein in sich abgeschlossener Luftraum entsteht, in den früher z.B. gerne Blumen gestellt wurden.

7.2.2 Verglasungsarten und ihre Eigenschaften

Verschiedene Verglasungsarten

Nur selten wird es möglich sein, den Fensterrahmen zu erhalten und nur die Verglasung zu tauschen. Denn nicht zuletzt ein energetisch optimierter Fensterrahmen trägt zu den guten Wärmedämmwerten hochwertiger Verglasungssysteme bei. Außerdem ist in der Regel das Gewicht moderner Isolierverglasungen für alte Rahmen und Beschläge zu hoch und kann langfristig zum Versagen der Öffnungsmechanik führen.

Daher werden die mit Abstand meisten Verglasungssysteme praktisch ausschließlich mit Rahmen angeboten. Die Verglasungssysteme selbst unterscheiden sich wie folgt:

Einfachverglasung

Die Einfachverglasung ist eine einfache Glasscheibe, die in einen Rahmen gesetzt wird. Dieses Verglasungssystem hat allerdings denkbar schlechte Wärmeschutzwerte und findet daher heute nur noch in unbeheizten Bereichen Verwendung. Einfachverglasungen waren bis in die 1960er Jahre hinein weit verbreitet. Typisches Merkmal einer Einfachverglasung ist das Beschlagen der Gläser bis hin zur Bildung von Eisblumen auf der Scheibeninnenseite im Winter.

Doppelverglasung

Bei Doppelverglasungen handelt es sich um zwei einfache Glasscheiben, die in einen geteilten Rahmen eingesetzt sind, der sich zum Reinigen öffnen lässt. Auch diese Verglasungsart ist wärmeschutztechnisch überholt.

Zweischeiben-Isolierverglasung

Die Zweischeiben-Isolierverglasung ist, wie der Name schon sagt, eine Doppelverglasung, bei der zwei Scheiben mit einem Abstand von ein bis zwei Zentimetern hintereinander in einen Rahmen eingebaut werden. Im Zwischenraum beider Scheiben wird bei modernen Zweischeiben-Wärmedämmfenstern eine Edelgasfüllung, wie z.B. Argon oder Krypton, eingebracht. Ferner ist auf die Scheiben eine Spezialbeschichtung, eine so genannte Wärmefunktionsschicht, aufgebracht, die möglichst wenig Raumwärme entweichen lässt und möglichst viel Sonnenwärme eindringen lässt.

Die Zweischeiben-Isolierverglasung erhielt etwa ab den 1970er Jahren eine flächendeckende Verbreitung. Sie bringt ca. 50 % Energieeinsparung gegenüber der Einfachverglasung.

Dreischeiben-Wärmeschutzverglasung

Optimale Dämmung mit Dreischeiben-Wärmeschutzverglasung

Die Dreischeiben-Wärmeschutzverglasung ist das bislang optimale Wärmedämmsystem am Markt. Ähnlich wie bei der Zweischeiben-Isolierverglasung sind auch bei der Dreischeiben-Verglasung die Scheiben direkt hintereinander in den Rahmen gesetzt, in diesem Fall drei Stück. Hierdurch entstehen zwei Scheibenzwischenräume (SZR), die mit Edelgas gefüllt werden. Die Wärmeverluste dieser Verglasungsarten betragen nur noch etwa 15 % dessen, was die Einfachverglasung an Verlusten aufweist.

7.2.3 Fensterrahmen und ihre Eigenschaften

Der Fensterrahmen

So gut aber auch die Verglasung sein mag, der Fensterrahmen muss ebenfalls von sehr guter Qualität sein, sowohl was den Wärmeschutz als auch den Schallschutz angeht (☞ Kapitel 7.2.4). In der Regel werden Wärme- und Schallschutzgläser als Komplettsysteme mit Rahmen angeboten. Bei den Rahmen kann man bei manchen Herstellern dann zwischen Holz-, Metall- und Kunststoffsystemen wählen oder aber auch einer Kombination, z.B. aus Kunststoff und Holz. Zu beachten ist hierbei, dass Holzrahmen zwar sehr schön aussehen, andererseits aber eine gewisse Pflege (regelmäßiger Anstrich) brauchen. Metallrahmen wiederum sind sehr stabil, haben aber oft keine optimalen Wärmedämmwerte und Kunststoffrahmen schließlich sind zwar pflegeleicht, können aber im Laufe der Zeit vergilben. Sie sind dann leider auch nicht streichbar.

Luft- und Regendichtigkeit des Rahmens

Wichtig ist die Dichtigkeit des Rahmens, einmal hinsichtlich Luftdichtigkeit und einmal hinsichtlich Schlagregendichtigkeit. Bezüglich der Luftdichtigkeit spricht man von der so genannten Fugendurchlässigkeit, die zwischen Flügel und Blendrahmen entsteht, weil es hier zu Luftdruckdifferenzen kommt. Die Fugendurchlässigkeit wird mit »a« angegeben und besagt, wie viel Kubikmeter Luft in einer Stunde durch die Fugenlänge von einem Meter bei einem Luftdruckunterschied zwischen Innenbereich und Außenbereich von 10 Pascal wechseln.

Die Schlagregendichtigkeit wiederum definiert, dass bei gleichzeitiger Einwirkung von Windangriff und starkem Regen kein Regenwasser durch ein geschlossenes Fenster eindringen darf. Sowohl Schlagregendichtigkeit wie auch Fugendurchlässigkeit sind in verschiedene Beanspruchungsgruppen gegliedert, in denen man z.B. sehr exponierte Gebäudelagen von weniger exponierten Gebäudelagen unterscheidet.

Einpassung neuer Fenster in die vorhandene Bausubstanz

Und schließlich muss bei Modernisierungen im Bestand immer darauf geachtet werden, dass der Fensterrahmen auch optimal in die umgebende alte Bausubstanz eingefügt wird. Das teuerste und modernste Fenster wird Ihnen nur wenig nutzen, wenn es schlecht eingebaut ist. Hierzu bedarf es einer exakten Planung, einer exakten Ausschreibung und einer guten Bauüberwachung. Es empfiehlt sich immer, zunächst nur ein Fenster als Mustervorgabe unter Anwesenheit aller Beteiligter einzubauen und nach diesem sorgfältigen Muster dann alle weiteren Fenster (☞ Kapitel 9.3).

7.2.4 Wärmedämmung, Sonnenschutz, Schallschutz und Einbruchschutz von Fenstern

Wärmedämmung

Die Wärmedämmung von Fenstern wird mit dem so genannten U-Wert angegeben (☞ Kapitel 3). Da das Fensterglas und der es umfassende Rahmen häufig nicht den gleichen U-Wert haben, nimmt man diesbezüglich einen gemeinsamen U-Wert an. Wenn Sie neue Fenster für Ihr Gebäude aussuchen, ist dieser U-Wert sehr wichtig, denn die EnEV gibt maximal zulässige U-Werte an (☞ Kapitel 3.4). Diese dürfen durch neu eingebaute Fenster dann nicht übertroffen werden, wenn Sie mehr als 20 % der Fenster gleicher Orientierung gemäß EnEV-Definition auswechseln. Wechseln Sie also beispielsweise an einer Hausfassade gleicher Orientierung von fünf gleich großen Fenstern nur eines aus, liegen Sie gerade noch innerhalb der Toleranz. Wechseln Sie zwei aus, liegen Sie bereits darüber. Aber selbst wenn Sie nur ein Fenster auswechseln, kann es sinnvoll sein, die vorgegebenen U-Werte einzuhalten. Sie können dann sukzessive die Wärmedämmung Ihrer Fenster verbessern. Ein guter U-Wert liegt bei 0,8, der schlechteste U-Wert, den die EnEV für Fassaden-Außenfenster noch zulässt, bei 1,7.

Nehmen Sie die geforderten U-Werte in die Ausschreibung auf

Sehr wichtig ist, dass Sie die von der EnEV geforderten U-Werte bereits in die Ausschreibung mit aufnehmen und bereits bei der Anlieferung und vor Einbau der Fenster anhand des Übereinstimmungszertifikats überprüfen bzw. durch Ihren Bauleiter überprüfen lassen, ob es sich auch um die geforderten Fenster handelt. Dieses Übereinstimmungszertifikat muss den Fenstern bei Anlieferung beiliegen. Es ist ebenfalls zu empfehlen, in die Ausschreibung auch bereits die Qualitätsrichtlinien des anerkannten Instituts für Fenstertechnik e. V. in Rosenheim aufzunehmen. Jeder gute Planer und Architekt kennt diese bzw. kann den aktuellen Stand besorgen.

Sonnenschutz

Neben der Wärmedämmung ist aber auch die Sonnenschutzwirkung von Fenstern wichtig. Hierfür gibt es den so genannten g-Wert, den Gesamtenergiedurchlasswert. Er beschreibt, wie viel Wärme durch ein Fenster in ein Gebäude eindringt. Auch dieser so genannte sommerliche Wärmeschutz muss beachtet werden, soll das Entstehen eines Treibhauseffekts im Gebäude verhindert werden. Je kleiner der g-Wert, desto größer ist der Sonnenschutz. Exzellente g-Werte liegen bei 0,15, schlechte g-Werte liegen bei 0,85.

Schallschutz

Beim Fenstertausch auf den Schallschutz achten

Neben der Wärmedämmung eines Fensters ist der Schallschutz des Fensters eine sehr wichtige Eigenschaft. Glas hat einerseits zwar ein hohes Eigengewicht und damit eigentlich gute Voraussetzungen, als Schallschutz zu fungieren, andererseits sind Fenstergläser relativ dünn und nur umlaufend im Rahmen eingebunden, so dass sie sehr einfach zum Schwingen gebracht werden können. Dies geschieht vor allem dann, wenn die auf die Gläser treffenden Schallwellen die gleiche Schwingungsfrequenz haben wie die Eigenschwingungsfrequenz des Glases. Durch diese Überlagerung kann sich die Schwingung extrem verstärken und der Schall relativ ungehindert durch das Glas hindurchtreten. Im modernen Fensterbau werden daher unterschiedlich starke Glasscheiben hintereinander gesetzt. Zusätzlich erhöht wird der Schallschutz durch das Einbringen einer Schwergasfüllung im Scheibenzwischenraum wie z.B. Argon oder Schwefelhexaflourid. Die DIN 4109 legt die Schallschutzanforderungen an Fenster fest. Der Nachweis der Luftschalldämmung eines Fensters wird gemäß DIN 52 210 gemessen und als bewertetes Schalldämmmaß Rw angegeben. Je höher Rw, desto besser der Schallschutz des Glases. Besonders hohe Schallschutzklassen, wie die Klassen 3 und 4, haben z.B. Gläser mit einer Gesamtscheibendicke von zweieinhalb bis dreieinhalb Zentimeter, die ein Rw von 36 bis 42 erreichen.

Sicherheitsglas

Es kann sein, dass Sie bei der Modernisierung Ihres Hauses an bestimmten Stellen auch Sicherheitsgläser benötigen, z.B. in Brüstungsbereichen. Oder aber Sie wollen bestehende Fenster zu Fenstertüren erweitern und benötigen aufgrund dieser Tatsache Sicherheitsgläser. Sicherheitsgläser sollen verschiedene Funktionen erfüllen: Sie sollen einerseits bei Glasbruch umstehende Personen vor Verletzungen schützen; und sie sollen andererseits Glasbruch an sich entweder gezielt verhindern oder steuern. Während Drahtglas (Glas mit Drahteinlage) und Einscheiben-Sicherheitsglas (ESG), das durch thermische Vorspannung widerstandsfähiger gegen Temperatur-, Stoß- und Biegebeanspruchung ist, auf dem Rückzug sind, u.a. weil sie z.B. als Schrägverglasung bauaufsichtlich nicht mehr zugelassen sind, findet das Verbund-Sicherheitsglas (VSG) immer größeren Einsatz.

Aufbau von Verbund-Sicherheitsglas

Das Verbund-Sicherheitsglas funktioniert ähnlich wie die Verbund-Sicherheitsscheiben im Automobilbau: Die Glasscheiben sind innerhalb des Scheibenzwischenraums mit hochelastischen Kunststofffolien, in der Regel aus Polyvinylbutyral, überzogen, die bei Glasbruch die Glasbruchstücke halten, so dass z.B. keine Glassplitter umherfliegen können. Ferner sind diese Gläser so gebaut, dass Sie auch den Durchbruch von Gegenständen oder Personen verhindern können.
Die DIN 52 290 legt verschiedene Klassifizierungen für Verbund-Sicherheitsgläser fest. Sie reichen von A (durchwurfhemmende Verglasung) über B (durchbruchhemmende Verglasung) und C (durchschusshemmende Verglasung) bis hin zu D (sprengwirkungshemmende Verglasung).

Einbruchschutz

Der Einbruch in ein Gebäude erfolgt fast immer über Türen oder Fenster, praktisch nie durch eine Wandbohrung o.ä. Ein Einbruchversuch wird meist sehr rasch abgebrochen, wenn sich herausstellt, dass dieser Einbruch ungleich schwieriger und komplizierter durchzuführen ist, als geplant. Man spricht hier von der so genannten Widerstandszeit, die ein Fensterelement oder ein Türelement einem Einbrecher entgegensetzt. Entsprechend gibt es nach der DIN bzw. ENV 1627 ff., die die Anforderungen für einbruchhemmende Fenster und Türen beschreibt, so genannte Widerstandsklassen, WKs. Es gibt hier drei Klassen: WK 1, WK 2 und WK 3, wobei WK 3 die höchsten Sicherheitsanforderungen erfüllt. Viele Hersteller bieten allerdings Systeme, die weit darüber hinausgehen.

Bei Einbrüchen wird meist der Fensterflügel aus dem Rahmen gehebelt

Die meisten Einbrecher zerstören bei einem Einbruchversuch nicht die Scheibe, da dies für sie selbst eine Verletzungsgefahr bedeutet und außerdem die Aufmerksamkeit der Nachbarschaft erregen kann. In der Regel wird der Fensterflügel aus dem Rahmen gehebelt, was ohne entsprechende Sicherungen innerhalb von 20 Sekunden erfolgen kann und so gut wie geräuschlos ist. Wichtig ist also ein kombiniertes Sicherheitssystem, das Scheibe, Rahmen und Beschläge mit einbezieht. Die Kriminalpolizei hat in fast jeder größeren Stadt Beratungsstellen, in denen zum Thema Einbruchsschutz ausführlich und kostenfrei beraten wird.

7.3 Die Heizungstechnik

Neben der energetischen Optimierung der Gebäudehülle sollte auch das Heizsystem verbessert werden, um so optimal auf die neue Gebäudehülle abgestimmt zu werden. Hierbei sind vor allem zwei Dinge zu beachten: Welche Energiemedien, also Heizstoffe, sind am Standort des Gebäudes überhaupt einsetzbar und welche Heizsysteme sind im Gebäude installierbar?

7.3.1 Energiemedien

Die häufigsten Brennstoffe, um eine Heizungsanlage zu betreiben, sind:
- Flüssigbrennstoffe (Öl)
- Festbrennstoffe (Holz, Kohle, Holzpellets)
- Gasförmige Brennstoffe (Gas)

Außerdem:
- Fern-Energiemedien (Strom, Fernwärme)

Der Standort entscheidet über die Nutzung regenerativer Energien

Bei guter Ausrichtung bzw. bei gutem Standort des Gebäudekörpers ist auch die Nutzung regenerativer Energien möglich (☞ Kapitel 7.6):

Solare Energiebereitung:
- Photovoltaik (zur Stromerzeugung)
- Sonnenkollektoren (zur Erzeugung von Warmwasser)

Geothermie

Welches dieser Energiemedien Sie im Zuge einer energetischen Modernisierung in Ihrem Gebäude zukünftig nutzen wollen, hängt von mehreren Kriterien ab.
Zu nennen sind hier insbesondere:
- Überhaupt vorhandene Anschlussmöglichkeiten (z.B. für Gas oder Fernwärme)
- Kosten der Anlage
- Lebenserwartung der Anlage
- Wartungs- und Reparaturfreundlichkeit der Anlage
- Unterhaltungskosten der Anlage und Brennstoffkosten
- Einfluss auf das Raumklima des Bestandsgebäudes
- Umweltverträglichkeit der Anlage

Nacheinander müssen diese Kriterien nun gewichtet werden. Sinnvollerweise geht man hierbei vom Heizungsbestand aus und fragt sich, was für das Gebäude nach der Modernisierung die optimale Lösung ist. Hierbei scheiden Gas- und Fernwärme als Energiemedien z.B. dann sofort aus, wenn kein entsprechender Anschluss in der Straße vor Ihrem Haus liegt. Fernerhin sollten Sie sich fragen, ob Sie von einer Einzelöfenheizung auf eine Zentralheizung umstellen wollen. Ist das nicht in Ihrem Interesse, scheidet an diesem Punkt z.B. die Fernwärme aus.

Überhaupt vorhandene Anschlussmöglichkeiten

Als erstes stellt sich die Frage, welche Alternativen zum bisher verwendeten Heizmedium überhaupt bestehen. Dies können Sie ganz einfach mit einem Anruf bei Ihrem Versorgungsträger klären.

Kosten der Anlage

Die Modernisierung oder Neustrukturierung der Heizungsanlage ist auf jeden Fall eine größere Investition, die sorgfältig geplant werden muss. Hier lohnt es sich, verschiedene Varianten von einem Fachmann erarbeiten zu lassen und zu vergleichen. Bei einer kompletten Neuplanung sollten Sie in jedem Fall einen Fachingenieur einschalten, der Sie neutral beraten kann.

Lebenserwartung der Anlage

Zum einen haben die unterschiedlichen Bauteile einer Heizungsanlage unterschiedlich lange Lebenserwartungen und zum anderen haben auch die Anlagenarten unterschiedliche Lebenserwartungen.

Beispiel Bauteile: Während Heizkörper dreißig und mehr Jahre alt werden können, haben Heizungspumpen in der Regel bereits früher ein Problem. Und auch Brenner, die älter als zwanzig Jahre alt sind, haben den größeren Teil ihrer Lebenserwartung hinter sich.

Beispiel Anlagenarten: Für dezentrale, strombetriebene Raumheizer sind zehn Jahre ein stolzes Alter während zentrale Fernwärmeübergabestationen relativ hohe Lebenserwartungen haben.

Wartungs- und Reparaturfreundlichkeit der Anlage

Zwischen der Wartung einer Gas- bzw. Ölheizungsanlage und einer Fernwärmeübergabestation gibt es sehr große Unterschiede. Wichtig ist nicht nur der grundsätzliche Wartungsaufwand des Heizsystems, sondern auch die Qualität des Herstellers. Auch bei der Wartungs- und Reparaturfreundlichkeit ist natürlich zwischen den Bauteilen der Anlage und der Anlagenart zu differenzieren. Die Wartung einer Heizungspumpe wird öfter vorkommen als die Wartung eines Heizkörper-Thermostats. Und die Heizwasser-Rohrleitung z.B. einer Ölzentralheizung muss natürlich gewartet werden, wohingegen ein strombetriebener Raumheizer nur einen Stromanschluss benötigt.

Unterhaltungskosten der Anlage und Brennstoffkosten

Die Unterhaltungskosten hängen stark von der Wartungshäufigkeit und der Zuverlässigkeit des Gerätes ab. Die Brennstoffkosten hängen von den aktuellen Preisen und dem Wärmebedarf nach der Modernisierung ab. Im Zuge der Heizungsplanung lässt sich dies durchaus überschlagen (☞ Kapitel 1.1).

Einfluss auf das Raumklima des Bestandsgebäudes

Wechselt man im Zuge einer Modernisierung die Beheizungsart eines Gebäudes, kann dies positiven und auch negativen Einfluss auf das Raumklima eines Gebäudes haben. War in einem Bestandsgebäude vor der energetischen Modernisierung ein Kachelofen eingebaut und wird dieser im Zuge der Modernisierung außer Betrieb genommen und durch eine Zentralheizung mit raumweisen Heizkörpern ersetzt, werden die Räume zwar gleichmäßig beheizt sein, aber die angenehme Strahlungswärme des Kachelofens ist aus den Räumen verschwunden. Umgekehrt kann es sehr angenehm sein, wenn Gaseinzelöfen durch eine Zentralheizung mit raumweisen Heizkörpern ersetzt werden, weil diese dann ggf. vor die Fenster gesetzt werden können und über die Luftströmung, die die kalte Innenluft vor dem Fenster aufnimmt, nach oben unter die Decke führt und weiter hinten im Raum wieder abfallen lässt, eine gleichmäßigere Raumbeheizung schaffen.

Umweltverträglichkeit der Anlage

Die Umweltverträglichkeit von Heizungsanlagen ist sehr unterschiedlich (☞ Kapitel 1.1). Bei der Frage der Umweltverträglichkeit einer Anlage ist einerseits der Primärenergieeinsatz relevant und andererseits die verursachte Emission. Während z.B. Stromheizungen vor Ort keine Emissionen verursachen, geschieht dies allerdings im Kraftwerk bei der Erzeugung von Strom. Hier wird zunächst mit hohen Energieverlusten Strom durch Verbrennung oder Kernkraft erzeugt und mit weiteren hohen Verlusten über Leitungen in die Haushalte transportiert, wo er dann wiederum in Wärme umgewandelt wird. Strombetriebene Heizungen sind daher sehr unökonomisch und auch unökologisch.

Gas wiederum hat gegenüber Erdöl den Vorteil, dass es nicht mit großen Tankern über die Weltmeere bis zu den Raffinerien gebracht werden muss, um dort in gebrauchsfertiges Heizöl gewandelt zu werden, um von dort wiederum in Tanklastern zum Endverbraucher gefahren zu werden. Gas kann vielmehr aus der Erdtiefe gefördert und dann über Pipeline-Systeme direkt bis in das Haus des Kunden befördert werden. Im Gegensatz zu Öl hat Gas auch den Vorteil, dass es bei der Verbrennung weniger Emissionen produziert als Öl (☞ Kapitel 1.1).

Holzpelletanlagen können ein interessante Alternative sein

Energetisch interessant ist die Verbrennung von Holz. Holz gibt beim Verbrennungsvorgang nur soviel $C0_2$ in die Atmosphäre ab, wie es während seiner Lebenszeit auch aus der Atmosphäre aufnimmt und speichert. Es liegt hier eine Art Kreislauf vor. Daher sind z.B. Holzpelletanlagen sehr interessante Alternativen zu herkömmlichen Heizungsanlagen.

Unschlagbar hinsichtlich der Umweltverträglichkeit sind Heizungsanlagen, die mittels regenerativer Energien betrieben werden. Leider ist dies aber nicht immer und überall möglich. So ist die Nutzung von Erdwärme zur Beheizung eines Gebäudes (Geothermie) nicht an jedem Punkt in Deutschland möglich. Und auch die Nutzung von Solarkollektoren für die Warmwassererzeugung hängt nicht zuletzt von der jährlichen Sonneneinstrahlung auf die Anlage ab, die in Süddeutschland höher ist als in Norddeutschland (☞ Kapitel 7.6).

Da in Deutschland nach wie vor Gas und Öl die am weitesten verbreiteten Energiemedien zur Beheizung von Wohnräumen sind, soll hier an diesen orientiert erläutert werden, wie Sie bei der Modernisierung das optimale Heizsystem finden.

7.3.2 Die Heizungsanlage

Bausteine einer Heizungsanlage

Wie bereits in Kapitel 6.3 erwähnt, besteht ein klassisches Heizsystem in der Regel aus sieben Bausteinen, die alle reibungslos funktionieren müssen, damit das Gesamtsystem Heizung funktioniert:

- die Tanklage (bei Ölheizung) / die sichere Gaszuführung (bei Gasheizung)
- die Brenneranlage (zur Verbrennung des Heizstoffes)
- die Kesselanlage (zur Erwärmung des Heizwassers)
- die Heizungspumpen (zur Verteilung des Heizwassers in Rohre und Heizkörper)
- die Heizungsrohre (zur Zu- und Abführung des Heizwassers zu bzw. von den Heizflächen)
- die Heizflächen (zur optimalen Wärmeabgabe des heißen Wassers in den jeweiligen Raum)
- die Sicherheitseinrichtungen (wie das Ausdehnungsgefäß zur Aufnahme entstehenden Überdrucks oder auch Sicherheitsventile, durch die bei geschlossenen Systemen Überdruck entweichen kann)

Um bei einem solchen System Energie zu sparen, muss nicht nur ein ressourcenschonender, umweltverträglicher Brennstoff gesucht und eingesetzt werden, sondern er muss auch optimal verbrannt werden, seine Abwärme muss eingesetzt werden (über die so genannte Brennwerttechnik, bei der auch die warme Abluft über einen Wärmetauscher noch zur Gewinnung von Wärme beiträgt), und auch die Leitung des Wärmemediums (bei Zentralheizungen meist Wasser) zu den Heizkörpern hin muss gut gedämmt sein und optimalen Transport gewährleisten. Ebenso muss auch das Kreislaufsystem dieses Wärmemediums optimiert sein: Es muss also ein modernes Zweirohrsystem installiert sein und kein veraltetes Einrohrsystem (☞ Kapitel 6.3). Und schließlich haben auch die Heizkörper eine wichtige Energiesparfunktion zu erfüllen: Zum einen muss Ihre Abgabefläche an die Raumluft optimiert sein, zum anderen sollte jeder Heizkörper für sich temperierbar sein.

Planung der Heizungsmodernisierung

Erst wenn all dies bei einer Modernisierung berücksichtigt wird, kann das volle Potenzial einer Heizungsmodernisierung ausgeschöpft werden. Nun kann es sein, dass Teile Ihrer Heizungsanlage bereits modernisiert sind, Sie z.B. moderne Heizkörper mit Thermostatregelung haben, die aber trotzdem noch an einem alten Einrohrsystem hängen mit einem veralteten Ölbrenner als Energielieferant. D.h. bei der Planung der Heizungsmodernisierung müssen Sie alle o.g. Bausteine mit einem Heizungsfachplaner oder Ihrem Architekten durchgehen und überlegen, wie eine Modernisierung sinnvoll gestaltet werden kann. Zunächst sollten Sie hierbei über das Energiemedium nachdenken und anschließend über das Heizungssystem, um schließlich beides kompatibel in den Griff zu bekommen.

Niedertemperatur- und Brennwerttechnik für Gas und Öl

Stand der Technik sind heute so genannte Niedertemperaturheizungen in Kombination mit Brennwerttechnik. Niedertemperaturheizungen halten das Heizwasser in einem niedrigem Temperaturbereich zwischen 35° C und 70° C, was zu geringeren Abgasverlusten und einer wirtschaftlicheren Ausnutzung des Brennstoffs führt.

Einen Schritt weiter geht die so genannte Brennwerttechnik. Hier wird zusätzlich die in den Abgasen enthaltene Wärme des bei der Verbrennung entstehenden Wasserdampfs genutzt. Je niedriger die Rücklauftemperatur des Heizwassers von den Heizkörpern in den Kessel ist, desto wirksamer kann die Brennwerttechnik genutzt werden. Bei Brennwertgeräten fällt säurehaltiges Kondensat an, das bei größeren Anlagen gegebenenfalls durch Zugabe von alkalischen Stoffen wie z.B. Kalk neutralisiert werden muss. Für die Abführung der Verbrennungsluft muss der bestehende Schornstein in der Regel umgerüstet werden.

Holzpelletheizungen

Bei Holzpettetheizungen werden kleine Holzpresslinge aus einer Lagerbox über eine Förderschnecke automatisch einem Brenner zugeführt und dort zur Wärmeerzeugung verbrannt. Die Holzpresslinge werden in Tanklastern angeliefert und in die Lagerbox eingeblasen. Der Inhalt einer großen Lagerbox reicht für die Wärmeerzeugung von ca. einem Jahr.

Durch die Modernisierung Ihrer Heizungsanlage kann es gut sein, dass ehemals notwendige Systeme nach der Modernisierung entfallen können. So kann z.B. ein ehemaliger Heiztankraum im Keller einer neuen Nutzung zugeführt werden, aber auch ein Kamin kann komplett entfallen, wenn ein alter Ölbrenner im Keller durch eine moderne Gasheiztherme ausgetauscht wird, die man mit kurzem Edelstahl-Rauchabzugsrohr direkt unter dem Dach anbringt.

Gerade aber bei diesen Umnutzungen bzw. Stilllegungen können neue Probleme auftreten. Wie ebenfalls bereits in Kapitel 6 aufgezeigt, kann ein Kamin mit recht großem Durchmesser, der seit seiner Bauzeit jeden Winter beheizt war und nun plötzlich wie ein kaltes Leerrohr in der Hausmitte zurückbleibt, Folgeschäden am Gebäude verursachen. Es ist daher sinnvoll, solche Kamine an Ihrem oberen Abzug zu schließen und ggf. vorher auch zu dämmen, mindestens aber an den außenluftberührten Teilen gut zu dämmen. Sie können ferner einen Rückbau des Kamins bis unter den Dachstuhl überlegen.

Vorsicht bei der Umnutzung alter Tankräume

Bei Tankräumen wiederum muss vor Umnutzungen eine sorgsame Bestandsaufnahme bezüglich Altlasten gemacht werden. So kann es beispielsweise äußerst schädlich sein, in einem ehemaligen Tankraum nach einer Modernisierung Lebensmittel zu lagern.

Zum Thema Heizungstechnik finden Sie detaillierte Informationen und Hinweise im Ratgeber »Heizung und Warmwasser«. Weitere Informationen zu dem Ratgeber erhalten Sie im Anhang (☞ S. 287).

7.4 Die Warmwasserversorgung

Modernisierung der Warmwasserversorgung

Die Warmwasserversorgung hängt in der Regel sehr dicht mit der Heizungsanlage zusammen bzw. ist sogar mit dieser gekoppelt. Daher gilt vieles, was für die Modernisierung der Heizungsanlage gilt, auch für die Modernisierung der Warmwasseranlage. Auch sie besteht aus ähnlichen Bausteinen wie die Heizungsanlage und muss daher ähnlich überprüft werden. Vor allem der Warmwassererwärmer, der Warmwasserspeicher und die Warmwasserverteilung sollten überprüft werden (☞ Kapitel 6.4).

7.4.1 Wassererwärmung und Warmwasserspeicher

Die Wassererwärmung wird häufig direkt über die Heizzentrale gesteuert. Dies gilt allerdings in der Regel nur für Zentralheizungssysteme. Sobald Einzelraumöfen, wie z.B. Gaseinzelöfen, zur Beheizung der Wohnräume dienen, funktioniert dies nicht. Dann wird Wasser häufig über einen Gasdurchlauferhitzer, der unmittelbar an der Wasserentnahmestelle hängt, erwärmt. Häufig findet man nach wie vor auch Elektrodurchlauf- oder Elektrospeichererhitzer.

Bei einer energetischen Modernisierung sollte man unbedingt Wert auf eine energetisch sinnvolle Erwärmung und Speicherung des Warmwassers achten. Wenn die Warmwasserversorgung über die Zentralheizung gesteuert wird, und diese modernisiert wird, so beinhaltet eine Modernisierung automatisch auch die Warmwasserbereitung. Falls die Warmwasserbereitung nicht an die Heizungsanlage gekoppelt ist, kann im Zuge der energetischen Modernisierung auch die

Warmwasserversorgung an die neue, moderne Heizzentrale, sei sie nun eine Fernwärmeübergabestation, eine Gasbrennwerttherme oder aber auch ein Holzpelletofen, angeschlossen werden. Dies hat Vor- und Nachteile. Die Vorteile liegen darin, dass man nur eine Erwärmungsanlage betreiben muss, sowohl für das Heizwasser wie auch für das Warmwasser. Das kann Wartungsaufwand und Installationskosten reduzieren. Der Nachteil liegt darin, dass bei Ausfall der Anlage gleich auch Heizwasser und Warmwasser ausfallen, vor allem aber muss die Heizungsanlage zur Erwärmung des Warmwassers auch den ganzen Sommer über in Betrieb bleiben. Dies ist allerdings bei Fernwärmeübergabestationen ohnehin nicht zu vermeiden. An ihnen wird das ganze Jahr hindurch Wärme für den Hausgebrauch abgegeben.

Warmwasserspeicher oder Durchlauferhitzer?

Eine weitere Entscheidung, die im Zuge der Warmwasser-Modernisierung auf Sie zukommt, ist die Entscheidung für oder gegen ein Warmwasserspeichersystem bzw. einen Durchlauferhitzer. Bei Warmwasserspeichersystemen wird warmes Wasser auf Vorrat in einem isolierten Behälter gehalten und kann bei Bedarf direkt abgerufen werden. Moderne Zirkulationsleitungen halten darüber hinaus auch Warmwasser in den Leitungen. Bei Durchlauferhitzer-Systemen wird das Warmwasser erst auf Abruf produziert, d.h. der Warmwasserbereiter springt erst an, wenn sie die Warmwasserarmatur bedienen. Hierdurch kann es einige Sekunden dauern, bis Sie warmes Wasser haben und es kann auch zu Versorgungs- und Druckproblemen kommen, wenn plötzlich an mehreren Stellen gleichzeitig Warmwasser aufgedreht wird. Haben Sie die Freiheit der Entscheidung, ist ein Speichersystem sicher komfortabler. Ferner sollten Sie gerade für die Brauchwassererwärmung überlegen, so genannte Sonnenkollektoren einzusetzen (☞ Kapitel 7.6).

Unwirtschaftliche und energiefressende Elektrowarmwasserspeicher sollten im Zuge einer energetischen Modernisierung eines Hauses in jedem Falle ausgebaut werden, auch wenn dies den Einbau von Gasinstallationen nach sich zieht (z.B. für einen Gasdurchlauferhitzer) oder auch von Warmwasserleitungen von einer zentralen Warmwasserbereitungsanlage.

7.4.2 Die Warmwasserverteilung

Optimierung der Warmwasserverteilung

Genauso wie die Wassererwärmung muss häufig auch die Warmwasserverteilung optimiert werden. Dies betrifft in der Regel vor allem zwei Dinge: Zum einen muss der Rohrquerschnitt und die Rohrdämmung optimiert werden (Austausch) und zum anderen der Wasserführungsweg von der Erwärmungsquelle zur Entnahmestelle. Je kürzer dieser ist und je weniger Laufmeter zurückgelegt werden müssen, desto Energie sparender ist dies.

Hinsichtlich der Dämmung der Rohre finden Sie in Kapitel 3 die entsprechend der EnEV verbindlich vorgeschriebenen Dämmstärken für die Dämmung von Warmwasserrohren (☞ Seite 55).

7.4.3 Die Armaturen

Auch der letzte Baustein der Warmwasserversorgung, die Entnahmearmaturen, sollte im Zuge einer energetischen Modernisierung ggf. ausgetauscht werden. Mit modernen Einhebelmischern lässt sich die Wassertemperatur sehr viel besser und exakter temperieren als mit herkömmlichen Zweiventilsystemen. Dadurch benötigen Sie weniger Warmwasser, weil Sie früher und exakter Ihre gewünschte Wassertemperatur an der Zapfstelle einstellen können.

Zum Thema Warmwasserversorgung finden Sie detaillierte Informationen und Hinweise im Ratgeber »Heizung und Warmwasser«. Weite Informationen zu dem Ratgeber erhalten Sie im Anhang (☞ S. 287).

7.5 Die Stromversorgung

Bei der Modernisierung der Stromversorgung unter energetischen Gesichtspunkten sollte zum einen an die Stromgewinnung gedacht werden und zum anderen an den Stromverbrauch an den Entnahmepunkten.

7.5.1 Die Stromquelle

Strom wird selten ökologisch erzeugt

Strom wird in der Regel von den Versorgungsträgern direkt in das Gebäude geliefert und kann dort unmittelbar an den Steckdosen entnommen werden. Die Stromproduktion der Versorgungsträger ist hierbei sehr unterschiedlich, sie reicht vom Einsatz von Kohlekraftwerken bis hin zur Nutzung von Atomenergie. Nur selten wird Strom wirklich ökologisch erzeugt und kann als energetisch modern und zukunftsweisend produziert gelten. Bei der Durchführung einer energetischen Modernisierung eines Gebäudes sollte man daher auch die energetische Verbesserung der Stromgewinnung mit einbeziehen. Dies ist heute relativ einfach über die Installation von Photovoltaikanlagen machbar (☞ Kapitel 7.6.2).

7.5.2 Der Stromverbrauch

Energieeffizienzklassen helfen bei der Auswahl von Elektrogeräten

Die Senkung des Stromverbrauchs erfolgt sinnvollerweise durch die Auswechselung stromfressender Elektro- und Haushaltsgeräte gegen solche mit minimalem Verbrauch. Orientierungshilfen erhalten Sie durch die so genannten Energieeffizienzklassen, nach denen Neugeräte eingestuft sind. »A« kennzeichnet hierbei ein Gerät mit niedrigem Verbrauch, »G« ein Gerät mit hohem Verbrauch. Sie sollten sich diesbezüglich ausgiebig bei Händlern und Herstellern informieren und vor allem auch den konkreten Verbrauch der Geräte erfragen, denn auch innerhalb der Klassen gibt es große Unterschiede. Ferner können Sie Testergebnisse der Stiftung-Warentest einsehen. Informationen finden Sie auch im Internet unter www.spargeraete.de. Ohne Aufwand können Sie z.B. alle herkömmlichen Glühbirnen in Ihrem Haushalt gegen Energiesparbirnen austauschen.

7.6 Der Einsatz regenerativer Energien

Der Einsatz regenerativer Energien für die Gebäudebeheizung, die Warmwasserbereitung und den Strombedarf ist möglich. Gerade aber der hohe Energiebedarf für die Gebäudebeheizung ist nur bei extremen Gebäudetypen, wie z.B. Passivhäusern, über Solarenergie als alleinigem Heizmedium zu verwirklichen. Bei herkömmlichen Gebäuden ist dies kaum zu schaffen. Die Nutzung von Solarenergie wird im Wesentlichen zur Ergänzung des Strom- und Warmwasserbedarfs eingesetzt. Schon eher geeignet für die Gebäudebeheizung auch klassischer Gebäude ist die so genannte Geothermie.

7.6.1 Solarkollektoren

Kollektorfläche und Speicherinhalt sind von der Personenzahl abhängig

Solarkollektoren sind Rohrsysteme, in denen Wasser der Sonneneinstrahlung ausgesetzt wird. Diese liegen z.B. auf dem Dach oder werden in Form von Geländern am Haus angebracht. Hierbei erwärmt sich das Wasser und erwärmt dann seinerseits über einen Wärmetauscher das Brauchwasser. Ist das Brauchwasser danach nicht warm genug, wird es über die Heizzentrale nachgewärmt. Ist es wärmer als 50°C, ist eine Nacherwärmung in der Regel nicht erforderlich. Die Energieersparnis dieser Systeme gegenüber Häusern ohne diese Systeme liegt für die Warmwassererwärmung zwischen 50 und 70 %. Bei den benötigten Kollektorflächen müssen Sie mit 1,0 bis 1,5 m² Kollektorfläche je Person rechnen. Ferner benötigen Sie 80 bis 100 Liter Solarspeicherinhalt pro Person, für einen Vier-Personen-Haushalt also mindestens 6 m² Kollektorfläche auf dem Dach und einen 360 Liter Solarspeicher im Haus. Für eine optimale Wirkung sollten die Kollektorflächen in einem Winkel von 40° bis 45° montiert sein und nach Süden bzw. Südwesten ausgerichtet werden. Sofern die Solarkollektoren z.B. aufgrund der Jahreszeit nicht ausreichen, um den Warmwasserbedarf zu decken, wird konventionell zugeheizt.

7.6.2 Photovoltaik

Photovoltaikanlagen bestehen häufig aus Siliziumschichten, an deren Grenzflächen sich bei Sonneneinstrahlung ein elektrisches Feld bildet. Dieses elektrische Spannungsfeld kann zur Stromerzeugung genutzt werden, wobei es sich hier zunächst um Gleichstrom handelt, der über einen Wechselrichter in Wechselstrom umgewandelt werden muss.

Kombination aus Solarkollektoren und Photovoltaikelementen auf der Südseite eines Daches

Bei den gegenwärtig auf dem Markt befindlichen Systemen kann bei einer installierten Photovoltaikfläche von 1 m² mit einer Energieleistung von ca. 1.000 Kilowattstunden im Jahr gerechnet werden. Soweit die Photovoltaikanlage nicht für absolute Spitzenbelastungen genutzt wird, reicht eine Fläche von 10 m² für ein Einfamilienhaus schon aus, um spürbar externen Strombedarf zu senken. Es ist allerdings so, dass Sie nur in den seltensten Fällen den Strom zur Eigennutzung produzieren werden. Dies liegt daran, dass der Gesetzgeber das so genannte Erneuerbare-Energien-Gesetz (EEG) geschaffen hat, dass die Energieversorger, also z.B. Stadtwerke, verpflichtet, den durch Ihre Photovoltaikanlage erzeugten Strom abzunehmen, in das öffentliche Netz einzuspeisen und Ihnen diesen Strom über einen festgeschriebenen Mindestbetrag zu vergüten. Die Vergütung, die Sie für diesen eingespeisten Strom erhalten, ist höher als die Ersparnis, die Sie hätten, wenn Sie Ihren produzierten Strom selber nutzen würden. Sie betreiben also einen kleinen Stromhandel mit Ihrem Energieversorger.

Verschiedene Programme zur Förderung des Einsatzes von Photovoltaikanlagen existieren sowohl auf der kommunalen Ebene (Förderung durch die Gemeinde oder Stadt, am besten mit einem Anruf beim Rathaus klären), auf der Länderebene (in der Regel entweder über das betreffende Bau-, Verkehrs- oder Wirtschaftsministerium) wie auch über den Bund, hier in der Regel über die Kreditanstalt für Wiederaufbau (KfW) in Frankfurt am Main, deren Förderprogramme Sie über Ihre Hausbank abrufen können (Internet: www.kfw.de).

Ob sich eine Investition in Photovoltaik für Sie lohnt, muss im jeweiligen Einzelfall überprüft werden, sinnvollerweise auch gemeinsam mit dem Energieberater (☞ Kapitel 8.1).

7.6.3 Geothermie

Nutzung von Erdwärme

Die Nutzung von Geothermie, also der Erdwärme, macht sich die physikalischen Eigenschaften im Erdinnern zu Nutze. Unterhalb der Erdoberfläche, vor allem in tieferen Erdschichten, gibt es unterschiedlich hohe Temperaturverteilungen und Wärmeströme. Diese im Erdinnern gespeicherte Energie wird über Tiefenbohrungen erreicht, in die dann Sonden gelegt werden, die die Wärme sozusagen nach oben an die Erdoberfläche transportieren, um sie dort für den häuslichen Energiebedarf einzusetzen. Die Geothermie ist nicht zu verwechseln mit der einfachen Erdwärmenutzung in wenigen Metern Tiefe, z.B. zum Vorerwärmen von Raumluft in Passivhäusern.

Man kann sagen, dass sich auf dem Weg von der Erdkruste zum Erdkern die Temperatur alle 33 Meter um etwa 1°C erhöht, bei 100 Meter also um etwa 3°C. Dies hängt jedoch wesentlich von der Beschaffenheit des Erdreichs in einem speziellen Gebiet ab. In Vulkangebieten beispielsweise kann die Temperatur bereits

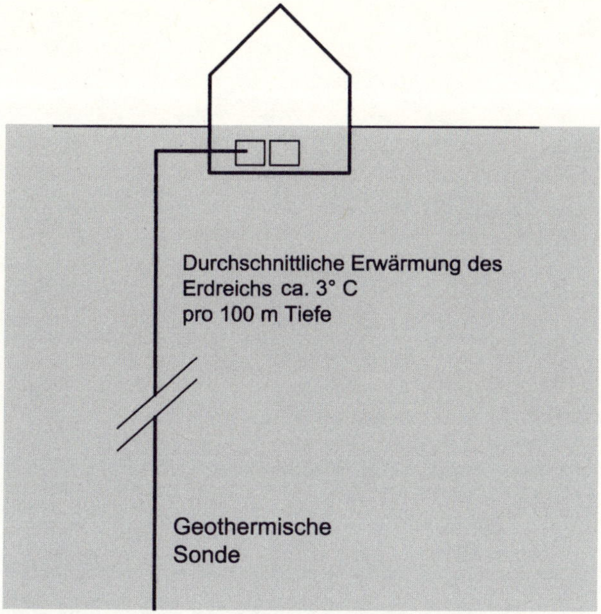

Schemaskizze geothermische Sonde

alle 5 Meter Richtung Erdtiefe um 1°C ansteigen. In jungen Faltengebieten kann sie alle 20 Meter um 1°C steigen. Die Nutzung von Geothermie zur Heizwassererwärmung hängt also ganz wesentlich vom Standort des Gebäudes ab. Es gibt zwischenzeitlich in Deutschland Karten, auf denen die geothermischen Eigenschaften der Regionen verzeichnet sind.

Geothermische Wärme, also Wärme aus dem Erdreich, lässt sich im Gegensatz zur Solarenergie gut zur Heizwassererwärmung von Häusern nutzen.

Um Geothermie zur Beheizung von Gebäuden einzusetzen, ist es natürlich aber auch nötig, entsprechende Bohrungen sehr tief in das Erdreich zu treiben. Nicht immer führen solche nicht ganz billigen Bohrungen auch zum gewünschten Erfolg, in bestimmten Gebieten ist der Erfolg allerdings gut abzuschätzen. Der Einsatz von Geothermie bei der Gebäudebeheizung führt leider immer noch ein unberechtigtes Schattendasein.

Kapitel 8 ☞

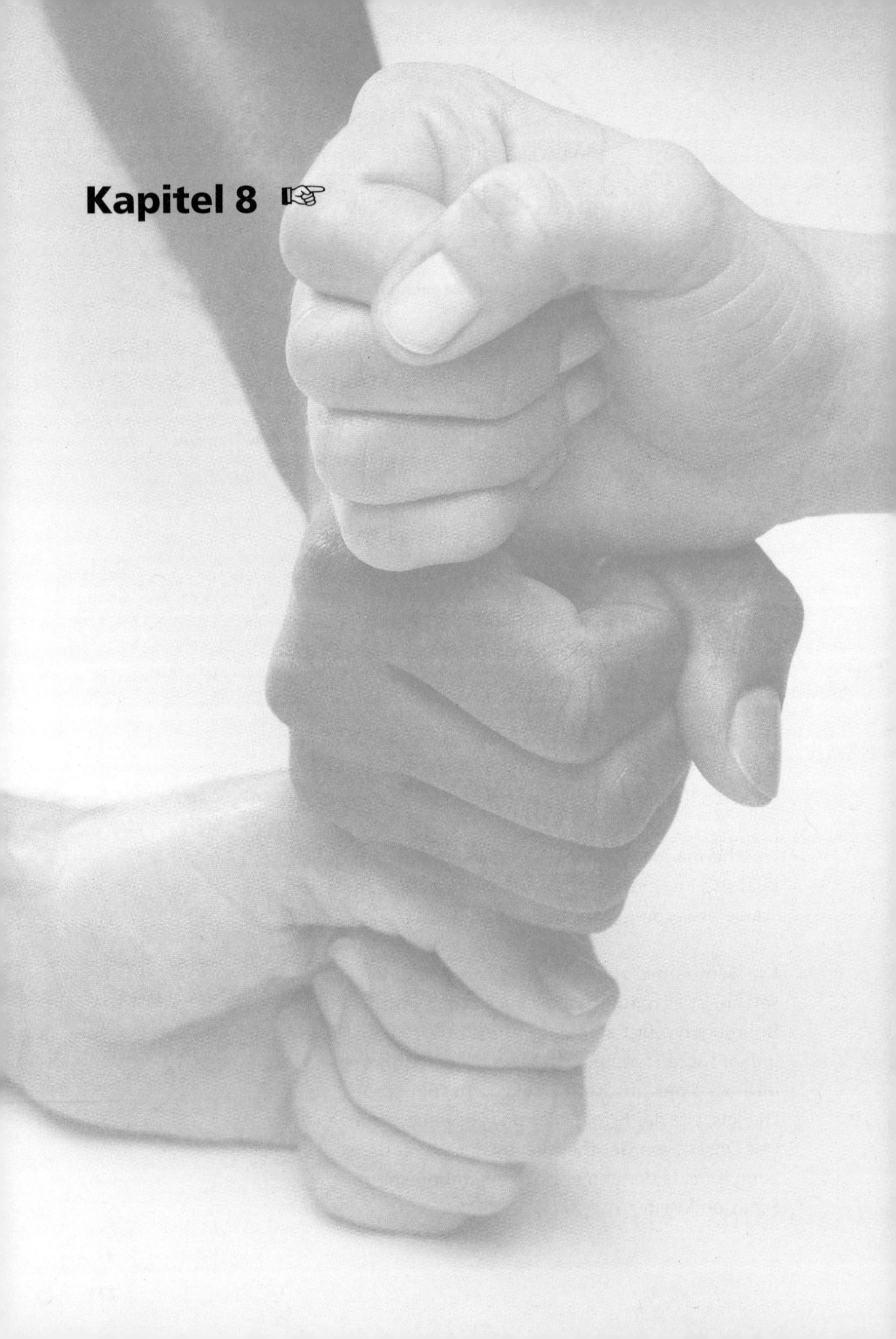

Die beteiligten Fachleute

Eine umfassende energetische Modernisierung werden Sie als Laie in der Regel nicht alleine, ohne Hinzuziehung eines Fachplaners, durchführen können. Es ist daher wichtig, dass Sie wissen, wann und wie Sie welche Fachplaner einschalten sollten.

8.1 Der Energieberater

Die Qualifikation des Energieberaters ist entscheidend

Der Begriff des Energieberaters taucht immer häufiger auf. Er wird zwischenzeitlich von den unterschiedlichsten Einrichtungen verwendet, von den Handwerkskammern über örtliche Stadtwerke bis hin zu Architekten- und Ingenieurkammern, den Energie-Agenturen und den Verbraucherzentralen. Auch so mancher Vertreter nennt sich mittlerweile Energieberater, da sich hier ein neues Tätigkeitsfeld abzeichnet. Es ist hierbei allerdings Vorsicht geboten, denn nicht jeder, der sich Energieberater nennt, ist auch ein solcher oder hat überhaupt die Befähigung dazu, Ihr Gebäude umfassend energetisch zu beurteilen.

Wenn Sie eine umfassende energetische Modernisierung Ihres Hauses anstreben, können Sie zunächst einmal mit den Praxisbeispielen aus Kapitel 4 des vorliegenden Buches beginnen. Sie erhalten dadurch ein Gefühl für den Umfang der notwendigen Modernisierungsarbeiten. Sie können daraufhin zusätzlich einen Energieberater kommen lassen. Wer ist nun ein guter Energieberater? Ein Handwerker oder ein Hersteller oder Vertreiber bestimmter Anlagen oder Produkte wird diese Anlagen oder Produkte im Zweifelsfalle einfach verkaufen oder auch montieren wollen und weniger unabhängig die Situation einschätzen.

Daher ist die Unabhängigkeit eines Energieberaters sehr wichtig. Ferner ist es sehr wichtig, dass ein Energieberater alle Bereiche, die eine Modernisierung einschließt, beurteilen und miteinander abwägen kann. So wird Ihnen ein Heizungsbaubetrieb schwerlich etwas zu Ihrer Fassadendämmung sagen können und ein Handwerksunternehmen, das Fassadendämmungen durchführt, schwerlich etwas zu Ihrer Heizung.

Sehr wichtig ist neben einem einfachen Marktüberblick über Geräte und Anlagen auch die sehr gute Kenntnis bauphysikalischer Zusammenhänge. So kann das reine Einbauen von hochgedämmten, neuen Fenstern ohne begleitende Maßnahmen an der Außenfassade eines Hauses sehr schnell zu Schimmelbildung im Innern des Hauses führen (☞ Seite 157).

Umfassende Beratung durch den Energieberater

Ein Energieberater muss diese und viele andere Zusammenhänge kennen. Er muss Wärmebrücken in Ihrem Haus finden und umfassend dokumentieren können. Er muss Hausdämmung und Haustechnik ständig in ihren Wechselwirkungen betrachten können und ebenso wie die Fassade auch die Heiztechnik und die Warmwasseranlagen einschätzen können.

Ein guter Energieberater wird also am ehesten ein erfahrener, unabhängiger Fachmann sein, der die bauphysikalischen und anlagentechnischen Hintergründe kennt und sich seit langem mit der Thematik des energetischen Modernisierens auseinandersetzt. Er muss in der konkreten Baupraxis energetische Modernisierungen selbst vorbereitet oder durchgeführt haben und auch die diesbezüglich vielfach verursachten

Bauschäden durch Fortbildungen gut kennen. Er hat auch einen Überblick über die regionalen und überregionalen Förderprogramme.

Wie finden Sie einen solchen Energieberater? »Energieberater« ist in Deutschland keine geschützte Berufsbezeichnung, wie es z.B. »Architekt« ist. So gibt es beispielsweise keine einheitlichen Qualifikationsstandards bei Aus- oder Fortbildung.

Wo Sie einen Energieberater finden

Bei Energieberatern gibt es wesentliche Unterschiede in der Qualität und im Preis. So muss eine billige Energieberatung nicht immer auch ein gute sein und umgekehrt. Die Ausbildung mit dem höchsten Qualitätsmerkmal in Deutschland haben die vom Bundesamt für Wirtschaft und Ausfuhrkontrolle (Bafa) in Köln zugelassenen Energieberater, die auch berechtigt sind, über die Bafa Bundeszuschüsse für die Kosten einer Energieberatung für Sie zu beantragen. Eine Übersichtsliste über alle von der Bafa zugelassenen Energieberater und weitere Informationen zu den finanziellen Förderungen für eine Beratung finden Sie auf den Internetseiten der Bafa unter www.bafa.de und dort unter dem Stichwort »Energiesparberatung«.

Im Vorfeld Angebote einholen

Da es bei der energetischen Bewertung von Gebäuden durch Energieberater Preisunterschiede gibt, sollten vor einem Beratungstermin Angebote eingeholt werden. Es sollte ferner die Leistung verglichen werden, die man im Zuge einer energetischen Beratung erhält. Auch hierin gibt es erhebliche Unterschiede. In jedem Falle sollte eine schriftliche Regelung hinsichtlich Kosten und Leistung vor Durchführung erfolgen.

Energieberater nehmen Ihr Haus vor Ort in Augenschein und untersuchen es auf energetische Schwachstellen in den drei Gebäudebereichen:

- Heizungsanlage
- Warmwasserbereitung
- Gebäudekörper und Gebäudehülle

Konkrete Verbesserungsvorschläge sind wichtig

Sie sollten anschließend mindestens eine detaillierte Schwachstellenanalyse enthalten, besser noch darüber hinausgehende konkrete Verbesserungsvorschläge, die sich nicht nur im Allgemeinen halten (z.B. »Die Außenfassade des Hauses sollte gedämmt werden«), sondern konkret werden. Die bei der Bafa zugelassenen Energieberater erstellen Ihnen eine sehr detaillierte Analyse des Ist-Zustandes Ihres Hauses, an die der später ggf. zu beauftragende Planer (z.B. ein Architekt) in der Regel gut anknüpfen kann.

8.2 Der Architekt oder Planer

Wann ein Architekt nötig ist

Unabhängig davon, ob ein Architekt oder Planer bereits als Energieberater eingesetzt wird oder nicht, wird er in jedem Falle dann tätig werden müssen, wenn Sie bauliche Veränderungen am Gebäude vornehmen, die die Außengestalt des Gebäudes betreffen. Dann nämlich benötigen Sie unter Umständen eine Baugenehmigung, die in der Regel nur Architekten und vorlageberechtigte Ingenieure bei den zuständigen Ämtern einreichen können (☞ Kapitel 9).

Es macht auch durchaus Sinn, bei umfangreichen Modernisierungen einen erfahrenen Architekten oder Ingenieur einzuschalten, weil durch eine solche Modernisierung eine komplexe Baustelle entsteht und eine gute Koordination und vor allem auch Bauüberwachung notwendig ist. Ohne fachliche Unterstützung sowohl bei der Planung wie auch bei der Ausschreibung, Bauüberwachung und Abrechnung können unter Umständen größere Probleme auf Sie zukommen. Ferner können Sie durch die Einschaltung eines Architekten oder Ingenieurs über dessen Vertrag regeln, dass Sie eine energetische Modernisierung nach festgelegten Qualitätskriterien wünschen und er verpflichtet ist, diese Zielvorgabe auch zu erreichen, z.B. eine energetische Modernisierung, deren Minimalziel die Einhaltung der EnEV ist, was über einen entsprechenden energetischen Nachweis vor der Modernisierung nachzuweisen ist. Die Haftung für die Zielerreichung liegt dann nicht bei Ihnen als Bauherr, sondern beim eingeschalteten Fachmann.

Wie Sie einen geeigneten Architekten finden

Geeignete Architekten zur Durchführung einer energetischen Modernisierung finden Sie entweder über Empfehlungen befreundeter Bauherren, die ebenfalls eine energetische Modernisierung mit Zufriedenheit durchgeführt haben, oder aber am einfachsten im Branchenfernsprechbuch Ihrer Heimatgemeinde, den »Gelben Seiten« unter dem Stichwort »Architekten« oder »Architekturbüros«. Richten Sie an eine größere Anzahl von Büros ein Formschreiben, in dem Sie Ihr Modernisierungsvorhaben kurz beschreiben und um vergleichbare Referenzobjekte des Architekturbüros sowie die Adressen und Telefonnummern der Bauherren bitten. Architekten sind diese Art der Ansprache durchaus gewohnt und es hilft Ihnen, sich in Ruhe einen Überblick zu verschaffen und Referenzadressen von Bauherren zu erhalten. Ein solches Schreiben könnte etwa so aussehen:

Musterbrief

Familie Schmidt, Meierweg 1, Stadthausen

Herrn
Architekten Schneider
Müllerweg 2
12345 Stadthausen

Stadthausen, den

Betr.: Energetische Modernisierung

Sehr geehrter Herr Schneider,

wir, Familie Schmidt aus Stadthausen, planen eine energetische Modernisierung unseres Einfamilienhauses aus dem Jahr 1974.

Wir möchten mit der Planung und Bauleitung dieser Modernisierungsmaßnahme einen Architekten aus unserer näheren Umgebung beauftragen und möchten daher auch bei Ihnen anfragen, ob Sie bereits entsprechende Modernisierungen durchgeführt haben. Wenn ja, würden wir uns über die Zusendung von Referenzobjekten ähnlicher Größe und Ansprechpartnern auf Bauherrenseite freuen, die Sie bei solchen Projekten betreut haben.

Wir würden uns nach Durchsicht der Unterlagen und Besichtigung der Referenzobjekte dann nochmals mit Ihnen in Verbindung setzen.

Mit freundlichen Grüßen

Familie Schmidt

Architekten und Ingenieure arbeiten nach der so genannten HOAI, der Honorarordnung für Architekten und Ingenieure. Diese unterteilt sich in verschiedene Leistungsphasen und Honorarzonen. Die Leistungsphasen gliedern die Arbeit des Architekten in die verschiedenen Phasen, die ein Bauvorhaben von der Planung bis zur Fertigstellung durchläuft. Je nachdem, welche Phasen hiervon ein Architekt betreut, erhält er dafür einen Prozentsatz des Gesamthonorars von 100 %.

Die Leistungsphasen und ihre prozentuale Bewertung sind im Einzelnen:

Die Leistungsphasen der HOAI

1	Grundlagenermittlung	3 %
2	Vorplanung	7 %
3	Entwurfsplanung	11 %
4	Genehmigungsplanung	6 %
5	Ausführungsplanung	25 %
6	Vorbereitung der Vergabe	10 %
7	Mitwirkung bei der Vergabe	4 %
8	Objektüberwachung	31 %
9	Objektbetreuung und Dokumentation	3 %

Die Honorarzonen wiederum geben Auskunft darüber, in welcher prozentualen Höhe von den anrechenbaren Baukosten der Architekt mit seinem Honorar grundsätzlich beteiligt wird. Es gibt fünf Honorarzonen, die mit römischen Zahlen bezeichnet werden. Für die Errichtung bzw. den Umbau eines einfachen Gebäudes wird eine niedrige Honorarzone angesetzt, für die Errichtung bzw. Modernisierung eines komplexen Gebäudes eine höhere. Die Honorarzonen, die im Bereich der energetischen Modernisierung von Wohngebäuden Anwendung finden, bewegen sich üblicherweise in den Zonen III bzw. IV. Jede Honorarzone untergliedert sich nochmals in drei Unterzonen: »Unten«, »Mitte«, »Oben«, d.h. die Honorarzone III »unten« führt für den Architekten oder Planer zu einem niedrigeren Honorar als die Honorarzone III »oben«.

Das Honorar des Architekten

Aus Honorarzonen (welcher Prozentsatz wird dem Architekten an den anrechenbaren Kosten grundsätzlich zugebilligt?) und den Leistungsphasen (welche Abschnitte eines Bauvorhabens betreut der Architekt?) errechnet sich dann jeweils das Honorar des Architekten.

Beispiel

Sie planen eine energetische Modernisierung mit kompletter Dämmung der Gebäudehülle und Austausch des Heizungssystems für insgesamt 100.000 Euro ohne Mehrwertsteuer (Architektenhonorare beziehen sich immer auf die Nettobaukosten). Dies heißt, dass Ihr Architekt – soweit er alle Leistungsphasen aus der HOAI wahrnimmt und Sie mit ihm Honorarzone III unten vereinbart haben – folgendes Honorar zzgl. Mehrwertsteuer erhält:

				€
1	Grundlagenermittlung	3 %	=	339,33
2	Vorplanung	7 %	=	791,77
3	Entwurfsplanung	11 %	=	1.244,21
4	Genehmigungsplanung	6 %	=	678,66
5	Ausführungsplanung	25 %	=	2.827,75
6	Vorbereitung der Vergabe	10 %	=	1.131,10
7	Mitwirkung bei der Vergabe	4 %	=	452,44
8	Objektüberwachung	31 %	=	3.506,41
9	Objektbetreuung und Dokumentation	3 %	=	339,33
			=	11.311,00

In diesem Honorar allerdings nicht enthalten sind zusätzliche Aufgaben, beispielsweise die Erstellung eines Energiegutachtens oder einer Wärmebedarfsrechnung. Die oben genannten Leistungen beziehen sich ausschließlich auf Planung und Durchführung der konkreten Baumaßnahme der energetischen Modernisierung.

Sehr wichtig zu wissen ist für Sie ferner, dass es in der HOAI zum einen den so genannten Umbauzuschlag gibt und zum anderen einen Passus über die so genannte mitverarbeitete Bausubstanz. Was ist das und was heißt das für Sie? Das heißt, dass nach § 24 der HOAI »Umbauten und Modernisierungen von Gebäuden« Ihr Architekt die Berechtigung hat, auf sein ihm zustehendes Honorar nochmals zwischen 20 und 30 % Umbauzuschlag zu erheben, wenn vertraglich nichts anderes vereinbart ist und dass er ferner bei der Berechnung der anrechenbaren Kosten für sein Honorar alle Bauteilkosten miteinbeziehen darf, mit denen er während des Umbaus befasst war.

Beispiel

Sie lassen durch Ihren Architekten eine Modernisierung Ihrer Fassade und der Fenster durchführen. Ihr Architekt kann dann nicht nur die Dämmung und die Fenster als Kostengrundlage für seine Honorarermittlung festlegen, sondern darüber hinaus z.B. auch die Kosten von ganzen Außenwänden, Dachansätzen, Balkonplatten etc. – eben alles, was er bei seiner Planung und bei der Bauüberwachung mit berücksichtigen musste. Eine solche Berücksichtigung der mitverarbeiteten Bausubstanz kann sehr schnell zur Verdopplung des Honorars des Architekten führen. Wenn Sie eine solche Anrechnung nicht wünschen, müssen Sie dies vertraglich klar ausschließen. Vermerken Sie im Vertrag zu diesem Punkt nichts, hat Ihr Architekt ggf. Anspruch auf ein höheres Honorar.

Besprechen Sie mit Ihrem Architekten daher unbedingt auch die Grundlagen der Honorarermittlung, damit Sie und Ihr Architekt nicht von unterschiedlichen Voraussetzungen ausgehen.

Anwaltliche Prüfung des Architektenvertrags

Aus solchen Gründen empfehlen wir Ihnen grundsätzlich, einen Architektenvertrag einem auf Baurecht spezialisierten und dort auch prozesserfahrenen Anwalt vor Unterzeichnung zur Prüfung vorzulegen. Diese präventive Prüfung eines Vertrags gibt Ihrem Anwalt die Chance, noch rechtzeitig vor Vertragsabschluss eine genaue Prüfung und ggf. Korrektur des Vertrags vorzunehmen.

8.3 Die Fachingenieure

Fachingenieure können durch Sie oder auch durch den Architekten für Sie eingeschaltet werden. Sie sind dann wichtig, wenn es um Wärmebedarfsberechnungen und die exakte Abstimmung zwischen Gebäudedämmung und Gebäudetechnik geht, also in der Regel fast immer. Fachingenieure erbringen ebenfalls Ingenieurdienstleistungen, werden also ebenfalls nach der HOAI honoriert. Sie erbringen üblicherweise aber andere Leistungen als der Architekt und werden daher auch anders honoriert, nämlich z.B. nach § 78 ff. der HOAI, in denen Ingenieurleistungen für den Wärmeschutz und Schallschutz benannt sind. Gemäß dem vorgenannten Honorarbeispiel des Architekten bei Modernisierungskosten von 100.000 Euro netto entstehen Ihnen beispielsweise für den Wärmeschutznachweis zusätzlich Kosten in Höhe von ca. 700 Euro.

Führen Sie den Umbau bzw. die Modernisierung mit einem Architekten durch, wird er es sein, der ein optimales Planungsteam zusammensetzt. Er wird hier ggf. auch auf Erfahrungen früherer Projekte zurückgreifen und entsprechende Büros mit einschalten.

Verträge mit Fachingenieuren

Dennoch wird nicht Ihr Architekt Vertragspartner dieser Fachingenieure, sondern das bleiben natürlich Sie. Das heißt für Sie, dass es genauso wie beim Architektenvertrag wichtig ist, dass Sie einen ausgewogenen, guten Vertrag vereinbaren. Dieser kann am Architektenvertrag orientiert sein, muss es aber nicht. Auch bei den Verträgen der Fachingenieure oder des Fachingenieurs empfehlen wir grundsätzlich, diese durch einen auf Baurecht spezialisierten und dort prozesserfahrenen Anwalt vor Unterzeichnung prüfen zu lassen.

Wichtig ist auch beim Vertragsabschluss mit Fachingenieuren, dass Sie sich die Erreichung bestimmter energetischer Parameter vertraglich festschreiben lassen. Diese energetischen Parameter ergeben sich in der Regel aus den Berechnungen und Modernisierungsvorschlägen des Energieberaters.

8.4 Die Handwerker

Im Gegensatz zum Architekten und den Fachingenieuren werden die Handwerker, die die energetische Planung dann schließlich bautechnisch umsetzen sollen, oft über Ausschreibungen gefunden. Diese werden vom Architekten gemeinsam mit den Fachingenieuren erstellt und dann einem Kreis interessierter Handwerker zugeleitet, mit der Bitte um Abgabe eines Angebotes auf Grundlage der vorliegenden Ausschreibung. Dieses Vorgehen hat deswegen Vorteile gegenüber der direkten Angebotsabgabe durch Handwerksunternehmen, weil Ihnen sonst jeder Handwerker letztlich eine andere Leistung anbieten wird (z.B. unterschiedliche Dämmmaterialien, unterschiedliche Dämmstärken, unterschiedliche Brennersysteme etc.). Bereits in einer solchen Ausschreibung sollte alles festgelegt sein, was auch in einem Bauvertrag festgelegt werden muss. Ist dies der Fall, müssen Sie auf ein solches Handwerkerangebot später nämlich nur noch einen Zuschlag erteilen und es kommt automatisch ein Bauvertrag zustande.

Abschluss von Bauverträgen

Bauverträge können auf Grundlage des Bürgerlichen Gesetzbuches (BGB) oder der Vergabe- und Vertragsordnung für Bauleistungen (VOB), früher Verdingungsordnung für Bauleistungen, geschlossen werden. Während das BGB eher sehr allgemein die werksvertraglichen Pflichten und Rechte regelt, ist die VOB ein speziell für den Bausektor entwickeltes rechtliches Regelwerk, das zahlreiche spezifische Regelungen für den Bausektor enthält. Wenn nichts vereinbart ist, gilt automatisch das BGB. Da die Unterschiede zwischen BGB- und VOB-Bauverträgen erheblich sind, empfehlen wir Ihnen, diesen Punkt mit Ihrem Architekten und einem auf Baurecht spezialisierten Anwalt für Ihren Fall abzuwägen. Ferner empfehlen wir Ihnen, auf weitergehende Ratgeber der Verbraucherzentralen zu diesem Bereich zurückzugreifen. Sie finden hierzu Informationen im Anhang (☞ S. 287).

Vor Vertragsabschluss Referenzobjekte besichtigen

Bevor Sie aber Verträge mit Handwerkern schließen, sollten Sie sich grundsätzlich immer Referenzobjekte der zur Auswahl stehenden Handwerker ansehen und mit den ehemaligen Vertragspartnern, also den Bauherren dieser Handwerker, reden. Fragen Sie z.B. danach, wie die Zusammenarbeit war, welche Probleme es gab und ob in der Folge Bauschäden entstanden sind.

Kapitel 9 ☞

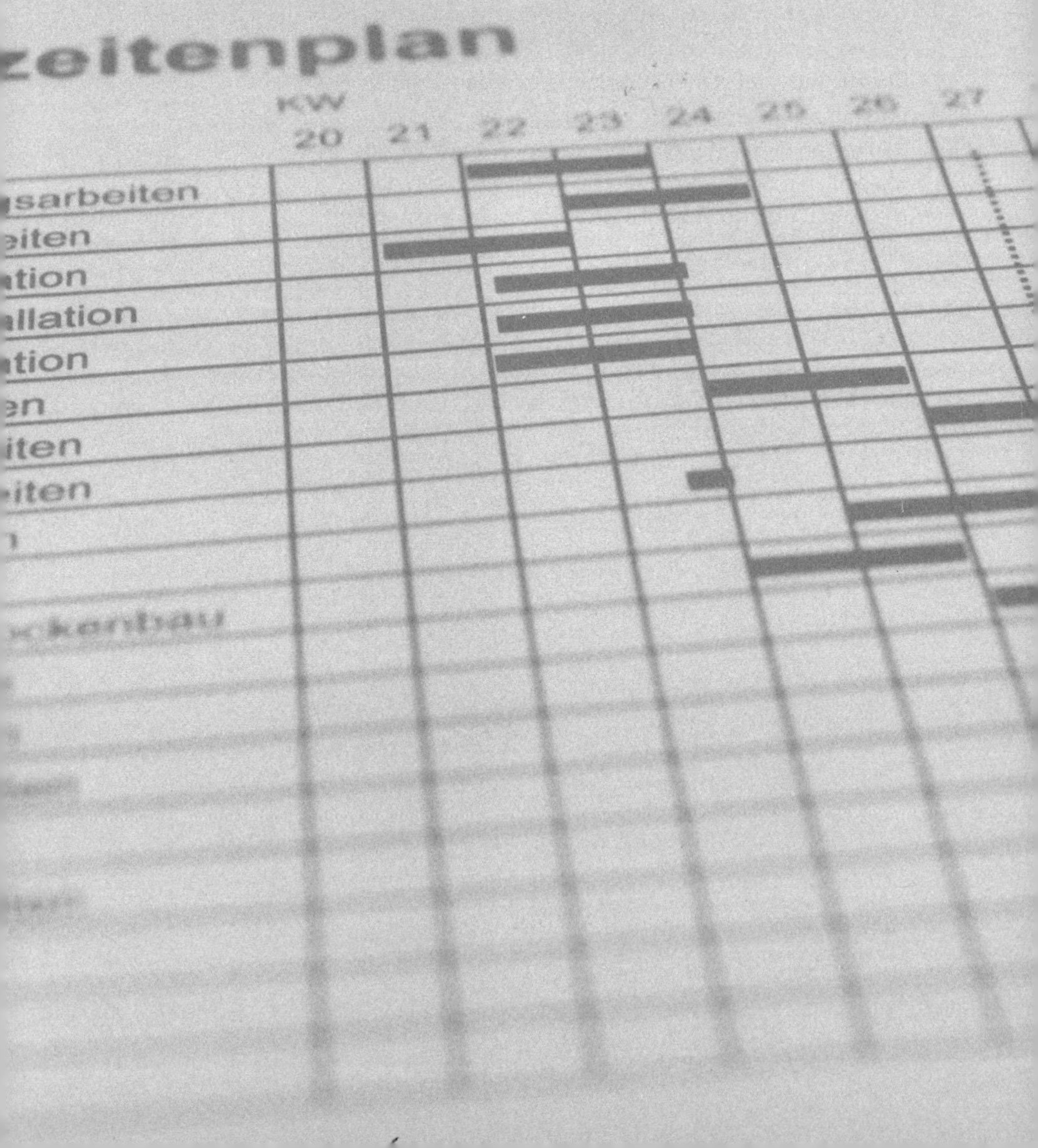

Baugesuch, Bestandsschutz und Bauablauf

Wenn die Entscheidung zur energetischen Modernisierung gefallen ist und alle relevanten Fachleute eingeschaltet sind, beginnt die praktische Umsetzung. Sie können zwar auch diese Phase ohne fachliche Betreuung abwickeln, je nach Umfang der energetischen Modernisierung ist dies aber nicht unbedingt ratsam.

9.1 Wann ist bei Modernisierungsmaßnahmen ein Baugesuch notwendig?

Im Vorfeld mit Behörden sprechen

Die zunächst wichtigste Maßnahme zur Vorbereitung der Bauphase nach umfassender Planung ist die Einreichung eines Baugesuchs, soweit dieses für Ihre Modernisierung notwendig ist. Notwendig ist ein Baugesuch dann, wenn wesentliche Veränderungen an Hausfassaden und Außenbauteilen vorgenommen werden. Wollen Sie also z.B. neue Balkone vor das Haus stellen oder neue oder größere Fenster in der Fassade anordnen, sollten Sie mit der für Sie zuständigen Behörde sprechen. Gleiches gilt aber z.B. auch, wenn Sie auf eine bestehende Fassade, die sich direkt am Gehwegsbereich befindet, also direkt an der Grundstücksgrenze, eine Wärmedämmung oder gar eine Vorsatzschale aus Holz o.ä. aufbringen wollen und dadurch die Grundstücksgrenzen überschreiten. Insoweit Sie für die Modernisierung einen Architekten eingeschaltet haben, wird dieser für Sie die Möglichkeiten hierfür prüfen. Ein Baugesuch kann auch dann erforderlich sein, wenn die Statik des Hauses aufgrund von Umbaumaßnahmen wesentlich geändert wird oder Nutzungsänderungen (z.B. Speicherboden wird Wohnraum) erfolgen.

Haben Sie keinen Architekten eingeschaltet, sollten Sie dringend selber vor Ausschreibung und Aufnahme der Arbeiten klären, inwieweit ein Baugesuch notwendig ist, indem Sie dem zuständigen Sachbearbeiter beim Bauaufsichtsamt Ihr beabsichtigtes Vorhaben schildern. Ist ein Baugesuch notwendig, können Sie dieses als Bauherr nicht selbst beim Bauaufsichtsamt einreichen, sondern müssen mit dieser Aufgabe einen Architekten beauftragen. Soweit Sie Fördermittel für Ihre energetische Modernisierung beantragen wollen, müssen diese in der Regel vor Einreichung des Baugesuchs beantragt und genehmigt worden sein.

9.2 Was heißt Bestandsschutz und wie wird er umgesetzt?

Schutz der Gebäudesubstanz

Bestandsschutz betrifft zum einen Ihr eigenes Gebäude und dessen Bauteile, die vor Beschädigungen bei der Modernisierung geschützt werden sollen, und zum anderen umgebende Gebäude, aber auch Tiefbauteile (also Bauteile unter dem Erdreich, die nicht zum Gebäude gehören) oder Flora, die durch die Maßnahmen nicht beeinträchtigt werden darf.

Hinsichtlich Ihres eigenen Gebäudes ist daher wichtig, dass alle Bereiche, die von der Modernisierungsmaßnahme berührt werden, während derselben gut geschützt sind. Es muss geklärt werden, wo z.B. das Gerüst steht und wie es befestigt werden soll. Es muss

Der Einsatz von Schuttrutschen schont das Umfeld

geklärt werden, welche Räumlichkeiten Handwerker betreten müssen und in welche sie nicht sollten. Es müssen ggf. Staubschutzwände gestellt werden, ohne angrenzende Bereiche zu beschädigen. Es müssen Boden- und Wandschutzmaßnahmen getroffen werden. Beim Herausnehmen von Fenstern müssen ggf. Staubzellen innen vor die Fenster gesetzt werden. Schutt kann in geschlossenen Schuttrutschen entsorgt werden oder aber über entsprechende Außenaufzüge. Ein einfacher Schuttabwurf direkt aus dem Fenster in den am Boden stehenden Container sollte nicht erfolgen.

Dokumentation der Situation vor Beginn der Arbeiten

Soweit Maßnahmen zum Bestandsschutz notwendig sind, muss bei umgebenden Gebäuden eine Bestandsaufnahme durchgeführt werden, um beispielsweise bereits bestehende Schäden fotografisch und schriftlich festzuhalten, damit später nicht Diskussionen aufkommen, welcher Schaden woher rührt. Eine solche Maßnahme ist auch bei energetischen Modernisierungen insbesondere dann wichtig, wenn Sie z.B. ein Reihenhaus bewohnen und Ihre Hauswände direkt an die Wände des Nachbarn anschließen.

Wichtig ist bei eventuellen Aushubarbeiten, z.B. aufgrund einer geplanten Sockeldämmung des Kellersockels, vorab zu prüfen, ob im Arbeitsbereich Tiefbauleitungen, wie Kanalrohre, Gasanschlüsse oder Telekommunikationskabel, liegen. Sehr wichtig ist schließlich auch ein guter Baumschutz. Selbst ein robuster Baum kann unter der ständigen Nutzung als Gerüst- oder Materialstütze oder aber als »zweites Bau-WC« so großen Schaden nehmen, dass er Ihre Modernisierungsmaßnahme nicht überlebt.

Bei Aushubarbeiten auf Versorgungsleitungen achten

Bestandsschutz mit in die Ausschreibung aufnehmen

Für all diese Maßnahmen sollte Ihr Architekt oder Baubetreuer bereits in der Ausschreibung konkrete Positionen aufnehmen, damit später keine Diskussionen darüber entstehen, was ausreichende Schutzmaßnahmen alles enthalten müssen.

9.3 Planung, Bauablauf und Baukontrolle

Sorgfältige Planung vor Baubeginn

Auch einer einfachen Modernisierung sollte eine gründliche Planung vorausgehen, sonst kommt es später auf der Baustelle zu vermeidbaren, langen Diskussionen wie bestimmte Details gelöst werden sollen. Vor allem bei Anschlussdetails, wie z.B. der Fensteranschluss an das bestehende Außenmauerwerk, ist große Sorgfalt wichtig. Nicht sorgfältig geplante Details führen zu Kostenproblemen, z.B. weil Unklarheiten auftauchen, nachdem ein Handwerkerangebot bereits kalkuliert wurde, das diese Unklarheiten aber anders interpretierte und einen zu niedrigen Preis ansetzte. Außerdem verlängern nicht sorgfältig geplante Details möglicherweise die angesetzte Bauzeit, weil während der laufenden Bauphase nach Lösungen gesucht werden muss, was bis hin zu einem notwendig werdenden Baustopp führen kann.

Mit Überraschungen muss gerechnet werden

Auf der anderen Seite ist bei Modernisierungen auch nicht alles planbar, da ja an einem bereits bestehenden Objekt gearbeitet wird, das ggf. die eine oder andere Überraschung birgt, mit der man nicht gerechnet hatte. Daher muss manchmal auch flexibel und schnell reagiert werden und eine Lösung für ein unerwartetes Problem während des Bauablaufs in enger Abstimmung mit den Handwerksbetrieben herbeigeführt werden.

Zur Planung gehört ferner eine exakte Zeitplanung, damit vor allem die witterungsabhängigen und damit kritischen Gewerke wie Heizungsmodernisierung und Fenstertausch zügig abgewickelt werden. Ein Heizungs- oder Fensteraustausch im Winter beispielsweise sollte tunlichst vermieden werden. Entsprechend müssen die Vorplanungen, Ausschreibungen und Vertragsabschlüsse mit den Handwerksunternehmen koordiniert sein. Sehr wichtig ist hier beispielsweise, dass die Handwerkerferien berücksichtigt werden.

Anwesenheit des Architekten vor Ort

Bei der Bauleitung ist es ganz wichtig, dass Ihr Architekt oder Bauleiter insbesondere bei den kritischen Arbeiten vor Ort ist. Häufig wissen die Handwerksbetriebe nicht, welche fatalen Auswirkungen selbst kleinste, falsch ausgeführte Details, wie z.B. nicht gedämmte Fensterbänke, haben oder auch nur kleine Wärmebrücken. Gerade die Dämm- und Fensteranschlussarbeiten müssen sehr sorgfältig ausgeführt werden. So kann es sinnvoll sein, eine Fensterbank und deren Dämmung gemeinsam als Muster unter Anwesenheit des Bauleiters ausführen zu lassen, ähnlich kann mit dem Fensterbau oder der Sockeldämmung vorgegangen werden.

Außerdem sollten Sie vertraglich einen Jour Fixe, einen festen und immer wiederkehrenden Termin mit Ihrem Bauleiter, vereinbaren, der mindestens wöchentlich, besser zu Beginn und zum Ende der Woche vereinbart wird, bei dem alle auftauchenden Probleme und Fragen durchgesprochen werden können.

Dokumentation der Arbeiten

Da gerade energetische Modernisierungen häufig »bewohnte Baustellen« sind, haben Sie zwar den Nachteil, dass Sie viel Lärm und Dreck ertragen müssen. Andererseits haben Sie jedoch die Baustelle ständig im Blick. Sie können daher ohne großen Aufwand eine Dokumentation anfertigen, indem Sie z.B. den Fortgang der Arbeiten mit dem Fotoapparat täglich aufnehmen und hier nicht zuletzt auch Details, die man später nicht mehr sieht, weil sie z.B. unter Putz liegen, ganz genau dokumentieren.

Damit die Handwerker nicht ungehalten werden, weil Sie Fotos vom Bauablauf machen, empfiehlt es sich, mit den Handwerkern vorab zu sprechen und Ihnen mitzuteilen, dass Sie ganz einfach ein fotografisches Bautagebuch führen möchten, in dem die Modernisierung festgehalten wird. Teilen Sie den Handwerkern in jedem Fall auch mit, dass Sie ungefragt keine Aufnahmen von Personen machen werden.

Archivierung des Bildmaterials

Archivieren Sie das Material sorgfältig und legen Sie es bei Fragen oder Ungereimtheiten jeweils beim Jour Fixe Ihrem Architekten oder Bauleiter mit der Bitte um Klärung vor.

Kapitel 10 ☞

Abnahme, Schluss-rechnung und Gewährleistung

Nach einem erfolgreichen Bauablauf ist ein wesentlicher Schritt der gut organisierte Bauabschluss mit

- einer ordnungsgemäßen Abnahme der Handwerkerleistungen,
- einer Überprüfung des Sanierungserfolgs und
- einer ordnungsgemäßen Schlussrechnungsprüfung.

Durch falsches Vorgehen bei diesen Schritten können Sie sich selbst erhebliche Nachteile einhandeln, bis hin zum Verlust von Rechtsansprüchen.

10.1 Die Abnahme von Handwerkerleistungen

Nach Fertigstellung erfolgt die Abnahme

Nachdem der Handwerker seine Arbeiten, die ihm beauftragt wurden, fertiggestellt hat, besteht seinerseits grundsätzlich ein Anspruch auf Abnahme seiner Handwerkerleistung. Die erfolgte Abnahme wiederum berechtigt ihn dazu, die Schlussrechnung zu stellen. Je nachdem, ob Sie einen Bauvertrag nach BGB oder nach VOB geschlossen haben, kann die Abnahme auf unterschiedliche Weise erfolgen. Zum Beispiel:

- als stillschweigende Abnahme
- als ausdrückliche, aber formlose Abnahme
- als fiktive Abnahme
- oder aber als förmliche Abnahme **(empfohlen)**

Zu empfehlen ist immer die so genannte förmliche Abnahme mit einer gemeinsamen Begutachtung der erbrachten Leistungen vor Ort und einem gemeinsamen Abnahmeprotokoll. Dies sollte bereits schriftlich in der Ausschreibung so festgehalten werden und auch im Bauvertrag nochmals so fixiert sein. Hierbei wird die erbrachte Leistung genau unter Augenschein genommen, die Heizungsanlage beispielsweise auch in Betrieb genommen, alle notwendigen Unterlagen und Garantieerklärungen werden übergeben, ggf. erfolgen auch Einweisungen.

Mängel, die bei einem Abnahmetermin erkannt werden, müssen schriftlich im Abnahmeprotokoll festgehalten und vorbehalten werden, sonst verlieren Sie den Anspruch auf Beseitigung. Bei einer Abnahme sollten aber nicht nur Sie und Ihr Handwerker zugegen sein, sondern unbedingt auch Ihr Architekt oder Bauleiter, auch wenn das im Sinne der Abnahme rechtlich keine Rolle spielt, da die Handwerkerverträge zwischen Ihnen und den Handwerksbetrieben vereinbart wurden. Trotzdem ist seine Anwesenheit zur Prüfung der Vollständigkeit und Mängelfreiheit der Leistung unverzichtbar, und Sie sollten daher darauf bestehen.

Die Arbeiten im Vorfeld in Ruhe besichtigen

Zu empfehlen ist immer, einige Tage vor einer Abnahme nochmals gemeinsam mit einem unabhängigen Fachmann in Ruhe alles zu begutachten und sich bei diesem Termin bereits Notizen zu machen, die man dann in das Abnahmeprotokoll mit einfließen lassen kann. Eine erfolgte Abnahme hat grundsätzlich folgende Auswirkungen:

- Der Unternehmer hat Anspruch auf Bezahlung seiner Leistung.
- Die Gewährleistungszeit beginnt.
- Mängelbeseitigung bestehender Mängel nur bei Vorbehalt.
- Vereinbarte Vertragstrafe nur bei Vorbehalt.
- Umkehr der Beweislast (Die Beweislast liegt nun bei Ihnen.).
- Gefahrenübergang auf den Auftraggeber.

Auswirkungen der Abnahme

10.2 Die Überprüfung des Sanierungserfolgs

Prüfung mittels Blower-Door-Tests

Die Überprüfung des Sanierungserfolgs gestaltet sich insofern schwierig, als gerade eine energetische Modernisierung mindestens einmal über einen strengen Winter hinweg getestet werden müsste, um Erfolge auch in der Praxis des Gebäudebetriebs festzustellen. Trotzdem kann man auch noch vor einer Abnahme der Handwerkerleistungen bestimmte Tests durchführen, die einem mindestens Anhaltspunkte geben, ob die energetische Modernisierung erfolgreich war. Hierzu gehört vor allem das Instrument, mit dem auch bei der Gebäudeuntersuchung energetische Schwachstellen aufgespürt werden sollen, nämlich der Blower-Door-Test (☞ Kapitel 4.2.4). Dieser sollte nach Abschluss der Handwerkerleistungen und vor der Schlussabnahme am fertigen Objekt in jedem Falle durchgeführt werden: So können Sie sicher sein, dass die Gebäudehülle wirklich dicht ist. Zu überlegen ist auch, ob man nicht im darauffolgenden Winter und damit noch innerhalb der Gewährleistungszeit eine Thermografie der Gebäudehülle vornehmen lässt, um mögliche Wärmebrücken festzustellen.

Die Heizung wiederum und z.B. auch Photovoltaikanlagen sollten vor der Abnahme für eine kurze Zeit in vollen Betrieb gehen, um mindestens ansatzweise Anhaltspunkte für einen reibungslosen Betrieb zu haben.

10.3 Die Ausstellung des Energiebedarfsausweises

Der Energiebedarfsausweis

Ganz wichtig im Zusammenhang mit der Sanierung ist auch die formale Feststellung der Sanierung. Dies geschieht durch die Ausstellung des Energiebedarfsausweises (☞ Seite 278), die übrigens bei umfangreichen energetischen Modernisierungen auch verpflichtend ist. Die Ausstellung eines solchen Ausweises wird ebenfalls durch eine Verordnung geregelt. Neben der EnEV, die am 1. Februar 2002 in Kraft trat, wurde kurz darauf auch eine »Allgemeine Verwaltungsvorschrift zu § 13 der Energieeinsparverordnung (AVV Energiebedarfsausweis)« in Kraft gesetzt. Sie stammt vom 7. März 2002 und enthält wichtige Regelungen, in welcher Weise der Energiebedarfsausweis aufgebaut sein muss und was er enthalten muss. Die AVV nimmt hierbei vornehmlich Bezug auf zu errichtende Gebäude, geht aber auch auf Energiebedarfsausweise für Bestandsgebäude explizit ein.

Sie erläutert in § 2 zunächst, welche allgemeinen Angaben im Energiebedarfsausweis gemacht werden müssen, in § 3 welcher strukturelle Aufbau zu wählen ist und in § 4 welche Inhalte dort einzutragen sind. § 6 schließlich erläutert, wann und unter welchen Bedingungen auch für Bestandsgebäude Energiebedarfsausweise zu erstellen sind und was sie beinhalten müssen. Die Ausstellung eines solchen Energiebedarfsausweises ist für Sie auch für einen eventuell einmal anstehenden

Verkauf Ihres Hauses oder Ihrer Wohnung wichtig, denn er dokumentiert den reduzierten Energiebedarf des Objekts schon vor der Modernisierung. Dazu wird der reduzierte Energiebedarf auf Basis der geplanten Modernisierung errechnet und entsprechend im Energiebedarfsausweis prognostiziert. Damit ist der Energiebedarfsausweis ein Beleg für einen gestiegenen Wiederverkaufswert. Da das Thema Energie einen immer größeren Raum einnimmt, nicht zuletzt aufgrund der gesetzlichen Forderungen, werden zukünftige Käufer auch immer öfter Angaben zum Energiebedarf verlangen. Hierauf sollten Sie in jedem Fall gut vorbereitet sein.

Was der Energiebedarfsausweis enthalten muss

In Energiebedarfsausweisen müssen gemäß § 2 der AVV folgende allgemeine Angaben gemacht werden:

1	Die Bezeichnung des Gebäudes oder Gebäudeteils sowie Ort mit Postleitzahl, Straße, Hausnummer und Baujahr.
2	Die Nutzungsart, insb. ob es sich um ein Wohngebäude nach § 2 Nr. 2 der EnEV handelt.
3	Die wärmeübertragende Umfassungsfläche A nach Anhang 1 Nr. 1.3.1 der EnEV.
4	Das beheizte Gebäudevolumen V_e nach Anhang 1 Nr. 1.3.2 der EnEV.
5	Das Verhältnis A/V_e nach Anhang 1 Nr. 1.3.3 der EnEV.
6	Für Wohngebäude die Gebäudenutzfläche A_N nach Anhang 1 Nr. 1.3.4 der EnEV.
7	Die Art der Heizungsanlage und der Warmwasserbereitung sowie die Art und der Anteil erneuerbarer Energien.
8	Das Datum der Ausfertigung des Ausweises.
9	Name, Anschrift, Funktion oder Firma und eigenhändige Unterschrift des Ausstellers.

Die Angaben nach den Nummern 8 und 9 sollen gemäß AVV am Schluss des Ausweises stehen.

§ 3 der AVV gliedert den strukturellen Aufbau des Ausweises. Dazu wird ein Muster vorgegeben, dessen Aufbau eingehalten werden sollte.
Das Muster besteht aus:

I	Objektbeschreibung
II	Energiebedarf
III	Weitere energiebezogene Merkmale

Das Muster eines Energiebedarfsausweises finden Sie im Anhang (☞ Seite 278) dieses Buches

Anlagen zum Energiebedarfsausweis

Die AVV weist darauf hin, dass vor allem den Teilen I und III Anlagen beigefügt sein können. Die Betonung liegt hier allerdings auf »können« und nicht auf »müssen«, daher sind die nachfolgenden zahlreichen Verweise und Bezugnahmen auf die EnEV relativ zu sehen und nicht zwingend notwendig:

1	Die Dokumentation einer durchgeführten Dichtigkeitsprüfung nach § 5 Absatz 1 Satz 3 in Verbindung mit Anhang 4 Nr. 2 der EnEV.
2	Einzelberechnungen zum Wärmeschutz mit den geometrischen und thermischen Eigenschaften der Außenbauteile einschließlich der Berücksichtigung von Wärmebrücken.
3	Die Berechnungsblätter für die Anlagentechnik nach DIN V 4701-10 Anhang A.
4	Dokumente über die energetischen Eigenschaften wesentlicher Bauteile, insbesondere der Anlagentechnik, wenn nicht von Standardwerten Gebrauch gemacht wird.

5 Erteilte Ausnahmen nach § 16 der EnEV und Befreiungen nach § 17 der EnEV.

6 Angaben und Erläuterungen zum Wesen und Verständnis der im Energiebedarfsausweis angegebenen Kennwerte.

In § 4 geht die AVV auf die Inhalte ein, die in den drei Bereichen aus § 3 »I. Objektbeschreibung«, »II. Energiebedarf« und »III. Weitere energiebezogene Merkmale« einzutragen sind.

Zur »Objektbeschreibung« sind die Angaben aus § 2 einzutragen.

Angaben zum Energiebedarf

Zum »Energiebedarf« ist Folgendes einzutragen:

1 Der zulässige Höchstwert des Jahres-Primärenergiebedarfs für das Gebäude nach § 3 Absatz 1 in Verbindung mit Anhang 1 Nr. 1 der EnEV.

2 Der Wert des nach § 3 Absatz 2 in Verbindung mit Anhang 1 Nr. 2 oder 3 der EnEV für das Gebäude berechneten Jahres-Primärenergiebedarfs.

3 Die Werte nach Anhang 1 EnEV in Verbindung mit DIN V 4701-10 für den berechneten Energiebedarf, getrennt nach eingesetzten Energieträgern, als absolute Angabe für das ganze Gebäude und als spezifischer Wert.

In § 6 schließlich geht die AVV auf die besonderen Bedingungen von Bestandsgebäuden ein und wie deren Energiebedarfsausweis zu erstellen ist. Hierbei ist zu erwähnen, dass es bei Bestandsgebäuden grundsätzlich zwei Formen von Energiebedarfsausweisen geben kann: freiwillige und verpflichtende. Freiwillige Energiebedarfsausweise kann man sich dann ausstellen lassen, wenn man beispielsweise nur die Heizungsanlage wechselt, nicht aber an die Dämmung der Gebäudehülle geht. Oder aber wenn man nur die Heizungsanlage modernisiert und nicht mehr als 20 % der Außenbauteile gleicher Orientierung (gemäß EnEV) erneuert. Wird eine umfassende energetische Modernisierung durchgeführt, also neben der Modernisierung der Heizungsanlage auch an großen Teilen der Gebäudehülle eine neue Dämmung aufgebracht und neue Fenster eingesetzt oder aber wird ein Anbau von mehr als 30 m³ an das bestehende Haus gebaut, besteht die Pflicht zur Ausstellung eines Energiebedarfsausweises.

Anforderungen für Bestandsgebäude

§ 6 der AVV stellt für Bestandsgebäude folgende Anforderungen:

1	Wird der Energiebedarfsausweis anlässlich einer wesentlichen Änderung (des Gebäudes) gemäß § 13 Absatz 2 der EnEV aufgestellt, ist in Abschnitt I (des Energiebedarfsausweises) zusätzlich zum Baujahr das Jahr der baulichen Änderung anzugeben. In Abschnitt II sind der Hinweis »Dieser Energiebedarfsausweis wurde anlässlich einer wesentlichen Änderung des Gebäudes aufgestellt. Von der wesentlichen Änderung sind folgende Bauteile betroffen:« und eine Aufzählung der von der wesentlichen Änderung betroffenen Bauteile anzufügen.
2	Wird der Energiebedarfsausweis für ein bestehendes Gebäude freiwillig aufgestellt, ist in Abschnitt I der folgende Hinweis aufzu-

nehmen: »Dieser Energiebedarfsausweis wurde freiwillig für ein bestehendes Gebäude aufgestellt.«.

3 Wird der Energiebedarfsausweis anlässlich eines Nachweises gemäß § 8 Absatz 2 der EnEV freiwillig aufgestellt, ist in Abschnitt I zusätzlich zum Baujahr das Jahr der baulichen Änderung anzugeben. In Abschnitt II ist folgender Hinweis anzufügen: »Dieser Energiebedarfsausweis wurde aufgestellt, um anlässlich einer baulichen Änderung des Gebäudes nachzuweisen, dass der für ein gleichartiges neu zu errichtendes Gebäude zulässige Höchstwert um nicht mehr als 40 vom Hundert überschritten wird.« Neben diesem Hinweis sind in diesen Fällen die zulässigen Höchstwerte nach § 4 Absatz 2 Nr. 1 (Jahres-Primärenergiebedarf) und nach § 4 Absatz 6 Nr. 1 (spezifischer, auf die wärmeübertragende Umfassungsfläche bezogener Transmissionswärmeverlust) für ein gleichartiges neu zu errichtendes Gebäude erkennbar mit einem Zuschlag von 40 vom Hundert versehen anzugeben.

Anschließend wird in der AVV noch darauf hingewiesen, dass die energiebezogenen Merkmale von Gebäudeteilen, die von der Änderung nicht betroffen sind – gleichwohl aber in eine Gesamtberechnung mit einbezogen werden müssen, jedoch nicht aus vorliegenden Bauunterlagen ermittelt werden können –, in Anlehnung an einschlägige technische Regeln in geeigneter Weise angenommen werden dürfen.

Sie müssen sich all' diese doch sehr kompliziert geratenen Regelungen des Gesetzgebers aber nicht im Einzelnen merken. Wichtig ist für Sie zu wissen, wie in etwa ein Energiebedarfsausweis aussieht und was in etwa er beinhalten muss. Ferner ist wichtig zu wissen, dass in fast allen Durchführungsverordnungen der Länder zur EnEV und zur AVV geregelt ist, dass der Planverfasser, also z.B. der Architekt, auch den Energiebedarfsausweis ausstellen soll. Da Sie bei einer umfassenden energetischen Modernisierung ohnehin einen Fachmann einschalten sollten, wird dieser dann auch den Bedarfsausweis erstellen.

Auch die Berechnungsgrundlagen aushändigen lassen

Lassen Sie sich von ihm jedoch nicht nur den Energiebedarfsausweis aushändigen, sondern auch alle Berechnungsgrundlagen und Berechnungsschritte, die zu dem Ergebnis geführt haben. Vor Bezahlung des diesbezüglichen Honorars sollten Sie diese Unterlagen zunächst Ihrer Bauaufsichtbehörde zur Prüfung vorlegen. Sofern diese hierzu nicht bereit ist, lassen Sie sich dies für Ihre Unterlagen kurz schriftlich bestätigen.

Legen Sie die Unterlagen dann ggf. einem neutralen Fachmann (z. B. Energieberater) vor, der sie auf Vollständigkeit und Richtigkeit prüft. Als Bauherr sind Sie damit Ihrer Sorgfaltspflicht in hohem Maße nachgekommen.

10.4 Die Prüfung von Handwerker- und Architektenschlussrechnung

Schlussrechungsprüfung nach Abnahme

Nachdem der Sanierungserfolg überprüft ist und die Abnahmen durchgeführt sind, erfolgt die Schlussrechnungsprüfung des Handwerkers und die Prüfung der Honorarschlussrechnung des Architekten bzw. Baubetreuers.

Handwerkerschlussrechnungen und Honorarschlussrechnungen ist gemeinsam, dass die abgenommene, mängelfrei erbrachte Leistung sowie die Prüffähigkeit der Rechnung Voraussetzungen für Ihre Fälligkeit sind. Die Leistung ist dann abgenommen und mängelfrei erbracht, wenn eine Abnahme der erbrachten Leistungen stattgefunden hat und bei dieser Abnahme keine wesentlichen Mängel festgestellt und vorbehalten wurden. Prüffähig ist eine Schlussrechnung dann, wenn sie in Inhalt, Aufbau und Berechnungsansätzen übersichtlich und klar nachvollziehbar die abgerechneten Leistungen und die dazugehörigen Grundlagen darlegt. Sie muss ferner besondere und zusätzliche Leistungen gesondert darlegen.

Wann die Schlussrechnung prüffähig ist

Während bei einer Handwerkerrechnung vornehmlich das ursprünglich abgegebene Angebot herangezogen wird und dann entweder nach Pauschalpreisvertrag oder aber nach dem Einheitspreisvertrag abgerechnet wird, wird bei der Architektenhonorierung die in Kapitel 8.2 erläuterte Honorarordnung für Architekten und Ingenieure herangezogen, bei der die veranschlagten bzw. tatsächlich angefallenen Baukosten eine wesentliche Rolle spielen. Da auf diesem Gebiet zahlreiche Fehler gemacht werden und Transparenz und Übersichtlichkeit nur selten gewahrt sind, sollten Sie sich vor Rechnungsprüfung gut in die Materie einarbeiten, damit Überbezahlungen oder fehlerhafte Rechnungsprüfungen vermieden werden. Zwar ist die Prüfung der Handwerkerrechnungen Aufgabe des Architekten, aber die Handwerker werden bei Fehlern Ansprüche gegenüber Ihnen geltend machen, denn Sie sind Ihr Vertragspartner. Davon abgesehen müssen Sie spätestens die Honorarrechnung Ihres Architekten natürlich selbst prüfen.

Während eine Handwerkerrechnung durch die vorliegenden Angebotspreise und die tatsächlich erbrachten Leistungen vor Ort durch Ihren Architekten gut geprüft werden kann, ist die Prüfung der Honorarschlussrechnung eines Architekten für einen Laien nicht ganz einfach, zumal auch viele Architekten keine prüffähigen Honorarschlussrechnungen stellen.

Wann der Architekt die Schussrechnung stellen kann

Grundsätzlich ist zu sagen, dass die Voraussetzung für die Fälligkeit einer Honorarschlussrechnung des Architekten, Bauleiters oder Fachingenieurs die vertragsgemäß erbrachte, abgeschlossene Leistung und die Prüfbarkeit der Rechnung ist. Hat der Architekt bzw. Bauleiter mit Ihnen beispielsweise die Leistungsphase 9 der HOAI »Objektbetreuung und Dokumentation« vertraglich vereinbart, endet seine vertragsgemäße Leistung erst mit dem Ablauf der letzten Gewährleistungsfrist der Unternehmer. Eine Honorarschlussrechnung könnte in diesem Fall erst ca. vier (VOB 2002) bis fünf Jahre (BGB) nach Fertigstellung der energetischen Modernisierung erfolgen. Viele Architekten und Bauleiter vereinbaren diese Leistungsphase daher gesondert von den anderen Leistungen.

Die Honorarschlussrechnung eines Architekten oder Bauleiters ist dann prüffähig, wenn sie vom Auftraggeber nachvollziehbar auf Korrektheit geprüft werden kann, und zwar sowohl sachlich wie auch rechnerisch. Folgende Punkte sollte eine Honorarschlussrechnung mindestens beinhalten:

- Objektbezeichnung und Vertragsgrundlage,
- Aufschlüsselung der anrechenbaren Kosten nach den jeweiligen Leistungsphasen,

- Honorarzone und Honorarsatz,
- Aufführen der erbrachten Grundleistungen,
- Aufführen eventueller besonderer Leistungen,
- Honorarberechnung nach Tabelle § 16 inklusive des nachvollziehbaren Rechenweges der Interpolation,
- Zusatzhonorar eventueller besonderer oder zusätzlicher Leistungen,
- Ermittlung Erfolgshonorar, falls vereinbart,
- Nebenkostenermittlung,
- Abzug von Abschlagszahlungen,
- Mehrwertsteuer,

Ermittlung der anrechenbaren Kosten

Nach der HOAI werden die anrechenbaren Kosten, also jene Kosten auf die das Honorar prozentual ermittelt wird, getrennt ermittelt, und zwar:

- Für die Leistungsphase 1 bis 4 der HOAI nach der Kostenberechnung, die der Architekt zum Zeitpunkt der Planung erstellen muss.
- Für die Leistungsphasen 5 bis 7 der HOAI nach dem Kostenanschlag, der feststeht, wenn die Handwerker Ihre Angebote abgegeben haben.
- Für die Leistungsphasen 8 bis 9 der HOAI nach der Kostenfeststellung, die nach Beendigung des Bauvorhabens und den geprüften Schlussrechnungen feststeht.

Auch wenn Sie die Kostenberechnung, den Kostenanschlag und die Kostenfeststellung schon erhalten haben, müssen diese der Honorarordnung des Architekten oder Bauleiters nochmals beigefügt sein.

10.5 Die Gewährleistung

Sowohl Handwerker wie auch Bauleiter oder Architekt stehen Ihnen während der Gewährleistungszeit der an Ihrem Gebäude vorgenommenen Arbeiten für kostenfreie Mängelbeseitigungen der erbrachten Leistungen zur Verfügung.

Während die Gewährleistungsfrist für Handwerker entweder nach VOB oder nach BGB geregelt werden kann, unterliegt die Gewährleistungsfrist des Architekten automatisch dem Werkvertragsrecht des BGB. Architekten haften für ihre Fehler in der Regel fünf Jahre, in Einzelfällen aber bis zu 30 Jahren, vor allem dann, wenn es sich um so genannte arglistig verschwiegene Mängel handelt. Der Architekt schuldet Ihnen gemäß Werkvertragsrecht nicht nur eine Leistung, also z.B. den Umbau eines Hauses, sondern insbesondere den Werkerfolg, also die Planung und Erstellung eines mangelfreien Umbaus.

Unterschiedliche Fristen nach BGB oder VOB

Auch der Handwerker schuldet Ihnen einen Werkerfolg. Seine Gewährleistungsfrist kann aber unterschiedlich geregelt werden. Schließen Sie mit dem Handwerker beispielsweise einen klassischen Werkvertrag nach BGB ab, haben Sie fünf Jahre Gewährleistung auf die erbrachte Leistung. Schließen Sie einen Vertrag nach der Vergabe- und Vertragsordnung für das Bauwesen (VOB 2002), haben Sie eine vierjährige Gewährleistung (nach der alten Verdingungsordnung für Bauleistungen VOB 2000 nur zwei Jahre). Sie können jedoch auch die VOB vereinbaren und abweichend hiervon eine fünfjährige Gewährleistung nach BGB. Dies wird im Bauwesen sehr häufig gemacht, weil hierdurch die wesentlichen Vorteile der VOB mit den

Vorteilen des BGB vereint werden können. Allerdings ist auch dies mit einer gewissen Vorsicht zu genießen, denn es ist bis heute ein strittiger Punkt, ob durch die Vereinbarung einerseits der VOB andererseits aber von der VOB abweichender Regelungen nicht diese insgesamt als nicht abgeschlossen gelten muss. Bei der reinen Gewährleistungsdauer wird dies bislang akzeptiert.

Vorgehensweise bei Mängeln

Tritt nun ein Mangel an den erbrachten Leistungen der energetischen Modernisierung auf, ist ein strukturiertes Vorgehen sehr wichtig. Zunächst ist zu kontrollieren, ob die Gewährleistungszeit überhaupt noch läuft. Ist dies der Fall, ist umgehend der Bauleiter bzw. Architekt einzuschalten. Dieser wird dann erst einmal prüfen, ob ein Werkvertrag nach VOB oder BGB vorliegt und dann entweder über die Aufforderung zur Beseitigung des Mangels gemäß VOB vorgehen oder aber entsprechend nach dem BGB. Während aber bei einem Werkvertrag nach VOB bereits das Mangelschreiben die Gewährleistungszeit unterbricht, ist dies bei einem entsprechenden Schreiben und einem BGB-Werkvertrag nicht der Fall. Hier wird die Gewährleistungszeit nur durch Anerkenntnis des Handwerkers, Klageerhebung Ihrerseits oder Einleitung eines selbstständigen Beweisverfahrens unterbrochen.

Stehen Sie kurz vor dem Ablauf einer fünfjährigen Gewährleistungsfrist nach BGB und entdecken einen Mangel, kann daher nicht nur Eile geboten sein, um Ihre Ansprüche zu retten, sondern vor allem auch die Einschaltung eines auf Baurecht spezialisierten und prozesserfahrenen Anwalts.

Zum Schluss

Sie werden es beim Durchlesen des vorliegenden Buches bemerkt haben: die umfassende energetische Modernisierung von Bestandsgebäuden geht weit über das hinaus, was die EnEV gesetzlich vorschreibt.

Nun muss aber auch erwähnt werden, dass der Gesetzgeber grundsätzlich einen richtigen Weg gegangen ist, als er die Wärmeschutzverordnung und die Heizungsanlagenverordnung in eine gemeinsame Verordnung packte. Ferner musste der Gesetzgeber natürlich darauf achten, dass er die Bürgerinnen und Bürger durch die Verordnung nicht finanziell überfordert und zu sehr hohen Ausgaben zwingt.

Es spricht nichts dagegen, mehr zu tun als gefordert

Manches an der neuen Verordnung mag unbefriedigend sein, gar unverständlich und auch ärgerlich, vor allem die viel zu komplizierten Regelungen. Andererseits muss man sehen, dass der Staat einen nicht davon abhält, in Eigeninitiative und in Eigenverantwortung zu handeln und die Vorgaben aus der EnEV durch sehr viel umfassenderes und in sich logischeres Vorgehen bei der Gebäudemodernisierung zu optimieren. Ansprechpartner zu Förderprogrammen finden Sie im Anhang unter dem Punkt »Adressen« (☞ S. 281).

Entsprechend dieser Maßgabe ist es der Versuch des vorliegenden Buches, Ihnen konkrete Ansätze und Handlungsmöglichkeiten für eine umfassende energetische Modernisierung aufzuzeigen, die die Vorgaben der EnEV zwar eingehend berücksichtigen, aber sehr viel mehr bewirken, als nur und ausschließlich diese im exakten gesetzlichen Rahmen umzusetzen.

Denn nur eine über die EnEV hinausgehende, umfassende und auf alle Gebäudeelemente abgestimmte energetische Modernisierung ist letztlich wirklich sinnvoll.

Wir wünschen Ihnen ein gutes Gelingen bei der energetischen Modernisierung Ihres Gebäudes.

Für Anregungen oder Kritik zu dem vorliegenden Buch sind wir jederzeit gerne offen.

Anhang ☞

Beispielrechnung des U-Wertes einer Außenwand

Beim Wärmedurchgangskoeffizienten handelt es sich um den U-Wert (früher k-Wert) eines Bauteils, z.B. einer Außenwand oder eines Dachs. Der U-Wert gibt den Wärmedurchgang durch dieses Bauteil an. Bei der Berechnung des U-Werts werden drei physikalische Vorgänge berücksichtigt:

1. Der Wärmeübergang vom beheizten Innenraum in das Außenbauteil
2. Der Wärmedurchgang durch das Außenbauteil
3. Der Wärmeübergang vom Außenbauteil in den kühlen Außenbereich

Während für die Wärmeübergänge vom Innenraum in das Bauteil und vom Bauteil in den kühlen Außenbereich feste Rechengrößen angesetzt werden, hängt der Wärmedurchgang durch das Bauteil von der Wärmeleitfähigkeit und Dicke der einzelnen Schichten ab.

In der DIN 4108 »Wärmeschutz im Hochbau« sind im Teil 4 standardisierte Rechengrößen für die Wärmeleitfähigkeit einzelner Baustoffe ausgewiesen. Anhand dieser Rechengrößen und der Schichtdicke des jeweiligen Baustoffs lässt sich in einem einfachen Rechenverfahren der U-Wert eines Bauteils nach folgender Formel ermitteln:

Berechnung des U-Werts eines homogenen Bauteils

$$U = 1 / [1/\alpha_i + s/\lambda + 1/\alpha_a]$$

$1/\alpha_i$ *kennzeichnet den Wärmeübergabewiderstand an der Innenseite des Bauteils und wird mit einer festen Rechengröße von 0,13 angesetzt;*

$1/\alpha_a$ *kennzeichnet den Wärmeübergabewiderstand an der Außenseite des Bauteils und wird mit einer festen Rechengröße von 0,04 angesetzt;*

s *kennzeichnet die Dicke des Bauteils;*

λ *kennzeichnet die Wärmeleitfähigkeit des Bauteils.*

Besteht ein Bauteil aus mehreren Schichten wie im folgenden Beispiel, werden die einzelnen Schichten gesondert errechnet.

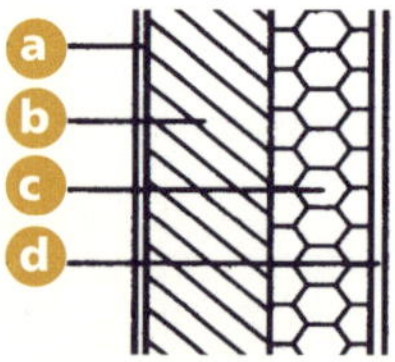

Schichtaufbau Außenwand

Beispiel: Ermittlung des U-Werts für eine Außenwand

Schichtaufbau (von innen nach außen):

a	Innenputz	1,5 cm
b	Mauerwerk Kalksandstein	17,5 cm
c	Dämmung WLG 0,40	14,0 cm
d	Außenputz	2,0 cm

Nach DIN 4108 »Wärmeschutz im Hochbau«, Teil 4 sind für die einzelnen Baustoffe dieses Beispiels folgende Rechenwerte für die Wärmeleitfähigkeit ausgewiesen:

Innenputz	λ = 0,35 W / (m² x K)
Mauerwerk Kalksandstein	λ = 0,99 W / (m² x K)
Dämmung WLG 0,40	λ = 0,04 W / (m² x K)
Außenputz	λ = 0,35 W / (m² x K)

WLG = Wärmeleitgruppe
K = Kelvin

	U-Wert-Berechnung: Bauteil Außenwand			
	Schicht	**s (in m)**	**λ**	**s/λ**
a	Innenputz	0,02	0,35	0,06
b	Kalksandsteinmauerwerk	0,175	0,99	0,18
c	Dämmung	0,14	0,04	3,5
d	Außenputz	0,015	0,35	0,04
	Wärmedurchlasswiderstand Bauteil Σ (s/λ) Summe			*3,78*
	Wärmeübergangswiderstand innen $1/\alpha_i$			0,13
	Wärmeübergangswiderstand außen $1/\alpha_a$			0,04
	Gesamt			**3,95**
	Wärmedurchgangskoeffizient (U-Wert) = $1 / [1/\alpha_i + s/\lambda + 1/\alpha_a]$			*0,25*

Die Außenwand hat in diesem Beispiel einen U-Wert von 0,25, der somit unter dem maximal zulässigen U-Wert nach der EnEV liegt (siehe Tabelle auf Seite 46). Ein solcher Außenwandaufbau wäre nach der EnEV möglich.

Energieeinsparverordnung und Energiebedarfsausweis

Den Text der Energieeinsparverordnung finden Sie im Internet unter www.bundeswirtschaftsministerium.de und dort unter »Service« und dem Unterpunkt »Gesetze«. Ein Muster für den Energiebedarfsausweis, so wie ihn die »Allgemeine Verwaltungsvorschrift zu § 13 der Energieeinsparverordnung« vorsieht, finden Sie auf den folgenden Seiten.

Standardgemäß erfolgt im Energiebedarfsausweis ein Hinweis auf folgenden Sachverhalt:

»Die angegebenen Werte des Jahres-Primärenergiebedarfs und des Endenergiebedarfs sind vornehmlich für die überschlägig vergleichende Beurteilung von Gebäuden und Gebäudeentwürfen vorgesehen. Sie wurden auf der Grundlage von Planunterlagen ermittelt. Sie erlauben nur bedingt Rückschlüsse auf den tatsächlichen Energieverbrauch, weil der Berechnung dieser Werte auch normierte Randbedingungen etwa hinsichtlich des Klimas, der Heizdauer, der Innentemperaturen, des Luftwechsels, der solaren und internen Wärmegewinne und des Warmwasserbedarfs zugrunde liegen. Die normierten Randbedingungen sind für die Anlagentechnik in DIN V 4701-10 : 2001-02 Nr. 5 und im Übrigen in DIN V 4108-6 : 2000-11 Anhang D festgelegt. Die Angaben beziehen sich auf Gebäude und sind nur bedingt auf einzelne Wohnungen oder Gebäudeteile übertragbar.«

Energiebedarfsausweis nach § 13 Energieeinsparverordnung

I. Objektbeschreibung

Gebäude / -teil		Nutzungsart	☐ Wohngebäude ☐
PLZ, Ort		Straße, Haus-Nr.	
Baujahr		Jahr der baulichen Änderung	

Geometrische Angaben

Wärmeübertragende Umfassungsfläche A	m²	Bei Wohngebäuden:	
Beheiztes Gebäudevolumen V_e	m³	Gebäudenutzfläche A_N	m²
Verhältnis A/V_e	m^{-1}	Wohnfläche (Angabe freigestellt)	m²

Beheizung und Warmwasserbereitung

Art der Beheizung		Art der Warmwasserbereitung	
Art der Nutzung erneuerbarer Energien		Anteil erneuerbarer Energien	% am Heizwärmebedarf

II. Energiebedarf

Jahres-Primärenergiebedarf

Zulässiger Höchstwert		Berechneter Wert
	⇔	

Endenergiebedarf nach eingesetzten Energieträgern

		Energieträger 1	Energieträger 2
	Endenergiebedarf (absolut)	kWh/a	kWh/a
	Endenergiebedarf bezogen auf		
Nicht-Wohngebäude	das beheizte Gebäudevolumen	kWh/(m³·a)	kWh/(m³·a)
Wohngebäude	die Gebäudenutzfläche A_N	kWh/(m²·a)	kWh/(m²·a)
Wohngebäude	die Wohnfläche (Angabe freigestellt)	kWh/(m²·a)	kWh/(m²·a)

III. Weitere energiebezogene Merkmale

Transmissionswärmeverlust

Zulässiger Höchstwert ⇔ **Berechneter Wert**

W/(m²·K) W/(m²·K)

Anlagentechnik

Anlagenaufwandszahl e_p ☐ Berechnungsblätter sind beigefügt

☐ Die Wärmeabgabe der Wärme- und Warmwasserverteilungsleitungen wurde nach Anhang 5 EnEV begrenzt.

Berücksichtigung von Wärmebrücken

☐ pauschal mit 0,10 W/(m²·K)

☐ pauschal mit 0,05 W/(m²·K) bei Verwendung von Planungsbeispielen nach DIN 4108 : 1998-08 Beibl. 2

☐ mit differenziertem Nachweis

☐ Berechnungen sind beigefügt

Dichtheit und Lüftung

☐ ohne Nachweis

☐ mit Nachweis nach Anhang 4 Nr. 2 EnEV

☐ Messprotokoll ist beigefügt

Mindestluftwechsel erfolgt durch

☐ Fensterlüftung ☐ mechanische Lüftung ☐ andere Lüftungsart:

Sommerlicher Wärmeschutz

☐ Nachweis nicht erforderlich, weil der Fensterflächenanteil 30 % nicht überschreitet

☐ Nachweis der Begrenzung des Sonneneintragskennwertes wurde geführt

☐ Berechnungen sind beigefügt

☐ das Nichtwohngebäude ist mit Anlagen nach Anhang 1 Nr. 2.9.2 ausgestattet. Die innere Kühllast wird minimiert.

Einzelnachweise, Ausnahmen und Befreiungen

☐ Einzelnachweise nach § 15 (3) EnEV wurden geführt für

☐ eine Ausnahme nach § 16 EnEV wurde zugelassen. Sie betrifft

☐ eine Befreiung nach § 17 EnEV wurde erteilt. Sie umfasst

☐ Nachweise sind beigefügt ☐ Bescheide sind beigefügt

Verantwortlich für die Angaben

Name	Datum
Funktion/Firma	Unterschrift
Anschrift	ggf. Stempel / Firmenzeichen

Adressen der Verbraucherzentralen

Verbraucherzentrale
Baden-Württemberg e. V.
Paulinenstraße 47
70178 Stuttgart
Telefon 07 11/66 91-10
Telefax 07 11/66 91-50
www.verbraucherzentrale-bawue.de

Verbraucherzentrale
Bayern e. V.
Mozartstraße 9
80336 München
Telefon 0 89/53 98-70
Telefax 0 89/53 75 53
www.verbraucherzentrale-bayern.de

Verbraucherzentrale
Berlin e. V.
Bayreuther Straße 40
10787 Berlin
Telefon 0 30/2 14 85-0
Telefax 0 30/2 11 72 01
www.verbraucherzentrale-berlin.de

Verbraucherzentrale
Brandenburg e. V.
Templiner Straße 21
14473 Potsdam
Telefon 03 31/2 98 71-0
Telefax 03 31/2 98 71-77
www.vzb.de

Verbraucherzentrale
des Landes Bremen e. V.
Altenweg 4
28195 Bremen
Telefon 04 21/16 07 77
Telefax 04 21/1 60 77 80
www.verbraucherzentrale-bremen.de

Verbraucherzentrale
Hamburg e. V.
Kirchenallee 22
20099 Hamburg
Telefon 0 40/2 48 32-0
Telefax 0 40/2 48 32-290
www.vzhh.de

Verbraucherzentrale
Hessen e. V.
Große Friedberger Straße 13–17
60313 Frankfurt am Main
Telefon 0 69/97 20 10-0
Telefax 0 69/97 20 10-50
www.verbraucher.de

Verbraucherzentrale
Mecklenburg-Vorpommern e. V.
Strandstraße 98
18055 Rostock
Telefon 03 81/4 93 98-0
Telefax 03 81/4 93 98-30
www.verbraucherzentrale-mv.de

Verbraucherzentrale
Niedersachsen e. V.
Herrenstraße 14, 30159 Hannover
Telefon 05 11/9 11 96-0
Telefax 05 11/9 11 96-10
www.vzniedersachsen.de

Verbraucherzentrale
Nordrhein-Westfalen e. V.
Mintropstraße 27
40215 Düsseldorf
Telefon 02 11/38 09-0,
Telefax 02 11/38 09-172
www.verbraucherzentrale-nrw.de

Verbraucherzentrale
Rheinland-Pfalz e. V.
Ludwigstraße 6
55116 Mainz
Telefon 0 61 31/28 48-0
Telefax 0 61 31/28 48-66
www.verbraucherzentrale-rlp.de

Verbraucherzentrale des
Saarlandes e. V.
Hohenzollernstraße 11
66117 Saarbrücken
Telefon 06 81/5 00 89-0
Telefax 06 81/5 88 09-22
www.vz-saar.de

Verbraucherzentrale
Sachsen e. V.
Bernhardstraße 7
04315 Leipzig
Telefon 03 41/6 88 80 80
Telefax 03 41/6 89 28 26
www.vzs.de

Verbraucherzentrale
Sachsen-Anhalt e. V.
Steinbockgasse 1
06108 Halle
Telefon 03 45/2 98 03-29
Telefax 03 45/2 98 03-26
www.vzsa.de

Verbraucherzentrale
Schleswig-Holstein e. V.
Bergstraße 24, 24103 Kiel
Telefon 04 31/5 90 99-0
Telefax 04 31/5 90 99-77
www.verbraucherzentrale-sh.de

Verbraucherzentrale
Thüringen e. V.
Eugen-Richter-Straße 45
99085 Erfurt
Telefon 03 61/5 55 14-0
Telefax 03 61/5 55 14-40
www.vzth.de

Verbraucherzentrale
Bundesverband (vzbv),
Markgrafenstraße 66
10969 Berlin
Telefon 0 30/25 80 00
Telefax 0 30/2 58 00-5 18
www.vzbv.de

Möglicherweise wird Ihr Modernisierungsvorhaben mit öffentlichen Mitteln Ihrer Kommune oder Ihres Bundeslandes gefördert. Informationen hierüber erhalten Sie bei den entsprechenden Stellen, über Ihre Hausbank oder auch über einen Energieberater, den Sie beauftragt haben (☞ Kapitel 8.1). Über Fördermittel des Bundes können Sie sich bei der KfW informieren:

Kreditanstalt für Wiederaufbau (KfW)
Palmengartenstraße 5-9
60235 Frankfurt/Main
Telefon 069/74 31-0
Telefax 069/74 31-29 44
Internet: www.kfw.de

Register

Ratgeber der Verbraucherzentrale

Hier können wir Ihnen nur eine kleine Auswahl unseres mehr als 100 Titel umfassenden Ratgeberprogramms vorstellen. Auf Wunsch senden wir Ihnen gern die Gesamtübersicht aller Publikationen zu.

Unsere Ratgeber können Sie in den Beratungsstellen der Verbraucherzentralen (Adressen ☞ Seite 280) kaufen oder bei den Herausgebern (☞ Impressum) bestellen. Bitte schicken Sie weder Geld noch Briefmarken. Sie erhalten mit der Lieferung eine Rechnung. Zu den genannten Preisen (Stand: Juni 2003) kommen noch Porto und Versandkosten.

Wärmedämmung

Energieverluste sind schlecht für die Geldbörse und die Umwelt. Wichtig ist: Häuser dämmen, damit im Winter wenig Wärme verloren geht und im Sommer nicht viel hereinkommt. Sie erfahren alles über mineralische, pflanzliche und synthetische Dämmstoffe, und über die Kosten.

3. Auflage 2002

151 Seiten .... 7,80 €

Heizung und Warmwasser

Spätestens ab November 2004 werden alle Heizungsanlagen stillgelegt, die dem Abgasstandard der Bundes-Immissionsschutz-Verordnung vom Januar 1998 nicht genügen. Unter Berücksichtigung der neuen Energiesparverordnung 2002 wird ein leichter Einstieg in das hochkomplexe Thema zu moderner Heizungstechnik geboten: verschiedene Energieträger und Heizkessel, Anlagekompoenten, Heizflächen, und Warmwassergeräte.

8. leicht überarbeitete Auflage 2002

94 Seiten .... 5,80 €

ABC des Baurechts

Viele Bauherren unterschätzen die rechtlichen und finanziellen Risiken des Bauens. Unser Lexikon erläutert die wichtigsten vertraglichen und gesetzlichen Begriffe zum Grundstückserwerb, zum Bauen mit Architekten und dem Erwerb von Bauträgern. Suchhilfen am Rand erleichtern Ihnen das schnelle Finden von wichtigen Informationen.

1. Auflage 2003

166 Seiten .... 9,80 €

Häuser aus zweiter Hand

Warum nicht ein gebrauchtes Haus kaufen, um selbst darin zu wohnen? Neben Tipps zur Bestimmung der eigenen Wohnwünsche und zur Suche finden Sie Hinweise, wie man Bauschäden erkennt und die Preiswürdigkeit des Hauses bestimmen kann. Ratschläge zum Abschluss von Verträgen machen das Nachschlagewerk komplett.

5. Auflage 2003

134 Seiten .... **7,80 €**

Feuchtigkeit und Schimmelbildung in Wohnräumen

Schimmelpilze ärgern Mieter und Vermieter, sind schlecht fürs Raumklima und können die Gesundheit belasten. Was Sie tun können, damit sie erst gar nicht entstehen, und mit welchen Mitteln Sie ihnen im Fall des Falles den Garaus machen können, erfahren Sie hier.

10. Auflage 2002

62 Seiten .... **4,80 €**

Hausbau: Recht und Verträge

Der Weg zum eigenen Haus, Schritt für Schritt erklärt. Im Mittelpunkt dieses Ratgebers stehen Rechtsfragen für die unterschiedlichen Varianten beim Eigenheimbau: Architektenhaus, Bauträger- und Fertighaus. Vorgestellt werden die einzelnen Vertragsklauseln mit ihren möglichen Fallstricken für den Bauherrn. Mit Checklisten, Berechnungsbeispielen und Musterformulierungen.

2. Auflage 2002

160 Seiten .... **7,80 €**

Baufinanzierung

Ein unentbehrliches Handbuch für alle, die bauen oder ein Haus bzw. eine Wohnung kaufen wollen: Es bietet Informationen zur finanziellen Absicherung sowie zu den Finanzierungsformen »Hypothekendarlehen«, »Lebensversicherungshypothek«und »Bausparen«. Mit Checklisten für Finanzierungsbedarf und finanzielle Belastung.

13. Auflage 2002

192 Seiten .... **9,20 €**